戦国大名

大友家の年中行事と館

大友館研究会［編］

東京堂出版

博多練酒《ねりざけ》が注がれた金箔土器《かわらけ》　（佐藤　功 考証）

第一部本文「正月二十九日　大表節《おおおもてせつ》」（本文113頁参照）

大表と呼ばれた主殿正面のイメージ（大分市教育委員会　提供）

第二部本文「大表《おおおもて》と呼ばれた主殿《しゅでん》」（本文219頁参照）

大友館の土囲廻塀外側のイメージ（合成写真　姫野公徳　佐藤　功　作図）

第二部本文「土《ど》囲《い》廻塀《まわりべい》の史料と遺構」（本文212頁参照）

大表に使われた大きな礎石　（大分市教育委員会　提供）
第二部本文「大表の平面復元」（本文224頁参照）

第二部本文「戦国期最大級の大名庭園・表3」（本文260頁参照）

復元された大友館の庭園　（小野洋之 氏　撮影）

城崎町2
中央署
大分市保健所
マルショク
大分城址公園
舞鶴町1
舞鶴橋
大分市役所
197
日銀
府内町3
県庁
長浜町3
カラオケクラブダム
赤レンガ館
トキハ
大分川
岩田
長浜小
象台
コンパルホール
錦町局
錦町1
10
金池町2
金池小
金池町4
萬壽寺
錦町2
県立盲学校
大智寺
滝尾橋
21
顕徳町一
入口
錦町3
至大分駅
顕徳町
顕徳町2
大友館跡
JR日豊本線
金池南2
10
中世万寿寺跡
JR久大本線
六坊北町
上野ヶ丘中
若宮八幡社
上野丘1
21
宗麟大橋
六坊南町
上野丘西
爽風館高
帆秋病院
芸術緑丘高
大分県立芸術文化短大
上野丘2
元町
上野局
大分上野丘高
トヨタカローラ
大分元町

大友館跡の位置

はじめに

大友館研究会では、平成二十九年（二〇一七）、『大友館と府内の研究　「大友家年中作法日記」を読む』（以下、『館の研究』と略記）を上梓した。同書では、戦国大名家における各種儀礼や年中行事、さらには大友館内の建物構成を具体的かつ詳細に伝える全国的にみても稀有の史料である「大友家年中作法日記」（以下、「作法日記」と略記）の現代語訳を基軸に、儀式や行事、大友館に関わるさまざまな課題に考察を加え、かつ、その時点での発掘調査の成果に基づいた館内の建物復元を提示した。

「作法日記」の現代語訳では、原文が持つ古記録としての雰囲気をできるだけ感じてもらおうと、訳文中での用語などの解説を省略し、頭註や章末の註、及び各章において詳しく解説するスタイルとした。しかしながら、頁を前後させながら読み進めなければならない不便さがあった。

『館の研究』刊行の目的の一つが、より多くの方々に「作法日記」の分析に基づく新しい大友氏像に触れていただくことである以上、この不便さは解消しなければならない課題となった。また、『館の研究』刊行以後、発掘調査がさらに進められ、新たな成果も得られている。

そこで、「作法日記」現代語訳の改訂と最新の成果に基づく新著を企画し、まとめたのが本書である。

第一部では、まず、用語や人物、関連事項の解説も現代語訳文に組み入れた。また、儀式・行事によっては、進行手順などがより理解できるように、原文の記述順を整理した。これらにより、『館の研究』での現代語訳よりも読みやすくなったと自負している。さらに、大友家の儀礼・年中行事と室町将軍家のそれらを比較検討し、大友家における特徴を明示するように努めた。

第二部では、最新の発掘調査の成果を踏まえ、遠侍《とおざむらい》と簾中方《れんちゅうかた》の建物群などを検出・比定するとともに、これまで検出した建物の再検討も進めた。これらにより、「作法日記」にも登場する、大友館最終期の主要な建物が確認できたことになる。

「作法日記」は、父祖伝来の領国豊後を失い、遠く常陸《ひたち》国水戸に移された大友義統《よしむね》が、鎌倉時代以来の守護であり、戦国時代後期、北部九州の覇者として隆盛を誇った名門大友家の復興を願いつつ、往時を偲び、後代のために書き記したものである。それは叶わぬ夢となったが、義統が遺してくれた「作法日記」と発掘調査の成果により、約四五〇年前の大友館の世界を紹介しよう。

＊凡例

（一）「大友家年中作法日記」はこれまで「当家年中作法日記」との史料名で利用されてきた。しかし、単独で「当家年中作法日記」と表記した場合、「当家」の意味が不明となるため、本書では史料名を「大友家年中作法日記」とした。なお、本文中で同書を引用する場合、原則「作法日記」と略記した。
（二）人名については、号・字・通称などのうち、原則、最も通用している呼称を用いた。
（三）固有名詞や学術的な専門用語以外は、原則、常用漢字、現代かなづかいで表記した。
（四）年号については和暦表記を原則とし、西暦を（　）で示した。
（五）本文中の数字は漢数字を使用し、原則、十、百、千などを入れる「十方式」で表記し、単位記号（㎝・mなど）を伴う場合などと西暦年については漢数字を並べる「一〇方式」で表記した。
（六）参考文献については逐一注記せず、巻末にまとめて掲載した。
（七）本書では、現代の視点からすると差別的と思われる用語を出典史料のとおりに使用した個所がある。それは、史料が書かれた時代における風習・慣行に基づく歴史的表現であるため、そのままとし「　」を付した。決して、差別を助長するものではない。

＊解題

本書において基本参考史料とした各史料の出典と概要は以下のとおりである。
（一）「当家筆法之抄条々」（「筆法条々」と略記）／『増補訂正編年大友史料　三一』二号

六八か条にわたり、大友家で作成されていたさまざまな公文書の書札礼・様式をまとめたもの。作成された年代・経緯は不明であるが、恐らく、大友吉統（義統）が「作法日記」を記していた時期に、盛時の大友家での実務処理方法をやはり後代のためにまとめたものと考えられる。館でのさまざまな役目の者たちについて、「作法日記」だけでは不明な点を具体的に記述している史料となっている。

（二）『大友興廃記』／『大分縣郷土史料集成　戦記篇』（大分県郷土史料集成刊行会、一九三八年）

江戸時代初期の寛永十二年（一六三五）、代々佐伯氏家臣であった杉谷宗重が著した大友氏の歴史書。八〇歳を超えた父と同年配の老翁から聞き取りして本書を著した。伝聞史料ではあるが、一次史料で裏付けられる内容も多く、信ぴょう性は高い。特に、大友家年中行事次第条は「作法日記」にはみられない内容を含み、貴重。

（三）中川武監修・木砕之注文研究会編『木砕之注文《きくだきのちゅうもん》』（中央公論美術出版、二〇一三年）

江戸時代、徳島藩領淡路国洲本（兵庫県洲本市）に住み、淡路国分の徳島藩「御大工」であった斎藤家に伝来した木割書（原史料は洲本市立淡路史料館寄託）。本史料の大部分は、永禄五年（一五六二）、八四歳であった寿彭が書き上げ、翌年、息子と考えられる其盛に譲り、その後、其盛が天正年間（一五七三〜九二）の記事を補足している。寿彭は隠居にあたり、大友宗麟《そうりん》がいる臼杵に赴いている点。本史料に書かれた主要建築物は二十四、その内、二十二が豊後国内、さらに、十八が大友館か府内とその近郊にある寺社などの建物である点。以上、二点から寿彭・其盛の一族は代々大友家の惣大工であったと考えられる。なお、大友家惣大工が、淡路国へ移り、徳島藩の「御大工」となった経緯は不明である。

（四）『貞丈雑記《ていじょうざっき》』／『東洋文庫』四四四・四四六・四五〇・四五三（平凡社、一九八五・八六年）

江戸時代後期に刊行された有職故実書。著者は伊勢貞丈《さだたけ》（一七一七〜八四）。伊勢氏は元々室町幕府政所執事（長官）を務め、将軍家における武家故実を伝えて伊勢流と称した。室町幕府滅亡により零落するが、江戸時代、三代将軍徳川家光の時、旗本として召し出された。中でも、貞丈は同家に伝わる武家を中心とした有職故実を整理、研究を深め、子孫への参考書として、宝暦十三年（一七六三）から亡くなる天明四年（一七八四）の二十二年間にわたり本書を執筆した。草稿のまま伝わったが、孫の貞友《さだとも》が天保十四年（一八四三）に刊行した。室町幕府以来の武家の有職故実を知る基本史料となっている。

（五）「年中定例記《ねんちゅうじょうれいき》」／『群書類従』第二二輯・「年中恒例記《ねんちゅうこうれいき》」／『続群書類従』第二三輯下

ともに室町将軍家において行われていた一年間の各種儀式・行事を正月朔日から十二月大晦日まで日を追って記す。「年中定例記」は、本文中に大永三年（一五二三）に没した十代足利義稙《よしたね》の戒名である「恵林院殿御時」とあり、義稙没後まもなくに成立したと考えられている。また、「年中恒例記」は、正月四日項に「天文十三年如此也」との記述があり、天文十三年（一五四四）以降に成立し、十二代足利義晴《よしはる》（在職一五二一〜四六年）か十三代足利義輝《よしてる》（在職一五四六〜六五）が将軍であった頃の儀式・行事をまとめたと考えられている。

（六）「大内問答」／『群書類従』第一六輯上

永正五年（一五〇八）、前将軍足利義稙を奉じて上洛した大内義興《よしおき》が将軍を補佐するために必要な武家故実や作法を、幕府政所執事で武家故実家の伊勢貞陸《さだみち》に五五か条にわたって質問し、貞陸の口述回答を一族の伊勢貞久《さだひさ》が問答体で書きまとめ、大内氏に調進したもの。天文八年（一五三九）、上京した大友義鑑《よしあき》の家臣臼杵鑑速《あきはや》は伊勢貞助《さだすけ》に「大内問答」を懇望、貞助はしぶしぶ手元にあった写本からさらなる写しを作成し、鑑速に与えた。

目次

第一部　大友家年中作法日記
――戦国大名家での儀礼・年中行事

第二部　遺跡からみる戦国末の大友館
――その発掘から復元まで

第一部

大友家年中作法日記

――戦国大名家での儀礼・年中行事

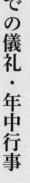

◆正月祝を大歳《おおとし》の夜に飾る・蔵開

正月祝飾　多くの伝統的行事が消えていっている現代社会にあっても、元日の朝、お屠蘇《とそ》とおせち料理で新年を祝う光景はまだまだ一般的であろう。元日、すなわち一月一日に年が改まり、新年を祝う風習は、古代において中国から伝わった暦法（太陰太陽暦、いわゆる旧暦）が公式採用されて以降、朝廷を中心に貴族や武家社会、さらには一般庶民にも広まった。

図１　「手懸の米」イメージ

大友家でも新年を祝うことから一年が始まる。新年を迎えるにあたり大晦日の夜、大友館の大表《おおおもて》（主殿）に神への供物である祝物が飾られる。その祝物とは、「手懸《てかけ》の米」「銚子《ちょうし》・提子《ひさげ》」「年玉」「鬢盥《びんたらい》」「鎧《よろい》の鏡餅」「梅干」「瓶子《へいし》」の七種であった。

まず、「手懸の米」（図１）は米の上に橙《だいだい》、昆布《こぶ》五つ、小餅五つ、在来の小みかんの一種である柑子《かんじ（こうじ）》五つ、かち栗五つを置いたもので、鉢型の大きな茶碗に入れられていた。橙は「代々栄える」、昆布は「喜ぶ」、小餅は「子持ち」、柑子は「莞爾《かんじ》」＝にっこりほほ笑む、かち栗は「勝つ」の意味を掛けた縁起物で、その数も縁起がよいとされる奇数である。この「手懸の米」は別名「御手懸」、「手掛」ともいった。本来、来客が頂戴するものであったが、手を触れる所作をするだけに簡略化され、さらに、単なる飾りに変化したという。

二種目の「銚子・提子」はともに酒を盃に注ぐための容器である。銚子は柄が長く、両口《もろくち》・片口の二種があるが、片口が正式とされる。提子は柄がなく、弦の付いた小鍋形をしており、儀式では、銚子に酒を加えるのに用いた。この銚子と提子は「口を包む」とされ、それぞれの口に、蝶形に折り、紅白の水引をかけた紙が付けられていた。

三種目の「年玉」は年神に供える餅のこと。薄くそいだ板に鉋《かんな》をかけて美しく削り、四方に縁《ふち》を付けた鉋掛《かんなかけ》折敷《おしき》に据えられた。

四種目の「鬢盥」とは耳ぎわの髪を整える水を入れる小さな器。この鬢盥は二つあり、それぞれに、素焼きの皿型の器である「かわらけ」二枚を重ねて入れる。下の「かわらけ」には諸向《もろむき》（シダ類のウラジロ）を敷き、上の「かわらけ」には米が入れられた。

五種目の「鎧の鏡餅」。鏡餅は現在も正月に飾られる大きな餅を重ねたもので、特に、武家において、鎧の前に供えた鏡餅を鎧餅といった。これも年玉同様、年神への供物であると同時に、武運長久を祝うものでもあった。また、六種目の「梅干」は二枚重ねた「かわらけ」の上に入れられていた。

七種目の「瓶子」は細長で、上部がふくれ、下部はせまく、口の小さい瓶。一般に酒を入れるのに用い、現在でも神社でお神酒を入れる器として目にすることがある。この瓶子は一対で、銚子・提子と同様に、口に蝶形が付けられていた。酒器に蝶形を付ける理由について『貞丈雑記《ていじょうざっき》』(解題参照)は次のように記している。「蝶はのどかな日に、花の露を吸って、自分の友と遊び戯れる。酒を飲む時は、蝶と同様に、人となかよく喜び楽しむべきで、腹を立て、いさかいなどをするのはよくないという教えの為に、蝶形を付ける」。また、瓶子一対に蝶形を付ける時は、座敷の左側に置くものには男蝶、右側の方は女蝶であり、祝いの時には、蝶形に添えて、松・やぶこうじ(十両とも)を付けるとある。蝶形は単なる装飾ではなく、飲酒に対する意味が込められていたのである。

以上の正月祝飾りの祝物は大友館の大表(主殿)だけではなく、当主正室(簾中《れんちゅう》)がいる簾中方の主殿にも飾られていた。

祝飾りと俎板《まないた》の調進

館の主殿と簾中方主殿に飾られた七種類の祝物は、昔は豊後国一宮・由原宮《ゆすはら》(現柞原八幡宮・大分市)の大畠《おおはた》が調えていたとの言い伝えがあるものの、戦国時代後期には「一府《いちのふ》」と大分郡荏隈郷《えのくま》(大分市)から調進されていた。まず、荏隈郷は大分川下流の左岸、上野台地の南側に広がる平地部で、古代の豊後国衙《こくが》に淵源を持つと考えられる古国府《ふるごう》地区を含み、条里遺構もよく残っている。いわば豊後国の中心をなす地域で国衙領であった。鎌倉時代後期には豊後国守護三代大友頼泰《よりやす》が地頭職を所持しており、以降、戦国時代まで大友氏直轄領であり続けた。次に、「一府」であるが、具体的には豊後府内をさす。豊後国はもちろん、大友宗麟が守護職を得ていた豊前・筑前・筑後・肥前・肥後各国にも国府所在地の系譜を持つ「府」が存在していた。「作法日記」では「府内」が使用される一方（三例）、豊後府内を「一府」とも称している（五例）。豊後府内は大友氏が館を構え、領国支配の中心地であったため、領国内にある各「府」の中でも一番の「府」という意味で、「一府」と称したものと考えられる。正月祝飾りは新年を祝う年神へのお供え物という特別な品であるため、まさに大友氏膝下である府内と荏隈郷から調進させていたのであろう。また、「手懸の米」のかち栗は大分郡津守村（大分市）の犬飼山《いぬきやま》で採れたもので、津守村支配のために大友氏が配置していた役人の松崎左京亮《さきょうのすけ》が進上していた。

さて、正月祝飾りは俎板の上に飾られるが、どのように置いていたかはわからない。唯一、一対の瓶子を左右に分け、その間に銚子と提子を置くと説明されている。また、俎板の脇には、それぞれ、栄螺《さざえ》、するめ、昆布を置いた鉋掛折敷三枚と酒をお燗《かん》する燗鍋も置かれていた。

そして、祝物を飾る俎板は大友家の惣大工が毎年吉例として進上していた。『木砕之注文《きくだきのちゅうもん》』（解題参照）には、料理人の流派の違いによる二種類の俎板の寸法が書き留められている。幸高流の俎板は幅約五五cm、長さ約九七・五cm、厚さ約八・五cmで、厚さ約五・五cmの足が付いている。青山流では、幅約六〇cm、長さ約一〇二cm、厚さ約七・九cm、足の厚さは約六・七cmであった。今の一般家庭で使われている俎板と比べるとかなりの大きさであるが、七種類の祝物を飾るにはこれでも長さが足りなかったであろう。

特注の俎板の上に置かれたこれらの祝物は年神へ捧げる特別なお供え物である。そのため、普段は館の「奥」にあった蔵の番を務める奥の蔵番三人が恐らく交代制で夜通し見張っていた。そして、この見張り役を務めるのは鳥羽平兵衛尉《へいべえのじょう》・田吹主殿助《たぶきとのものすけ》・田尻因幡守《たじりいなばのかみ》の三人であった。「作法日記」では役の担当者名を記す場合、「大友義鑑《よしあき》代は」や「宗麟《そうりん》代は」と付記することがある。ここではそれがないので、大友義統《よしむね》が当主であった時期の担当者であったと考えられる。

蔵開　新年を迎える準備は祝物を飾るだけではない。同じく、大晦日の夜に、大友館内の蔵に祀っている大黒天に鏡餅と御酒を供えた。大黒天は仏教における守護神で、本来、軍神と富貴神の二面性を持っていた。日本には密教とともに伝わり、神道の大国主神《おおくにぬしのかみ》と習合する中、富貴神の性格が強調され、七福神の一神として親しまれる財福の神となった。蔵に大黒天が祀られていたのはまさに財福神であったためであろう。なお、鏡餅と御酒を供えるのは、いつも金銀を取り扱っている者であった。そして、年が改まると、吉日を選んで蔵開が行われた。これを行うのは、大友宗麟代には毛利大炊《おおい》入道と宮内卿局《くないきょうのつぼね》、近年は古庄丹後入道と大蔵卿局《おおくらきょうのつぼね》であり、男女が組になって行うのがルールになっていたようである。

正月朔日　梅干にて茶参る

まさに新年を迎えた正月朔日の未明、大友当主は館内の寝所において、梅干と一緒に一の台《たい》の局《つぼね》が点《た》てたお茶を飲む。この梅干は大晦日の夜、六人いる御台番衆《おだいばんしゅう》の内、大友館の近くに宿《しゅく》（館出仕のための役宅）があった者に命じて、館内の一の台に届けさせた。また、由原宮の僧侶トップである宮師《みやし》、または府内にあった天台宗寺院の真光寺《しんこう》から進上されることもあった。

梅干を館に届ける御台番衆は飯番《めしばん》・御膳番とも呼ばれ、本来、館内で当主に供する膳に関わる役であった。ただ、「作法日記」で確認できる御台番の役務はすべて膳立てをする台所や配膳とは無関係で、各儀式や行事における伝達や奏者《そうじゃ》、給仕など重要な役ばかりである。そして、大友氏領国支配組織の中でトップに位置する宿老《しゅくろう》や宿老に次ぐ地位にあった聞次《ききつぎ》への登竜門的な役であった。本来の配膳役が、ある意味、当主や上級家臣の生命に関わる役であることから重視され、次第に配膳以外の重要な役を担うようになったと考えられる。御台番の定数は六人で、この内、館近くに役宅がある者に命じているのは、「作法日記」に「分別を以って」とあり、届ける時間帯と館への距離などを考慮してのことであった。

この日、梅干と一緒に当主へ供されるお茶は一の台の局が点てた。室町将軍邸における一の台は将軍の日常生活空間である常の御所と簾中（正室）の御座所とは別の独立した建物であり、この一の台付の女房を一の台と呼ぶこともあった。ここから大友館内の一の台とその局を推測すると、簾中方主殿とは別棟の、当主と関係の深い建物であり、そこを統轄する一の台の局は全女房衆の筆頭に位置付けられる女性であったと考えられる。

さて、なぜ、大友当主は元日未明に、梅干と一緒にお茶を飲むのであろうか。平安時代から宮中では、大福茶《おおぶくちゃ》（天皇が服することから王服茶とも）といい、一年の邪気を祓うため、茶に梅干や山椒、昆布、黒豆などを入れて飲んでおり、これが一般にも広がった。「作法日記」は「梅干にて茶参る」と記すのみであるが、やはり、お茶に梅干を入れて飲んだものと思われる。

夜が明け、元旦を迎えると、大友当主へ祝の膳が供される。正月に限らず、儀式や膳組に御酒は不可欠で、正月朔日に、由原宮の大畠《おおはた》から神酒の樽が進上された。この酒は前々から濁り酒であった。

由原宮の大畠は、言い伝えでは、昔、館主殿と簾中方主殿に飾られた正月祝飾りを調えていた。神酒や正月祝飾りを調進していることから、大畠は由原宮で使用する酒や供物を調える役を担った社家であったと考えられる。

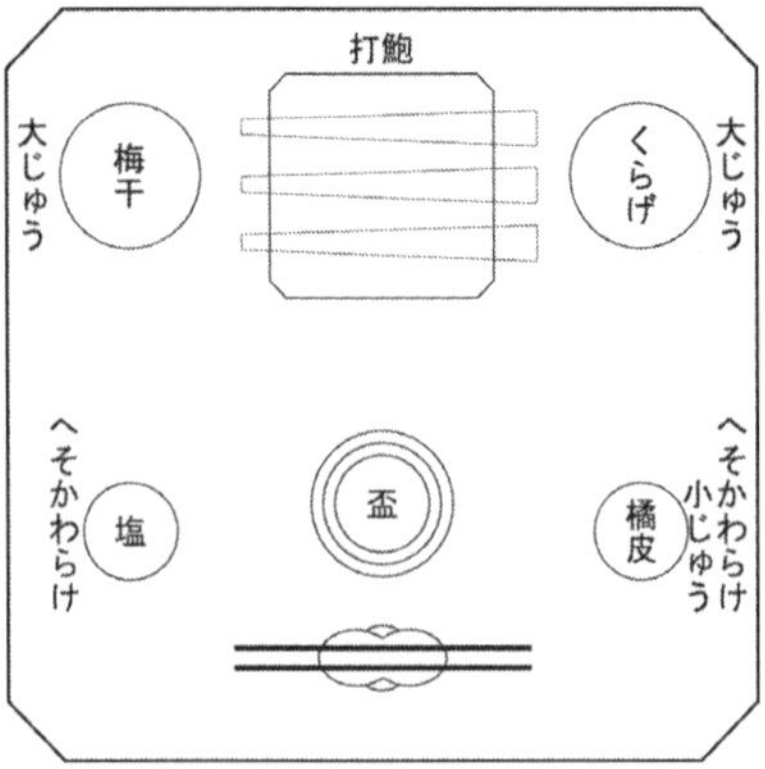

図2　初献

◆正月朔日から出される祝次第

初献　三種・三盃（図2）　大友家では正月朔日から三日まで、初献から五献までの祝が出され、当主一人が祝っている。これは大晦日の夜に七種の祝物が飾られた大表（主殿）の座敷の御前の間で行われた。まずは、初献から五献までの内容について紹介しよう。

初献は三種。図2は「宗五大草紙《そうごおおぞうし》」の図を基にした。三種とは、一般に、打鮑《うちあわび》・梅干・海月《くらげ》のことで、儀式によって梅干と海月は勝栗《かち》と昆布に変えることもあった。打鮑は熨斗鮑《のしあわび》ともいい、鮑の身を薄く長く切り、引き伸ばして干したものである。海月は細く刻んだ干海月。打鮑は小角《こかく》（小さい折敷）に細い方を左にして、三本または五本据える。二本だけの場合もあるが、略儀であった。それぞれ長さは、細い部分を除いて七寸五分（約二二・七㎝）ほど。この打鮑は前後一寸ほど残して、一年の月の数（通常は十二、閏月のある年は十三）だけ縁を細く削り込み、臼でついたようにした。なお、これを「搗鮑《かち》のように削りかける」という。また、打鮑を引渡《ひきわたし》ということもあった。

梅干は五つ、または七つ盛りで、下に敷く搔敷《かいしき》は紙であった。数は梅干の大きさで変わった。盛り付ける土器《かわらけ》は、海月とともに、大じゅう、または、あいの物と呼ばれた直径約一二㎝のものであった。この梅干と海月は、続飯《そくい》という、飯粒をへら状のもので押しつぶし練って作った糊で固定して積み上げられた（「伊勢貞興返答書」）。膳を運ぶ時や儀式の最中に、崩れ落ちれば縁起でもないので、それを防ぐためであろう。

大友家では、この三種に橘《たちばな》の実の皮を刻んだ橘皮《きかわ》と塩が添えられ、箸が箸台に置かれた。この橘皮と塩は、小じゅう、または、へそ土器と呼ばれた直径約五～六㎝の土器に入れられたと思われる。そして、箸台は耳の形に似た耳土器《みみかわらけ》であった。

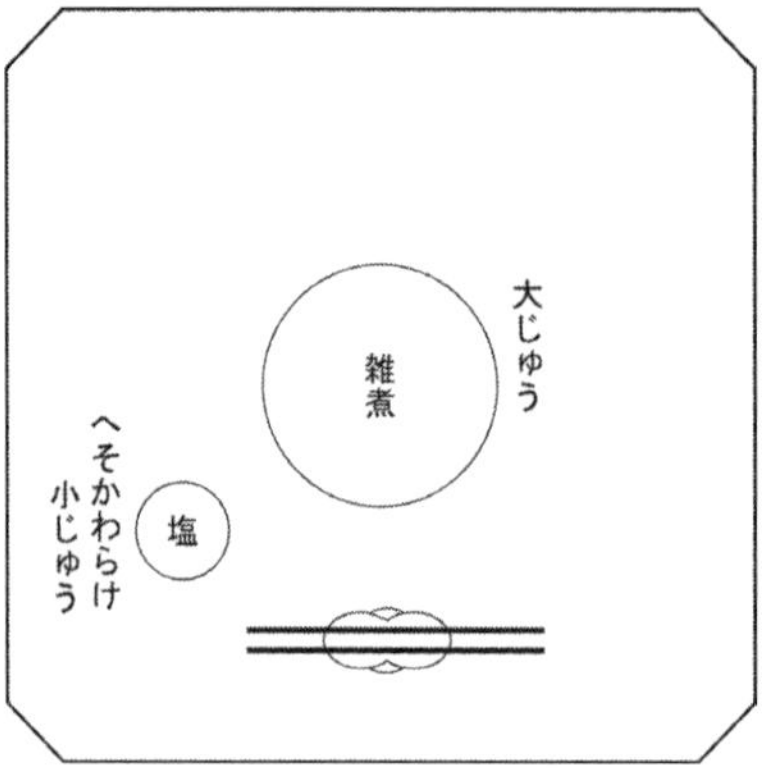

図３　二献

三盃は三つの土器の盃を重ねたもの。初献の三盃は「一度いり」「二度いり」「三度いり」の大きさが異なる三つの土器を重ねる場合と、三つとも同じ「大じゅうと三度いりの間」の大きさの土器を重ねる場合があった（「食物服用之巻」）。「一度いり」とは直径一寸（約三cm）、「二度いり」は二寸（約六cm）、「三度いり」は三寸（約九cm）で、「大じゅうと三度いりの間」とは直径一〇〜一一cm程度である。「作法日記」にはどちらの形式かは記されていないが、大友館跡内の土器溜《かわらけだまり》から出土した土器の傾向から考えると、三つとも同じ大きさであった可能性が高い。

二献（図３）　二献は雑煮。雑煮の具は、下盛は里芋、その上に餅を置き、串鮑《くしあわび》（串に刺して干した鮑）、串海鼠《くしこ》（海鼠《なまこ》を茹でて串に刺したもの）、大根、青菜、花鰹の五種を上置にした（「包丁聞書」）。つまり、下から順に里芋、餅、五種を重ねて置いた。この盛り付け方などには定まった作法があるとされる。この雑煮は、現在のように椀に盛り、汁もたっぷりというものではなく、土器に盛られ、汁も少量であった。大友家では雑煮に塩が添えられ、箸が箸台に置かれた。雑煮は大じゅうに盛られ、塩は小じゅうと呼ばれた小さな土器に入れられたと思われる。箸台は初献と同じく耳土器であった。

三献・四献《よこん》・五献　三献は焼餅一重。箸は折敷の縁にもたせかけて置くとあり、初献と二献で耳土器に置かれた点とは異なっている。盛り付けられる土器は三度入であろう。

四献は刺身、さしす、雁《がん》の汁である。詳細は「正月朔日から出される膳組次第」で後述するので、ここでは省略する。箸は三献同様に折敷の縁にもたせかけて置かれた。

五献はいれ麦。『日葡辞書《にっぽじしょ》』には茹でたそうめんのようなものとある。また、一般的な辞書には、そうめんを茹でてさらし、水気を切って、出し汁で煮たもので、にゅうめん（煮麵・入麵）に同じとある。当時、現在と同様に、麵類はつけ汁につけて食べるものと、出し汁で煮る、または、かけるものとがあった。この膳にはつけ汁が据えられていないので、出し汁で煮たものである。その出し汁は、まだ醬油がない時代なので、味噌の汁であろう。

このいれ麦の傍らには「からみ」、手元に削った鰹節が添えられた。「からみ」は辛味、つまり薬味のことで、当時の故実書をみると、麵類には芥子《からし》・胡椒・生姜・山椒などが用いられている。唐辛子が日本へ渡来したのは慶長年間（一五九六〜一六一五）とされ、「作法日記」が書かれた時代にはまだなかった。なお、五献には箸は置かれていない。用いられた土器は、いれ麦は大じゅう、辛味と鰹節は小じゅうと考えられる。

酌の次第と祝の性格　正月祝の膳が当主の前に初献から順番に据え終わると、正月祝飾りの俎板に置かれている瓶子《へいし》の酒を提子《ひさげ》に入れる。それから酌をする銚子《ちょうし》に入れ、その酒を当主が飲んだ。飲む次第は、初献の三種の時に一献、二献の雑煮の時に一献、四献の雁の汁の時には燗酒で一献であった。この燗酒は座敷に置かれた火鉢で燗をした。

また、簾中方においても、簾中が同様の祝を行っているが、盃を供饗《くぎょう》(くり形のない台の上に折敷を据えたもの)に据える点だけが異なっていた。

さて、初献に据えられた三つの盃で酒を三度飲む行為は「式三献」、または、その略儀の「三つ《み》盃」と呼ばれた。「式三献」は少人数で、元服・家督相続・婚礼・転居など格別な祝いの時に行うもので、初献の三種・三盃から三献までが出される。これに対し、例式の祝では「式三献」に代えて、「三つ盃」(三の盃とも)にするのが決まりであった。正月祝は例年の定まった儀式であり、「三つ盃」にあたる。

この当時、室町将軍家を除き、武士が使用する膳は白木の折敷で、四角《よすみ》の下に低い足が付いたもの、または、折敷の底に板状の木を二本付けた足打《あしうち》折敷であった。一方、簾中など武家の女性は白木の供饗である。肴を盛る器は、儀式であるので、土器や小角であった。

「式三献」では出された肴には箸をつけないのが作法であった。大友家の正月祝の初献と二献では箸は耳土器の箸台に置かれ、三献・四献では折敷の縁にもたせかけられていた。この違いからすれば、二献までは作法どおりに肴に箸をつけず、三献以降は少し箸をつけたとも考えられる。

◆正月朔日から出される膳組次第・松囃子《まつばやし》見物

膳組の性格　正月祝が終わると、三が日とも引き続き本膳から三之膳、そして菓子からなる膳組が出された。室町期の武家における祝宴は式三献（三つ盃）・饗膳・酒宴の三部構成が基本で、この正月朔日からの膳組は饗膳にあたる。ただ、三が日とも酒宴は行われず、夜になって宿老などを召し出して椀飯《おうはん》が振る舞われた（後述）。このような流れからすれば、正月三が日の膳組は朝に出されたと考えられる。そして、相伴する者が書かれておらず、正月の公式儀式の一つで、正月祝と同様に当主だけが大表の座敷において食した。公式儀式であるため、料理を盛り付ける器は陶磁器や漆器ではなく、土器や小角などで、膳は白木の足打折敷であった。

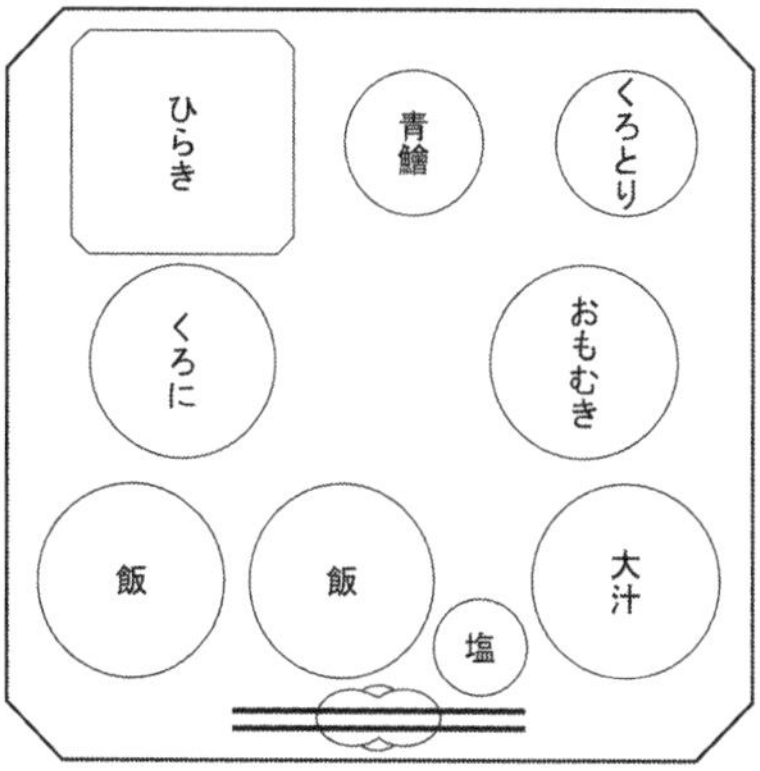

図４　本膳

本膳（図４）手前・左側は膳の主役である飯で、二つの土器に盛られていた。武家の公式儀式では、「二本立・三本立」と称して、二種類や三種類の飯が出された。これは一番に「本飯」「くろ物」として強飯《こわいい》（蒸した飯）に黒塩（胡麻塩）を添えて出し、二番も強飯であるが、これには汁をかけて食べた。そして、三番は常の飯で、柔らかいため、姫飯《ひめいい》（釜で炊いた飯）といわれた（『中世武家の作法』）。本膳の二つの土器に盛られた飯は二本立と呼ばれたもので、一番と二番にあたる。飯が盛られた土器は直径一二cm程度（四寸）で、大じゅう・あいの物と呼ばれたものであろう。当然、膳の中の手前には箸が添えられる。この箸は耳土器の箸台に据えられていたであろう。

次に手前・中央、箸の前には一番の強飯に使う塩が据えられた。器は小じゅう・へそか土器と呼ばれた直径五～六cm程度の小さい土器と思われる。手前・右側の「大汁」は本膳に据えられた汁のことをいう。具は大根の輪切りで、精進の汁であった。この大汁を二番の強飯にかけて食べた。

次に、中段・右側の「おもむき」とは鯛の異名である。上段・左側の「ひらき」は干魚で、「七日干して、元の形に仕立てる」との注記があり、尾頭付きである。同じ膳の中に二つの尾頭付きがあるとは思えないので、この「おもむき」は切身の焼き物と考えられる。室町将軍家に仕えた包丁人（料理人）である大草《おおくさ》家の料理書には、焼魚の盛り方と造り方について、「（盛り方は）高さ五寸（約一五cm）がよい。上を細くした杉盛（杉の木の形）にする」とされている（「大草殿より相伝之聞書」）。盛られた器は大じゅう・あいの物であろう。

中段・左側の「くろに」は黒煮で、鮑《あわび》を海藻のかじめ（搗布）と一緒に薄味の味噌で煮たもの。かじめがない時は、代わりに、おご（おごのり）、ひじきを入れた（「大草殿より相伝之聞書」）。

上段・右側の「くろとり」は蕨《わらび》、または乾蕨《ほしわらび》をいう禁中女房詞《きんちゅうにょうぼうことば》である。この膳は旧暦の正月に出されているので、乾蕨である。調理方法はよくわからない。器は直径九㎝程度（三寸）の三度入と呼ばれた土器であろう。

上段・中央の「青鱠《なます》」は芥子菜《からしな》の葉を摺りこんだ酢味噌で魚の切身をあえたもの。魚は吉例として臼杵の下《した》ノ江《え》（大分県臼杵市）から届けられた。なお、この青鱠が出されるのは正月朔日のみで、二日からは「大根鱠」に替えられた。器は「くろとり」と同じ三度入の土器であろう。

上段・左側の「ひらき」は魚の腹や背を開いて干したもの。七日干したものを尾頭付きで盛り付けた。器は小角であろう。

二之膳（図5）まず、手前・左側の「塩煮の汁」と右側の「雁の汁」は対となる。一般に魚と鳥の組み合わせとなるので、「塩煮の汁」は魚の汁であった。「塩煮の汁」「雁の汁」ともに、器は本膳の大汁と同じ、あいの物であろう。

手前・中央の「さしす」は前述した正月祝の四献と同様に、刺身に添えられたもので、刺身に付けて食べる「注《さ》し酢」であろう。当時、醤油はまだなく、刺身には塩を混ぜた酢をつけて食べ、生姜などを入れる場合もあった。「注し酢」とはこの塩を混ぜ合わせた酢のことと思われる。器は本膳の塩と同じく、「へそかわらけ」と呼ばれた土器であろう。

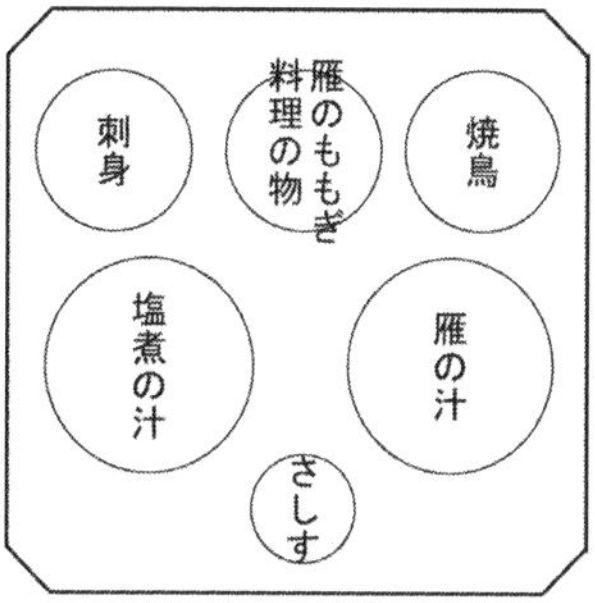

図5　二之膳

次に、上段・右側の「焼鳥」であるが、何の鳥かは書かれていない。しかし、中世では、単に鳥といえば雉をさすことから、雉の焼鳥と思われる。焼鳥を土器に盛る時に敷く搔敷《かいしき》は檜の葉がよく、さらに、柚（柚の葉）搔敷があれば、檜の葉の上に敷くのがよいとされた。そして、焼鳥の切身を盛る時は、焼魚と同様に、高さ五寸程、上を細く杉盛とされた（「大草殿より相伝之聞書」）。器は三度入であろう。

上段・中央は「雁のももぎ料理の物」。「ももぎ」とは「ももげ」ともいい、鳥の内臓、特に胃袋（砂のう）のことをいうが、どのような料理かは不明である。器は焼鳥と同じ三度入であろう。

上段・左側の「刺身」は打身《うちみ》ともいった。『貞丈雑記』によれば、「打身とは鯉の厚造りのことで、厚さ五分程、長さ四〜五寸、幅三寸程の切身を五切れ立て並べて盛り付け、酢を土器に入れて添える」とされており、単に刺身といえば鯉の刺身であった。さらに、その食べ方は、右手で箸、左手で酢塩を入れた猪口《ちょこ》を取り、刺身を盛り付けた器に猪口を近づけ、刺身を酢につけ、酢が膳の中に落ちないように、箸と猪口を口に寄せて食べるとされた（「伊勢六郎左衛門尉貞順記」）。このことからも、「さしす」は刺身に添えられた酢塩のことである。刺身を盛り付ける土器は三度入であろう。

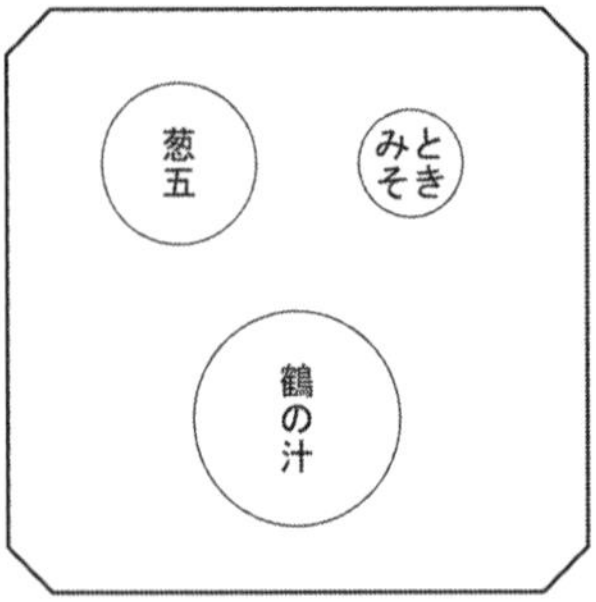

図6　三之膳

三之膳（図6） 手前の「鶴の汁」の上置《うわおき》には二ないし三つの鶴の筋を置くとされた（「食物服用之巻」）。器は、二之膳の雁の汁と同様に、あいの物であろう。

次に、上段・右側の「ときみそ」は酢で溶いた味噌と考えられる。左側の葱《ねぎ》に付けて食べるもので、器はへそ土器であろう。その葱は五本で、二日の日だけに出された。調理法は青ねぎを茹でたものか、根元の白い部分を長く切って焼いたものであろうか。民間伝承では古くから、「葱を食べると風邪をひかない。あるいは、風邪に効く」とされている。この膳の葱は料理とはいえず、正月二日にしか出されない点からすれば、風邪予防の意味で供されたのかもしれない。器は三度入であろう。なお、葱は、古くは「き」とだけ呼ばれたので、別名「一文字《ひともじ》」ともいわれた。根をつけて売られるので「ねぎ」というようになった（『貞丈雑記』）。

菓子 菓子は七五三の膳（後述）の後に必ず出された。縁高《ふちだか》に盛るのが本式で、盆はどのようによいものであっても使用してはならないとされた。縁高とは縁を高くした折敷のことで、大きさは五寸（約一五cm）四方、縁の高さ一寸五分（約四・五cm）の角切角《すみきりかく》である。縁高の中には掻敷を敷くこともあり、手前には楊枝を先端が左になるように置かれた。

菓子は本来、柿・干柿、柑橘類、梨などの果物、胡桃・栗・松の実などの木の実や、昆布・山芋・麩・こんにゃく・せんべいなどであった。しかし、天正十年（一五八二）、安土城で織田信長が徳川家康を供応した膳の菓子には、果物や木の実とともに、饅頭・餅・羊羹・飴なども供されている。

松囃子《まつばやし》見物　正月祝と饗膳が終わると、三が日とも松囃子を見物した。見物後、簾中方にて、羯鼓《かっこ》（小鼓）を首から下げて打つ八撥打《やつばちうち》に祝儀として胡鬼《こぎ》の子（羽根突きで使う羽根）を遣わした。この胡鬼の子は館内の雑事にあたる執当《しっとう》が坪《つぼ》（建物の間の庭）に持って行き、渡していた。

後述するが、室町将軍は正月の松囃子を簾中で見物しており、大友家でも同様に、当主らは簾中方主殿で見物したと考えられる。

正月の松囃子について、『大友興廃記』（解題参照）では、元日から三日まで府内の町から、眉をかき着飾った多くの稚児が館に参上して、笛や鼓、太鼓で拍子をとり、羯鼓を打ちながら踊るとされている。また、六月十二日の祇園会の慣しでも松囃子が行われた。

松囃子の起源は定かではないが、その名称から、正月の門松の松を伐り出す行事と関係が深いとされる。室町時代の応永年間（一三九四～一四二八）から、さまざまな階層で盛んに行われるようになったといわれる。

一説によると、守護大名赤松氏で行われるようになり、その後一般に流行、室町将軍邸でも正月の嘉例として演じるようになったという。また、笛・鼓・太鼓ではやし、羯鼓を打ちながら踊るとあり、大友館で演じられたものを彷彿させる。

演目はかなり自由で、永享二年（一四三〇）の場合、第一番が烏帽子・水干姿の遁世者《とんせいしゃ》（俗世間を離れて仏門に入った者）の舞、以下、福禄寿など三十番の曲目が演じられている。華麗な仮装をし、当時流行の芸能を思い思いに群舞する、娯楽本位の風流《ふりゅう》であった。

また、松囃子の特徴の一つは稚児の芸能が取り入れられていたことである。こうしたバラエティー豊かに各種芸能を取り合わせたものが、まずは武家の間で流行し、次第に幕府から宮中へと広まっていった。

室町将軍家の松囃子　室町将軍が松囃子を見るようになったきっかけは、三代足利義満《よしみつ》が幼少の頃に播磨国へ下向した際、守護大名赤松氏の家臣が慰みのために風流を行ったことによるとされている。ただ、義満代に将軍邸で松囃子が行われたかは不明という。

その後、四代義持《よしもち》の末期（一四二〇年前後）には将軍邸で行われており、永享元年（一四二九）の松囃子は義満代を嘉例としたとされる。当初、実施日が定まっていたかは不明であるが、八代義政《よしまさ》の寛正年間（一四六〇〜六六）には正月十四日が式日になったという。

将軍邸での松囃子は簾中にて見物しており、京都町衆の女房によるものなど種々あった。しかし、幕府は永享初年に、猿楽四座の内、観世太夫のみが行うようにした。幕府の年中儀式をまとめた各種記録をみると、十一代義澄《よしずみ》、十二代義晴《よしはる》代には正月十四日に行われていたことがわかる。しかし、十三代義輝《よしてる》代の記録には松囃子の記載はなく、廃絶したようである。廃絶の時期は不明であるが、理由としては、まずは、幕府内の権力闘争による動乱の影響が考えられるが、松囃子実施にあたり、「準備に一万疋、当日に一万疋」（「年中定例記」・解題参照）とあるように、演者への祝儀や飾り物などに多大な出費を要したことも大きな理由であったであろう。

正月朔日　千秋万歳《せんずまんざい》参上次第

正月朔日、対面儀式の前に、舞踊など五つの演目が演じられた。一番は朝日介《あさひのすけ》一門による鶴舞《つるまい》。春の鶴の動きを模倣した舞である。鶴は亀とともに長寿の象徴であり、吉祥の鳥であった。二番は掾《じょう》の四郎一門による。掾とは芸能民などに与えられた称号であり、掾の四郎一門も何らかの芸能集団であった。千秋万歳はいくつかの芸能で構成されるが、当然、ことばで言祝《ことほ》ぐ万歳が不可欠である。それにもかかわらず五つの演目の中に万歳がみえず、一方、二番だけ具体的な演目が記されていない点からすれば、この二番が万歳であったと考えられる。

図７　戦国期の千秋万歳
（「上杉本・洛中洛外図屏風」より）

万歳は、歴史をたどれば陰陽師《おんみょうじ》の流れをくむ者による芸能である。「作法日記」の記述内容と近い時代に成立した「上杉本・洛中洛外図屏風」には町屋の門前に立つ千秋万歳一行が描かれている（図7）。これをみると、烏帽子《えぼし》・素襖《すおう》姿で、中啓《ちゅうけい》（畳んでも上端が半ば開いている扇）

を持つシテ（主役）の太夫と脇役の才蔵、それに囃子手の三人一組で、この当時の千秋万歳は祝詞を述べ、鼓に合わせて舞う祝福芸であった。

太夫と才蔵の二人だけで滑稽な掛け合いをするようになるのは近世初期からで、この芸能は単に万歳と呼ばれ、現在の漫才の源流となった。

続く三番は渡守《わたしもり》による宇賀《うか》の舞。渡守は川などの渡し場で、人や物資を船で運送する船頭や水夫《かこ》のことである。江戸時代、府内城下から臼杵など へ向かう場合、「坊ケ小路渡《ぼうがこうじわたし》」と呼ばれた渡し場で大分川を渡った（大分市滝尾橋付近）。「戦国府内絵図」にも、北から二本目の東西道路の東側、大分川沿いに「坊ケ小路町」がみえる。この場所は江戸時代の「坊ケ小路渡」とほぼ同じ場所で、少なくとも戦国時代から渡し場であったと推定される。三番を演じたのは「坊ケ小路渡」の渡守であろう。

宇賀とは宇賀神のことで、財をもたらす福神として信仰された。その姿は人頭蛇身で、やはり福をもたらす弁財天と合一し、仏像では弁財天の頭頂部や宝冠の中に宇賀神が配置されることが多い。また、宇賀神は白蛇として表現されることもあり、水神ともいわれる。物資（財）を運び、水と関わる渡守にとって宇賀の舞はふさわしい演目である。

四番は猿曳《さるひき》であった。これは猿引とも書き、猿回しともいった。猿に種々の芸を教え込み、演じさせるもので、縁起物の一つとして、すでに鎌倉時代から行われていた。猿を使う者は呪者として祝《いわい》言《ごと》を唱えるようになったらしく、一種の芸能とみなされるようになった（『部落問題・人権事典』）。また、馬の病気を防ぐとの俗信から厩《うまや》の祓いも行った。

五番が松囃子である。前述したように、正月三が日とも正月祝膳が終わって簾中にて松囃子が演じられた。その松囃子と千秋万歳での松囃子の演目が同一であったか、異なったのかは不明であるが、演目が変わるとは記されていないので、同一であったのであろう。

さて、そもそも千秋万歳とは「千の秋と万の年」(『日葡辞書』)を意味し、永年の繁栄や長寿を祝うことばであった。

芸能としての千秋万歳は、正月に朝廷や権門貴族を訪れ、ことばによるキヨメ(祝言)を行う際、「千秋万歳」と唱えるところから、その祝福芸自体を千秋万歳と呼ぶようになったと思われる。平安時代後期には成立していたと考えられている。室町時代になると、祝言以外に当時の流行芸能であった猿楽能や曲舞《くせまい》を余興芸として演じ、松囃子などにも推参するようになった(『部落問題・人権事典』)。「作法日記」は松囃子を含め一番から五番までの祝福芸をまとめて千秋万歳としており、室町時代の一般的なあり方を反映している。

なお、室町将軍家では十三代義輝の頃、正月七日に千秋万歳が参上し、松の庭で舞ったとあるが(「年中恒例記」・解題参照)、それ以前の年中行事記録には確認できず、定例行事ではなかった可能性がある。

◆正月朔日　対面儀式次第

侍衆との対面　千秋万歳を見終えると、年頭あいさつのため館に参上した家臣たちとの対面儀式となる。なお、対面する者たちの役職や家柄などについては正月項の末にまとめて紹介する。

対面の順番は、一番が宿老《しゅくろう》（年寄衆・加判衆《かはんしゅう》）、二番が大友氏の親類衆、三番が志賀《しが》氏で、志賀氏は太刀目録を持って参上した。志賀氏の後は田村氏、聞次衆《ききつぎ》、宿老の子ども、近辺余儀無衆《きんぺんよぎなきしゅう》が参上し、当主と対面する。近辺余儀無衆の内、所領を多く持っている分限通《ぶげんとおり》の衆にはたいてい昆布を肴に盃が授けられた。そして、近辺余儀無衆との対面が終わると、それ以外の侍衆が順々に参上した。

侍衆以外との対面　侍衆との対面、盃授与が終わると、同朋衆《どうぼう》、猿楽衆《さるがく》、覚悟衆《かくご》、中間衆《ちゅうげん》、「地下人《じげにん》」、力《りき》、御厩衆《みまや》、執当がこの順番で参上する。中間衆以下の者たちは庭から参上し、侍並には縁《えん》を出入りできなかった。さらに、力以下の者たちは座敷の敷居の内側には入れず、縁にて盃を受けた。

諸職人では、鍛冶《かじ》、番匠《ばんじょう》と工御作《たくみみつくり》、桶結御作《おけゆい》、塗師《ぬし》御作は敷居の内に参上できた。それ以外の諸職人もそれぞれの地位により、縁まで参上できた者もいた。また、尋跡《とぎり》・専道《せんどう》は坪《つぼ》にて対面するだけであった。朝日介・後藤四郎・宮禄大夫・鍵取《かぎとり》などの社人へは敷居の内で盃を授けた。この時、盃は供饗《くぎょう》の台をはずして授けられた。

正月朔日の対面儀式次第についての記述は「昔は烏帽子《えぼし》を着けない者とは朔日には対面しなかった」

との文言で終わる。烏帽子は身分を問わず、主に元服した男性が頭につける被《かぶ》り物で、成人の徴表であった。一方、剃髪姿の同朋衆や力衆は成人しても烏帽子は着用しなかった。大友家では、昔は未成年者や剃髪姿の者たちと対面しなかったのである。

室町将軍家の対面儀式　以上、正月朔日、大友家では、宿老に始まり、侍衆、館に勤める下級家人、「地下人」、諸職人、社人などがこぞって館に参上、順々に当主と対面し、尋跡・専道以外は当主から盃を受けた。このような年頭の対面儀式は室町将軍家でも行われていた。後述するが、大友家における各種儀式・行事は室町将軍家を規範としており、年頭の対面儀式も室町将軍家を規範としながら、作法などが順次整備されていったものと考えられる。そこで、室町将軍家における正月朔日対面儀式の概要を紹介しよう。

正月朔日、将軍は白直垂《しろひたたれ》を着し、御対面所に出座する。まず、式三献となり、将軍が三つの盃を飲み終えると、対面者に授与する多くの盃を載せた四方（供饗《くぎょう》の内、台の四面に穴をあけたもの）が三～五台程度、室内に置かれる。それら四方の脇には、御供衆（将軍に近侍し、外出の際の供などをする役）の者が片膝を立て、盃を銚子の上に載せてかしこまって控えた。そこへ対面する者たちが一人ずつ伺候してくるのである。

最初に、将軍を補佐し幕政を統括する管領《かんれい》に就任できる斯波《しば》・畠山・細川三氏（この三氏を三職《さんしき》ないし三管領と呼ぶ）の内、管領を務めている者が対面する。管領は金覆輪《きんぷくりん》の太刀（柄《つか》と鞘《さや》の縁を金の金具で覆った太刀）を将軍に献上し、御礼を申し上げる。次いで、その太刀を脇に寄せて、盃を頂戴する。これで対面は終了し、座敷を退出することになるが、そのタイミングで管領の側に練貫《ねりぬき》（縦糸に生糸、横糸に練り糸を用いた絹織物）の小袖一重《ひとかさね》（二枚）が置かれ、管領は左手で練貫を取り、右手に頂戴した盃を持って退出する。次いで、残る三職の二人が順に将軍と対面し、金覆輪の太刀を進上の上、盃と練貫を頂戴して退出する。太刀を進上するのは三職のみで、以下の者たちの太刀進上はなかった。

三職との対面が終わると、御相伴衆《おしょうばんしゅう》（当初は幕府侍所別当に就任できる山名・一色・赤松・京極四氏と管領一族である畠山匠作《しょうさく》家・細川讃州家、西国の有力守護大名大内氏の七氏に限定）との対面となり、山名氏をはじめとして、一人ずつ対面し、管領同様に盃と練貫を頂戴した。御相伴衆の後は、国持衆（国持の守護大名）、外様衆（国持衆の一族など）、御供衆が対面し、やはり盃と練貫を頂戴した。

御供衆の次は、番頭（奉公衆の統率者）、節朔衆《せっさくしゅう》（毎月朔日と上巳・端午・七夕・重陽の節供に将軍との対面が許された者）、詰衆《つめしゅう》（将軍が幼少時に警護にあたる役）、走衆（徒歩で将軍の警護をする役）の順で対面。これらの者たちは将軍との対面では御礼を述べるのみで、盃と練貫の授与はなかった。

管領から走衆まで武家衆との対面儀式が終わると、公家衆との対面となる。この日対面する公家衆は「細々伺公《さいさいしこう》の人」といわれた、恒常的に将軍邸に出仕する日野・三条・飛鳥井家など限られた八人ほどの公家のみで、摂家をはじめとする多くの公卿《くぎょう》・殿上人《てんじょうびと》などとの年頭対面は正月十日に行われた。また、これら公家衆への盃授与はなかった。公家衆との対面儀式が終わると、将軍は御対面所から常御所へ戻った（『中世武家の作法』・『武家儀礼格式の研究』）。

対面儀式に臨む将軍は白直垂を着用した。一方、出仕する武家衆の衣装は、盃と練貫を頂戴する管領から御供衆まではみな直垂、対面のみの番頭から走衆は素襖《すおう》または小素襖であった。直垂と素襖はともに室町時代に武士の礼装となった装束である。形状はほぼ同じであるが、直垂が絹製の裏地のある袷《あわせ》で、素襖は麻などの布製で、裏地のない単《ひとえ》であった。素襖はさらに、大紋と単なる素襖に分かれる。大紋は上衣と袴の各所に大きな紋を配し、袴の腰紐は白絹。単なる素襖は染模様で、腰紐は上衣や袴と同じ布地とし、胸紐《むなひも》（上衣の胸元をとめる紐）や菊綴《きくとじ》（胸元や袖の飾り紐）に染革が用いられた。室町時代後期、大紋は直垂に準じる上級武士の礼装となり、素襖は一般武士の略儀の装束として用いられた。対面する者たちの格式により、盃と練貫頂戴で格差があり、さらに、その格差は装束にも反映されていたのである。

室町将軍家と大友家の比較　室町将軍家と大友家の正月対面儀式を比較すると、まず、将軍家にみられる練貫授与が大友家ではみられない。三番目に当主と対面する志賀氏は椀飯《おうばん》調進（後述）のため府内で越年するのであるが、大晦日の夜に、当主から小袖一重が遣わされた。対面儀式の際ではないが、「作法日記」に志賀氏への小袖贈与が特記されている点からすれば、大友家では、将軍家の練貫授与にあたる対面者への衣装授与は行われていなかったと考えられる。

一方、盃授与については、大友家でも尋跡・専道を除くすべての対面者に当主から盃が授けられていた。室町将軍家では授けられた盃を対面者が持ち帰っていたが、「作法日記」には「盃給也」とあるのみで、その盃を持ち帰るとの記述はない。後述のように、正月朔日対面儀式がもつ意味はこの盃授与に収れんされることからすれば、授与された盃は、大友家でも、将軍家同様、対面者が持ち帰ったものと考えられる。

対面儀式で着用する衣装は、室町将軍家では、将軍は白直垂、対面する武家衆は家格により直垂ないし素襖であったが、「作法日記」の対面儀式次第条には、当主、対面者の衣装についての記述はない。ただ、正月十一日条の末尾に、「鶴見御門が吉例として御門《みかど》素襖という小紋の褐衣《かちえ》を毎年献上し、以前の当主は正月朔日に、初めてこれを着用し、すぐに着替えていたが、宗麟は朔日の一日中着ていた。近年は肩衣《かたぎぬ》に袴が多くなっているが、旧例により朔日には小紋の褐衣を着用する」とある。褐衣は本来公家装束であった狩衣《かりぎぬ》の袖付け部分が縫い合わされたもので、のちに武家装束となった。この記述に従えば、大友宗麟・義統は正月朔日には終日褐衣を着用しており、対面儀式にも褐衣姿で臨んでいたことになる。なお、鶴見御門は大友氏直轄領の速見郡鶴見村（大分県別府市）に鎮座する鶴見権現（火男火女神社《ほのおほのめじんじゃ》）の神職かと考えられる。

一方、対面者の衣装については、正月十三日、玖珠《くす》郡衆の当主対面では、同郡の有力領主である乙《おと》名《な》衆は父子ともに烏帽子・素襖姿で、その他の侍衆は肩衣《かたぎぬ》・袴姿であった。このことからすれば、正月朔日対面儀式における対面者の衣装も、戦国時代、武家の礼装の一つとなっていた烏帽子・素襖が基本で、階層により違いがあったものと考えられる。

室町将軍家と大友家の正月朔日対面儀式で、最も異なる点は対面する対象者で、大友家の方が圧倒的に多い。将軍家では管領から走衆までの武家衆と公家の一部であったが、大友家では宿老を筆頭に侍衆、同朋衆・猿楽衆、下級家人、「地下人」、諸職人、社人と幅広い階層の者たちが当主と対面している。

そもそも年頭対面儀式は家臣などが将軍や大名など主人に対し年頭のあいさつを述べ、主人から盃を受けることが目的であった。それは、家臣などが主人に恭順の意を示し、主人がそれを受け入れるという主従関係・支配関係の確認を意味し、主人からの盃授与はその象徴的行為であった。室町将軍家において、「細々伺公」の公家衆と対面するものの、盃授与が行われていないことは、「細々伺公」の公家衆は恒常的に将軍邸に出仕しているとはいえ、将軍と厳密な意味での主従関係にあったわけではないことの表れであろう。

室町将軍家での正月朔日対面儀式は基本的には、管領や御相伴衆など幕府を支える有力大名らと将軍の側近くに仕える御供衆などの将軍直属の武士らを対象としており、対面儀式に参加できること自体が対象者の格式を示す政治的側面が強かったといえる。一方、大友家における対面儀式は侍衆に限定せず、当時の地域社会を構成している幅広い層をも対象としている。それは、大友氏が対面儀式を、地域支配者・地域公権力としての自らの立場を鮮明にし、侍衆はもとより全領国民に認識させる最大の機会と位置付けていたことによるものであろう。

給仕の者たち　室町将軍家での盃授与の際、酌をするのは御供衆の役目であった。酌担当の御供衆も当然将軍から盃を頂戴するので、自分の順番が来れば、別の者と交替した。将軍家の対面儀式参加者は限定的であったので、酌担当者もそれほど必要ではなかったであろうが、対象者が多い大友家では酌や給仕のため多くの者が必要であった。

対面儀式で給仕にあたる者たちは大晦日の夜に大友館に参上し、冒頭に「加用《かよう》」（給仕のこと）と書かれた着到状《ちゃくとうじょう》（主人の命をうけ、馳せ参じたことを記して提出する文書）を記録所の西側長押《なげし》に貼り付けた。由布院や玖珠郡、北浦部（国東郡・速見郡沿岸部の侍衆）など府内がある大分郡以外の侍衆や所領が少ない衆で、以前から大友家と由緒のある家の者たちも給仕のために参上するので、長さ五間（約九ｍ）ほどの長押は貼られた着到状でいっぱいになった。ただ、給仕のため出仕した所領を持たない無足衆は着到状を出さなかった。大分郡内はもちろん、周辺各郡に本拠を持つ給人、所領高は少なくとも長く大友家に仕えている者、さらに無足衆まで多くの者たちが対面儀式の給仕役に駆り出されていたのである。

今後の大友家との由緒　「作法日記」は給仕役の着到状貼付について述べた後、「今後は、この度自身（義統）にしたがって関東（常陸国水戸）に供してきた衆のみを大友家と由緒を持つ家柄とする。その外の者は忠節次第で判断する。以前の家柄は考慮しない」と記している。鎌倉時代から戦国時代まで、豊後大友氏約四百年の歴史の中で、大友家と由緒を持つ家柄の侍衆は数多く生み出されていた。しかし、文禄二年（一五九三）、大友義統は豊後国を没収され、豊後国支配者の地位を失った。そして、同四年十月、義統は幽閉中の水戸において、大友家隆盛期を偲びつつ、後代のために「作法日記」を書き上げた。この時点で、義統は豊後国支配者への復帰を願っていたであろうが、一方で、水戸まで随伴してきた者たちは少なく、豊後の侍衆との関係は途絶したままであった。そのような状況で、これまでの大友家との由緒関係を整理する必要を感じ、従来の由緒関係を一旦白紙とした上で、今後は、まずは水戸まで随伴してくれた者を大友家由緒の家柄とし、それ以外は忠節の度合いにより判断するとしたのである。

◆正月朔日　椀飯《おうばん》振舞・謡始《うたいはじめ》

椀飯振舞　正月朔日の夜、宿老（年寄衆）ら重臣などに椀飯が振る舞われる。椀飯とは高盛りした椀飯《わんめし》に肴を組み合わせた膳のことで、朝廷では、平安時代から、恒例・臨時の行事に際し、所管の殿《てん》上人《じょうびと》に命じて調進させ、饗膳に供していた。これが武家社会にも取り入れられ、鎌倉幕府では、将軍との饗膳に供するため、正月朔日から数日にかけて、重臣から馬・太刀・弓矢などとともに祝儀として調進されるようになった。さらに、室町幕府では、折敷《おしき》に強飯《こわいい》を高盛りした椀飯と打鮑《うちあわび》・海月《くらげ》・梅干の三種に酢と塩を添えて出すのが恒例となり、正月朔日は管領が調進し、将軍と重臣たちがこれを食した。このように、椀飯とは基本的に主人と従者がともに飲食することで、連帯感や共同体としての一体感を高めることが主な目的の儀礼であった。なお、食事や金銭を気前よく振る舞う大《おお》盤振舞《ばんぶるまい》の語源はこの椀飯振舞である。

椀飯振舞の席次　椀飯振舞の席次は、まず、時期により四〜七人いる宿老が左右に分かれて座る。その次に「かつら」が豊後に在国していればこれを召し出した。在国していればとの条件付きではあるが、宿老の次という上位に座る「かつら」は、正月二十九日に行われる大表節でも聞次に次ぐ席次が与えられており、大友氏から厚遇された存在であった。また、大表節条には、「かつら四座の大夫」へ小袖を下す際の一般的な作法も記されている。猿楽衆四座の大夫と併記されていることからすれば、「かつら」は何らかの芸能集団の長であったと考えられる。室町幕府では、天文十五年（一五四六）、足利義輝《よしてる》の元服及び将軍就任の祝いに、桂《かつら》四人が観世太夫など猿楽衆とともに参上し、義輝から御服が与えられている。さらに、永禄三年（一五六〇）、義輝が三好義長《みよしよしなが》邸に御成した際には、桂二人が三好邸の縁《えん》に伺候し、銭千疋（十貫＝一万文）が遣わされた。この時、田楽・猿楽衆が伺候したのは庭であり、遣わされた銭も各々三百疋であった。室町幕府に出仕する桂は猿楽衆の太夫と同様に芸能集団の長であり、かつ、田楽・猿楽衆より格上の扱いを受ける存在であったといえる。「作法日記」にみえる「かつら」は、幕府に出仕していた桂が豊後へ下向してくることがあり、在国している時に正月朔日の椀飯振舞及び二十九日の大表節に参加していたと考えられる。

「かつら」の次に座るのは聞次衆で、実相寺《じっそうじ》のほか、位の高い医者衆が聞次衆と同座した。実相寺は室町時代から代々大友氏の社家奉行を務めていたが、天文二十三年（一五五四）頃、医道修業のため京都に滞在しており、帰国後、医者として大友氏に仕えるようになったようである。医者衆は正月朔日椀飯振舞のほか、正月十三日大友当主の蔣山《しょうざん》（万寿寺）行初、正月二十九日の大表節にも相伴しているが、それぞれの席次の説明では、「実相寺などの医者衆」、「実相寺・医者衆」とされており、実相寺は同じ医者衆の中でも格上の扱いを受けていた。

その実相寺よりも厚遇されていた医者衆が雲松《うんしょう》である。雲松はこの日の椀飯振舞で聞次衆よりも上座に座った。天正十年（一五八二）七月、筑後国に出陣を予定していた大友義統は病気となったものの、雲松の治療により二日ほどで回復し、予定どおりに出陣することができた。雲松は当主大友義統の治療を担当するほどの優れた医者であり、そのために医者衆の中でも最高位に位置付けられていたと考えられる。また、雲松は永禄六年（一五六三）、将軍足利義輝による大友氏と毛利氏の和睦調停交渉に携わる一方、元亀三年（一五七二）～天正元年（一五七三）には計四回、摂津国《せっつのくに》堺（大阪府）の豪商で、茶人としても名声を得ていた天王寺屋津田宗及《つだそうぎゅう》の茶会に参加している。大友氏の医者衆として活動する中、公的場面での立ち居振る舞いや対外的な見識、茶人しての素養を身に付けていたようである。

そして、末座にはこの日の椀飯を調進した豊後国直入《なおいり》郡直入郷（大分県竹田市）の者たちが座った。

表1　大友家と室町将軍家における「椀飯調進」

実施日	大友家	室町将軍家
正月朔日	椀飯振舞、直入郡直入郷（竹田市）調進	椀飯、管領
正月二日	大野郡緒方荘（豊後大野市）、椀飯調進	椀飯、土岐氏
正月三日	大分郡高田荘（大分市）、椀飯調進	椀飯、六角氏（のちに六角、佐々木、京極三氏による交替制）
正月七日	大分郡笠和郷（大分市）、椀飯調進	椀飯、赤松氏
正月十五日	速見郡山香郷（杵築市）、椀飯調進	椀飯、山名氏
三月三日	大野郡宇目村（佐伯市）、椀飯調進	
五月五日	大野郡緒方荘、椀飯調進	
十月亥の日	大分郡笠和郷、椀飯調進	

※大友家の椀飯調進は「作法日記」、室町将軍家は「年中定例記」・「年中恒例記」による。

直入郷は鎌倉時代後期、三代大友頼泰《よりやす》が地頭職を所持しており、以降、戦国時代まで継続して大友氏直轄領であった。ただし、南北朝時代から志賀氏が代官として岡城を拠点としており、所領支配に関与していた。そのため、この日、対面儀式で当主と三番目に対面する志賀氏は、ある意味支配下にあった直入郷が椀飯を調進するのに合わせ府内で越年していた。その際、大晦日の夜に、大友当主から志賀氏に小袖一重が遣わされ、志賀氏も当主へ小袖一重を進上した。

大友家と室町将軍家の椀飯調進　ここで、大友家と室町将軍家における椀飯調進について表1にまとめたので、これによりながら述べていこう。まず、大友家では椀飯が、正月に五回、上巳《じょうし》・端午《たんご》の節句、亥《い》の子祝の計八回振る舞われていた。一方、室町将軍家での椀飯は正月の五回であった。正月の椀飯振舞は、正月三が日祝、七日正月祝、十五日正月祝（小正月）にあたり、すべて正月祝儀式に伴うものである。正月祝に基づく大友家と室町将軍家の椀飯振舞は実施日と重臣たちとの共同飲食という形態は共通するが、調進する主体及び調進される物が大きく異なっていた。

大友家で椀飯を調進する主体は、直入郡直入郷・大野郡緒方荘・大分郡高田荘・同郡笠和《かさわ》郷・速見郡山香《やまが》郷・大野郡三重郷宇目《うめ》村と所領単位で、すべて大友氏直轄領であった。一方、室町将軍家では管領・土岐氏・六角氏・佐々木氏・京極氏・赤松氏・山名氏という幕府中枢を担う重臣たち、すなわち人（家）が単位となっている。

また、室町将軍家で重臣らが調進するのは膳（調理された料理）であったが、大友家では盛《もり》の物と竿の物と呼ばれた食材が調進されていた。先述したように、椀飯振舞は一般に、主人と家臣による共同飲食儀礼であり、連帯感や共同体としての一体感を高めるものであった。そして、共同飲食する膳を重臣に調進させることは改めて主従関係を確認することを意味した。

では、直轄領が食材を調進するという大友家の椀飯調進はどのように理解すればよいのか。まず、調進される竿の物とは、正月三日の椀飯調進で白鳥や鶴・雉、そして兎と狸など、鳥獣三百が竿に吊るされて進上されていることから、竿に吊るされた鳥獣であったと考えられる（後述）。盛の物については、正月朔日以外にその記述はないが、竿の物が鳥獣であることからすれば、籃《かご》などに盛られた魚介類や野菜などではなかったろうか。そして、椀飯調進は租税の一形態と捉えられていた。例えば、応永十年（一四〇三）、大友氏奉行人が恐らく志賀氏ないし直入郷政所《まどころ》に宛て、正月朔日の椀飯費用を准田銭《じゅんたせん》で賄い、調進するように命じている。准田銭とは、准田段銭とも表記され、段銭同様に田の面積を基準に賦課される租税である。その准田銭が椀飯調進の原資とされていることは、椀飯調進が准田銭に代わり得る租税の一種であったことを示している。また、天文元年（一五三二）、直入郷の武士たちが出陣中であることを理由に正月朔日椀飯調進の内容が大幅に軽減されており、椀飯調進が軍役同様の負担行為、租税と認識されていた。

このように、大友家の椀飯調進は多種多様で大量な食材の調進であり、それを負担する直轄領にとっては租税の一種であった。室町将軍家の椀飯調進は主従関係を確認するものであったが、大友家では、椀飯振舞・調進という武家儀礼を利用しながら、直轄領からの収納強化、支配の強化を図っていたといえよう。

椀飯振舞の次第　この夜の椀飯振舞では、まず、祝三献が出された。初献は三種・三盃で、二献目が雑煮二種、三献目が塩煮の汁であった。二献目で吉例として当主から盃を始め、そのタイミングで志賀氏が太刀目録を進上する。太刀目録とは太刀を当主などへ進上する時に現品の代わりに差し出す目録のこと。例えば、「太刀一振　金覆輪《きんぷくりん》」などと、太刀の柄、鞘の金具の拵えの装飾まで記すこともあった。進上品の中でも太刀は格別な品で、進上する時の作法も複雑であった。この祝三献が終わ

図8　猿楽衆（左）
（「職人尽絵」／大分市歴史資料館）

って饗膳となり、まず、本膳として土器《かわらけ》に「二」の字形に盛られた強飯、二之膳に素麺を味噌汁で煮た入麺《にゅうめん》、三之膳に雉の汁が、それぞれ組み合わせの肴とともに出された。

そして、饗膳が並べ終わった時に、猿楽の大夫による謡始《うたいはじめ》が行われた。これは新年に初めて猿楽（能楽）の謡を披露するもので、室町将軍家では正月四日に行われていた。この謡始のため、椀飯振舞の座敷には、近年は宝生権大夫・春藤道作・松満大夫・正熊五兵衛を召し出しており、猿楽衆全員は召し出さないことになっていた。謡始が終わると、元来は、椀飯を調進した者たちが猿楽衆へ祝儀の品を書いた折紙を遣わしていたが、近年は中国風の織物である唐織《からおり》（中国渡来の織物は唐織物という）を一折ずつ遣わすようになった。一折と数えられているのは、芯に薄板を入れて織物を平たく畳んでいたためである。また、その織物は厚手と薄手のちょうど中間程度の厚さであった。

謡始が終わると、参加者を一人ずつ当主の御前に召し出し、御酒を授ける「通《とおり》」となった。この「通」では、着座していない椀飯振舞の統括者である椀飯奉行と酒の調達・管理などを担当する酒奉行も御前に召し出され、当主の御酌で御酒を頂戴した。正月対面儀式では、当主から御酒を注がれた盃は各自持ち帰ったが、この「通」では一つの盃で全員に御酒が授けられた。なお、「通」とほぼ同様のことを「召出《めしいだし》」という場合もある。両者は貴人や主人の御前で御酒を頂戴することは同様であるが、格別な貴人の御酌で賜る場合や、正月や特別な祝いの儀式の酒宴の場合に「通」といい、通常の酒宴など格式が下がる儀式・行事で賜る場合に「召出」といった。

さて、以前は、椀飯奉行を下郡《しもごおり》上総介《かずさのすけ》・同備後守《びんごのかみ》・疋田《ひきた》越前守《えちぜんのかみ》・志村《しむら》越後守《えちごのかみ》・葛城《かつらぎ》山城守《やましろのかみ》、酒奉行を秋岡《あきおか》兵部《ひょうぶ》少輔《のしょう》・得丸《とくまる》尾張守《おわりのかみ》・薬師寺《やくしじ》伊豆守《いずのかみ》が務めていたが、近年は別の者に替わっている。また、椀飯奉行と酒奉行には、正月朔日対面儀式の給仕役同様に、大晦日の夜に着到状を記録所に貼らせていた。

椀飯の遣わし方　大友家における椀飯調進は盛の物と竿の物に大別される食材の調進であった。正月三日の椀飯調進では竿の物だけでその数は三百にもなり、大量の食材が大友館に届けられることになる。これらの食材で椀飯振舞の膳を調えるのであるが、すべて使い切れるわけではなかった。そのため、その遣わし方、すなわち処分方法がほぼ決まっていた。

その方法は「作法日記」の末尾近くに記述されており、それをまとめたのが表2である。まず、正月三が日の椀飯で調進された猪一丸（まるごと一頭）はそれぞれ贄殿衆《にえどのしゅう》、惣大工、別当に遣わされた。贄殿とは一般に食材となる魚や鳥を蓄え、調理する施設である。「作法日記」によれば、小身の者たちが贄殿で当主の御膳の残りを与えられ、その食べ方、立ち居振る舞いを贄殿衆が観察しており、将

表2　大友家における椀飯の遣わし方

月日	遣わす物	拝領者
正月朔日椀飯	猪一丸	贄殿衆
正月二日椀飯	猪一丸	惣大工
正月三日椀飯	猪一丸	別当
	雁一折	同朋衆
	肴	桶結御作・工御作 塗師御作・土器作忠大夫 まのほね

来立派な人物になると思った者を上申しているとされ、大友館の贄殿はまさに当主が日常的に食べる膳に関わる施設であったと考えられる。そして、「筆法条々」によれば、贄殿衆は大友家と由緒が深い家柄の者から三〜五人に命じられ、一人で十日ずつ勤務する交替制であった。大友家との由緒の有無が任用条件となっていることは、贄殿衆が当主の膳、いわば生死に関わり、人材登用の窓口という重要な任務を負っていたからであろう。なお、贄殿衆は中間衆・房衆（後述）・執当の直接上司でもあった。また、別当とは、遣わされた猪が厩衆へ振る舞われるとされていることから、厩衆の直接統括者である厩別当のことである。

　次に、正月三日の椀飯で調進された雁は同朋衆、肴は桶結御作などの職人衆と「まのほね」に遣わされている。「まのほね」の語句自体の意味は不明であるが、「作法日記」の説明によれば、大野郡大野荘一万田（大分県豊後大野市）の百姓で、十八代大友親治《ちかはる》（義統の高祖父）へ忠義を果たした者たちであった。そして、その功により、恒例として正月に大友館に参上し、庭で当主から盃を授けられ、その際、椀飯の肴を遣わされていたという。

以上のように、正月の椀飯で調進され、使われなかった食材はさまざまな者たちへ遣わされたが、それでも余った食材はすべて、正月十六日に酒奉行衆から食材を納める施設を管理している小納戸《こなんど》衆へ渡された。また、余った食材とは別に、椀飯を調進する郷荘の者たちから、当主や簾中《れんちゅう》（正室）に仕える全女房衆の筆頭である一の台の局やその次に位置付けられる中老の女房衆たちへ、樽酒・肴・竿の物などが贈られていた。

大友家の椀飯では、直轄領が多種多様な食材を大量に調進していたが、担当する直轄領が膳に必要な食材すべてをその領内で調達できるはずもなかった。山間部の直入郷で当然海産物は産出しない。地元で調達できない場合、担当直轄領の者が近辺余儀無衆へ、雉・水鳥・兎、その外厚紙《こうし》などを手渡して、調達を依頼していた。ただし、近年は近辺余儀無衆が断るようになっており、義統もこれを「どうしたことか」といぶかしく感じていた。

なお、椀飯調進にあたり、担当直轄領が進上する品々は椀飯帳に書き上げられており、歳男衆の一人に命じて読み上げさせ、当主がそれを聞いていた。歳男とは一般に、武家において新年の諸儀式を担当する者である。大友家では、毎年家臣の中から複数人が選任され、椀飯帳読み上げのほか、正月四日の福入参、同六日の鬼の豆、同十一日の能始、同十四日の由原宮より花参るで、それぞれの役を務めており、正月十五日にすべての役を終えた。

◆正月二日　祝次第と膳組次第・馬乗始・船乗始

祝次第と膳組次第　正月二日、この日も朔日同様、公の正月祝儀式として、三種・三盃の初献から入麵の五献までの祝と本膳から三之膳と菓子までの膳組が出され、当主だけが大表の座敷で食した。それぞれの献立は朔日とほとんど同じであるが、二日のみ、膳組の三之膳に葱《ねぎ》五本が追加された。この葱は正月番前の執当《しっとう》が調達し、その執当には奥の番衆が用意した中紙（中程度の品質の紙）が遣わされた。執当の役目については先述したが、ここで「正月番前の執当」とされている点からすれば、複数いる執当衆の中で月ごとに役を務める順番が決められていたようである。次に、奥の番は奥御番ともいい、当主の寝所に夜通し伺候する一方、正月十一日に円寿寺（大分市）の僧が大友館で大般若《だいはんにゃ》経《きょう》を転読《てんどく》する際の奉行、七月十四・十五日の先祖供養で、代々の室町将軍家と大友家のご霊前番役など公的な表での役目も務めていた。

馬乗始　祝膳が終わり、松囃子を見る前に、舞台の前で馬乗始の儀式が行われた。馬乗始は文字どおり、新年に初めて馬に乗る儀式で、室町将軍家でも正月二日に行われており、「作法日記」はどこの守護家でも秘蔵の馬に鞍を置いて披露するものであるとしている。弓馬故実家の小笠原光清《みつきよ》（詳細は後述）が永正十七年（一五二〇）に二十代大友義鑑《よしあき》へ「庭乗事《にわのりのこと》」を伝授している。これは馬に乗っての庭の回り方を二十の図で示したもので、この伝授を契機に大友家でも馬乗始が行われるようにな

った と考えられる。

この馬乗始が行われる「舞台の前」について説明しておこう。この舞台とは能（猿楽）を上演するための舞台であり、大友義統代の館では主殿の南側に仮設されていた。つまり、「舞台の前」とは主殿と舞台の間となる。ここが馬乗始が行われる「庭」でもあった。

馬乗の庭については『貞丈雑記』に詳しく記されているので、それを踏まえながら紹介しよう。まず、馬乗はもともとは蹴鞠《けまり》のための庭を使って行われた。その庭には「四本懸《しほんがかり》」といって、桜＝春、柳＝夏、楓＝秋、松＝冬と四季を表した四本の木が四隅に植えられていた。木の植え方も主殿の座敷が庭に面する向きにより異なり、東向きであれば、北東の隅には松（冬）、南東の隅に桜（春）、南西の隅に柳（夏）、北西の隅に楓（秋）を植えることになる。大友館の場合、馬乗の庭は主殿の南に面しているので、作法に従えば、北東の隅が桜（春）で、時計回りに、柳（夏）、楓（秋）、松（冬）となる。ただし、松ばかりを植える場合もあった。

この四本懸の庭で馬乗を行う場合、行う季節の木を除く三本の木を回って乗る。馬乗始は正月＝春に行われるので、桜以外の木を回ることになる。また、庭に四本懸の木が定植されていない場合、「切立《きったて》」といい、切った木を一時的に立てて代用することもあった。切立の場合、木の高さは一丈五尺（約四・五m）に定まっていた。また、主殿と植えられる木の間隔は、主殿の主柱（座敷と縁の境の柱）から一丈五尺（約四・五m）、木と木の間隔は通常三間（一丈八尺）四方で、庭が狭い場合は一丈五尺、広ければ二丈三、四尺（七m前後）とされていた。
さて、馬乗始が行われている間、厩別当《うまやべっとう》は庭でかしこまって控えていた。そして、終了後、厩別当には当主から雑煮を肴に盃が授けられた。厩衆は大友当主の馬を扱う者たちであり、厩別当はその者たちの直接統括者である。厩衆にとって、当主による馬乗始は年間最大の行事であり、その間中、責任者として控えている厩別当はこの上なく晴れがましい気持ちではなかったろうか。

船乗始　この日、船乗始も行われた。これは一般に、新年にあたり、船上で船霊に供え物を捧げ、その年の航行安全を祈願する儀式で、実際に船を動かすこともあった。ただし、室町将軍家では行われておらず、室町時代の各種武家儀礼書にも関する記述がみられない。室町幕府の本拠地京都は、河川交通は発達していたものの、海に面していない内陸部であるため、船乗始を積極的に行う理由がなかったのであろう。「作法日記」にも「船乗初也」とあるのみで、室町時代から戦国時代の武家において、どのように儀式が進められたのか不明である。
大友家の船乗始を担当したのは石垣十郎兵衛尉《いしがきじゅうろうひょうえのじょう》と竹田津美濃《たけたつみの》の二人であった。文禄二年（一五九三）、豊後国を没収され、山口に蟄居していた大友義統が翌三年に常陸国水戸に移されるにあたり、その道中に随伴した家臣たちを書き上げた関係史料に、竹田津美濃入道と石垣十郎の名が確認できる。特に、石垣十郎には「御舟之衆《おふねのしゅう》」との添書きがある。一方、竹田津美濃入道に添書きはないが、同族と考えられる竹田津雅楽助《うたのすけ》・竹田津勘介《かんすけ》には「御舟之衆」とある。これらの点からすれば、石垣氏と竹田津氏は「御舟之衆」＝大友氏直属の水軍衆であり、大友家の船乗始は直属水軍の安全を祈願するために行われていたと考えられる。なお、石垣十郎兵衛尉と竹田津美濃の両名には祝儀として、納殿《おさめどの》（食材を保管する施設）が準備した雉一番《ひとつがい》と酒一樽が遣わされた。

船乗始が行われた場所は不明である。実際に船を動かしたとすれば、大友館から最も近い海辺である府内の町北側の別府湾か、町の北西部に築かれていた「船入」が考えられる。

◆正月二日　対面盃次第・緒方荘椀飯調進

対面盃次第　船乗始が終わると、正月朔日に引き続き、年始祝の者たちが館に参上し、この日の当主との対面が始まる。一番が小笠原殿、次に丸山越中守《えっちゅうのかみ》、次いで大友氏の親類衆が参上し、いずれも雑煮を肴に盃が授けられた。

この日の最初に対面する小笠原殿とは、室町幕府武家故実家で、室町将軍家の弓馬師範を務めた京都小笠原氏の一族、具体的にはその官途から「刑部少輔《ぎょうぶのしょう》家」と称された家系である。京都小笠原氏の一族がなぜ大友館に参上し、当主と対面するのか。

大友氏と小笠原刑部少輔家が関係を持つのは永正四年（一五〇七）であった。同年四月十七日、大友当主（十九代義長《よしなが》）による初めての犬追物《いぬおうもの》が行われたが、その検見《けんみ》（審判役）を務めたのが小笠原刑部少輔元宗《もとむね》であった。これと前後して、小笠原元宗は大友氏へ二種類の弓馬故実書を伝授しており、大友義長は弓馬故実を導入するにあたり、京都からその権威である小笠原一族の元宗を招聘したのであった。

大友氏と小笠原刑部少輔家との関係は元宗以後も継続し、その子光清は永正五年から享禄三年（一五三〇）にかけて実に十二種類もの弓馬故実書を大友家及び庶子家へ伝授している。そして、光清は永正十二年時点で豊後に在国しており、その子どもも恒常的に在国するようになった。

光清以後豊後に在国するようになった小笠原氏であるが、活動状況をうかがい知る史料は少ない。そのような中、『大友興廃記』には弓馬故実家である小笠原氏にふさわしい逸話が記録されている。これによれば、永禄年間の末（一五七〇年頃）、織田信長より大友宗麟に鬼月毛《おにつきげ》という馬が贈られた。この馬は体格が並外れて大きく、人にも馬にもかみつく荒馬で、宗麟はだれか乗りこなせと命じた。そこで白羽の矢が立てられたのが、十三代将軍足利義輝《よしてる》の近習であった小笠原晴宗《はるむね》の子大学兵衛《ひょうえ》であった。大学兵衛は、十人がかりで馬場に引き出されてきた鬼月毛にゆらりとまたがると、手綱をしごき、あらゆる秘術をつくして、これを乗りこなし、宗麟もいたく喜んだ。大学兵衛に預けられた鬼月毛は、ますます脚が速くなり、鬼龍馬の飛ぶような姿を一目見ようと、調教の日には多くの見物人が集まり、鬼月毛は九州随一の名馬となったという。

ここにみえる小笠原晴宗、その子大学兵衛の名は確実な一次史料では確認できないものの、天正九年（一五八一）に、織田信長が大友義統に鬼葦毛《おにあしげ》と大鴾毛《おおつきげ》の馬二頭を贈っていることからすれば、時代は異なるものの、織田信長から馬が大友氏に贈られ、その馬の調教を弓馬故実家たる小笠原氏が担当したことは事実であったのではなかろうか。

小笠原氏は十一代将軍足利義澄《よしずみ》の奉公衆の系譜を持ち、大友氏にとっては弓馬故実を伝授してくれる貴重な存在であった。そのため、「殿」と尊称され、簾中方節や大表節など大規模な饗宴で田村氏（後述）とともに宿老よりも上座に座るなど、大友氏から礼遇されていた。

親類衆との対面が終わると、大分郡賀来《かく》荘・稙田《わさだ》荘・高田荘（いずれも大分市）の侍衆が参上し、当主と対面するが、高田荘種具《たねぐ》の侍三人はこの日に参上できないため、正月四日に参上し、盃を給わった。種具は高田荘内の名《みょう》の一つで、大野川下流右岸の現大分市大字種具一帯に比定される。江戸時代の種具には府内城下から臼杵へと通じる街道の渡し場「百堂渡《ひゃくどうのわたし》」があり、交通の要所であった。種具の侍三人が高田荘の侍衆とは別に四日に当主と対面しているのは、戦国時代も同様に交通の要所であったためであろう。なお、豊後国内の大友氏直轄領の郷荘に給地と居屋敷を持つ侍衆は、大友氏への臣従の意を表すため、正月十五日までに全員が着到状を持って館に参上し、盃を給わった。正月朔日から十五日まで続く、侍衆やさまざまな階層の者たちとの対面、盃授与では大量の盃が必要であり、これらはすべて大友館内で準備された。

緒方荘椀飯調進　対面儀式が終わり、夜になると、朔日同様椀飯が振る舞われる。この日の椀飯は大友氏直轄領の大野郡緒方荘（大分県豊後大野市）が調進した。そのため、朔日に椀飯を調進する直入郷の志賀氏同様に、戸次《べっき》右近大夫は府内で越年し、朔日に大友館に参上した。戸次右近大夫とは戸次鎮連《しげつら》の子統常《むねつね》のこと。鎮連は戸次道雪《どうせつ》の甥で、元亀二年（一五七一）、道雪が筑前国立花城督に任じられるにあたり養子となり、豊後国大野郡内の戸次氏本領を相続した。これより先、弘治三年（一五五七）、道雪は緒方荘記録所を命じられている。緒方荘には直轄領支配のための組織である政所《まどころ》が設置されていた。政所と記録所の役割の違いは不明であるが、戸次氏が緒方荘支配に関与していたことは間違いない。そのため、緒方荘が椀飯を調進するにあたり、同荘記録所である戸次氏が大友館に参上したと考えられる。

なお、この日の当主対面儀式や椀飯振舞の次第は朔日と同じであった。

◆正月三日　赤口《しゃっこう》・高田荘椀飯調進

赤口　三日も正月祝儀式として、朔日と同じ献立で祝と膳組が出され、当主だけが大表の座敷で食した。

さて、これまで紹介してきたように、大友当主は正月朔日から、宿老をはじめとする侍衆、館勤めの下級家人、諸職人などさまざまな階層の者たちと対面していた。しかし、三日は昔から赤口を理由に対面は行われなかった。

赤口とは赤舌日《しゃくぜつにち》ともいい、鎌倉時代末から室町時代にかけて凶日とされた日である。六日に一度巡るが、月によって日が固定されており、正月の赤口は三日、九日、十五日、二十一日、二十七日と決まっていた。現在でも、大安や仏滅など日の吉凶をいう六曜《ろくよう》にも万事に凶とされる赤口があるが、赤舌日と六曜の赤口とは別の考え方に基づいている。また、陰陽道《おんみょうどう》において、八日に一度巡る、やはり凶日とされる「赤口日」があった。室町時代、これは「大赤口」といい、赤舌日の「赤口」とは区別された。

室町幕府では、「赤の日は御供衆の出仕はない。御公事の将軍への披露もしない。赤の次の日に、赤後の出仕といって出仕する」（「年中定例記」）とされ、「赤の日」＝赤口には幕臣たちが将軍邸に出仕せず、政務も行われなかった。そして、正月四日が「赤後の出仕」とあり、「赤の日」＝赤口は正月三日であった。大友氏において、正月三日、赤口＝凶日を理由に当主との対面を行わないのは、室町幕府を規範としたものといえる。なお、大友家では六日後の正月九日も赤口を理由に対面が行われず、翌十日に行われていた。

高田荘椀飯調進　この日も正月朔日・二日と同様に椀飯が振る舞われ、調進するのは大友氏直轄領の大分郡高田荘（大分市）であった。椀飯振舞では、通常、祝三献の後、饗膳となるが、この日の饗膳は朔日・二日と比べ、ひときわ豪華なご馳走が振る舞われた。東国（関東地方）や北国《ほっこく》（北陸地方）の珍しい肴は言うに及ばず、近年では「大唐（中国）・南蛮（東南アジア・ポルトガル）・高麗（朝鮮半島）」の菓子などが進上され、振る舞われた。

また、白鳥十、鶴二十、雁三十、水鳥百、雉百、兎と狸五十、以上三百を超える鳥獣が竿に吊るされて進上された。これら竿の物の調進については、『大友興廃記』にその様子が以下のように記されている。

進上される椀飯の内、雉・山鳥・兎・狸などの山の物それぞれ百ずつが何本もの長い木に吊るされ、それを繋げ、継ぎ目を一人一人が肩にのせ、広庭に出てくる。その木には髭籠《ひげこ》(竹の端を編み残して、髭のようにのばした籠)に入った菓子も吊るされていた。

『大友興廃記』にみえる椀飯調進の様子は三月三日、上巳《じょうし》の節句時の記述であるが、正月三日の調進も同様であったろう。竿を担いだ者たちが出てくる広庭の正確な場所は不明である。「作法日記」で確認できる大友館内の庭は、馬乗始が行われた主殿と舞台の間の庭と、正月十四日の「由原宮より花参る」で儀式が行われる遠侍《とおざむらい》の大庭の二つがあり、いずれかであったと考えられる。

この日の椀飯饗膳はまさに大盤振舞のご馳走であり、列席者は夜半まで上下入り乱れて酒を飲み、みな酔いつぶれてしまった。

◆正月四日　福入《ふくいり》参る・風呂始

福入参る　この日未明に、府内の諸寺院の住職をはじめとする僧侶が年始のあいさつにやって来る。この行事を「作法日記」では、「福入参」と称している。

鎌倉時代後期、二度にわたる元寇《げんこう》後の正安二年（一三〇〇）、中国・元の使節団として一山一寧《いっさんいちねい》ほかの禅僧らが日本へ来朝した。ときの執権北条貞時《しっけんほうじょうさだとき》（八代執権時宗《ときむね》の子）は、一寧らを元のスパイと疑い、伊豆の修禅寺に一時幽閉した。この処遇に、ある人が「そもそも僧とは、穀物が田に稔《みの》るごとく、世の福善を生ずる〝福田《ふくでん》〟であります。得道《とくどう》（仏法を深く極める）の僧侶は万物に野心なき者です。一寧師は元に在る時は元の福《さいわい》、日本に在る時は我らの福であります」と貞時を説得し、この諫言を受け入れた貞時は一寧らの幽閉を解いて、鎌倉郊外に一庵を与えた。予想した通り、一寧の名声はたちまち鎌倉中に広がり、門前には彼の話を聞こうと武士や僧俗らが群がったという。一寧の禅僧としての優れた資質に接した貞時は、正安二年末に彼を建長寺の住持に招き、さらに乾元元年（一三〇二）に円覚寺の住持も兼任させた（『中世奇人列伝』）。

この貞時に促されて、徳治元年（一三〇六）、五代大友貞親《おおともさだちか》が直翁智侃《じきおうちかん》を開山に招き豊後府内に創建した禅宗（臨済宗）寺院が、蔣山万寿寺《しょうざんまんじゅじ》である。室町時代になると、同寺は、幕府の定める禅宗官寺制度「五山《ござん》・十刹《じっさつ》・諸山《しょざん》の制」の下、五山に次ぐ十刹の寺格に列せられた。これにより、中央から名僧たちが次々に来豊し、豊後万寿寺の住持となっている。そして、その教えを受けた僧侶や帰依する武士たちによって各地に寺院が建立され、豊後国内に臨済宗が広まっていったといわれている。

また、この臨済宗の広がりとともに、その教えも広く享受されていったと考えられる。前述の一山一寧の逸話に述べられている、「僧侶を福田にたとえ、僧侶が在る所には福がもたらされる」とする考え方も、教えの一つとして広く浸透していたと思われる。「作法日記」に記されている、住職たちによる年始の来訪は、この福田思想に基づき、福を招く者たちが参上するという意味から、福入参と呼ばれたのであろう。

この福入参では、まず一番に蔣山万寿寺衆、次に同慈寺《どうじじ》、大智寺《だいちじ》、心源寺《しんげんじ》、瑞光寺《ずいこうじ》の順で大友氏ゆかりの禅寺（臨済宗）の住職たちが参上する。続いてその他の禅寺の住職らが参上した。

禅僧たちの参上が一通り終わると、次に称名寺《しょうみょうじ》（時宗）、真光寺《しんこうじ》（天台宗）、妙巌寺《みょうごんじ》（宗派不明）の住職たちが参上する。この三か寺の参上の順番は、住職の位によって決める慣わしとなっていた。以上の三か寺の参上が終わると、次に来迎寺《らいこうじ》（浄土宗）、続いて法華宗の住職たちが参上した。

これら諸寺は、決まって紙一束（約五百枚）と扇一本をセットにした「一束一本」を進上する。特に万寿寺・同慈寺・大智寺・心源寺・瑞光寺の五か寺と称名寺・真光寺・妙巌寺の三か寺から進上される一束一本は、杉原紙（武家の公用紙の一種）一束と金地の「さきひろの扇（末広扇）」であった。また、小寺の住職たちからは、厚紙《こうし》（厚く漉いた紙）などが進上された。

この一束一本の進上について、室町将軍家政所執事（長官）の伊勢氏の一族である伊勢貞助が永禄三年（一五六〇）頃に将軍家の故実を記した「伊勢貞助雑記」によると、「扇になるたけ美しく折りたたんだ薄様（薄く漉いた鳥の子紙）を重ねて包み、金銀の水引で縛る。それを紙一束の上に置いて進上する。この時、扇の要を御前に向けて披露する」とあり、府内の諸寺から進上された一束一本も、こうした室町将軍家の作法を規範にしていたと考えられる。

円寿寺《えんじゅじ》衆（天台宗）は、正月十一日に、いずれもが一束一本を持って参上し、同じくこの日大切な修業があるために訪れることのできない金剛宝戒寺《こんごうほうかいじ》衆（律宗）は、正月十六日に参上し、杉原紙一束と金地の末広扇一本を進上した。この金剛宝戒寺との対面は、同日参上する由原宮の宮師《みやし》（後述）より前に行われた。

これら寺家衆との対面では、台に載せた天目茶碗で茶を出した。また、対面の際には、寺家奉行が舞台にかしこまって座り、歳男の者が奏者を務めた。

対面が終わり、十刹である万寿寺の住職、及びその職に就いて西堂《せいどう》、東堂《とうどう》の僧位を与えられた僧が退出する際、当主は自ら縁《えん》まで出て見送る「縁の礼」を行った。また、称名寺の住職に対しても同じく縁の礼を行った。しかし、法華宗の寺の住職に対しては、たとえどのように高い位の者であっても縁の礼は行わなかった。

室町将軍家では、将軍と対面を終えた摂家の大臣以上の者と、五山の長老たち及び特定の門跡衆に対してのみ将軍が縁まで送り、その他の公家衆や寺家・社家には縁の礼はなく（「長禄二年以来申次記」）、大友家でも将軍家の作法にならい、身分の上下によって見送り方に違いを設けていたことがわかる。

しかし、諸宗派ともに、京都への献金などの貢献によって、高い地位に就く僧があれば、相応の対応をするのが大切であるとされていた。

この日の住職たちとの対面が終わった後、実相寺《じっそうじ》と対面し、雑煮を肴に盃を授けた。続けて、実相寺に住む一人に対しても盃を授けた。その後、侍衆と対面し盃を授けた。

侍衆へ盃を授け終わると、府内の町人を代表する乙名《おとな》たちが館に参上し、それぞれ杉原紙一束と末広扇一本を進上する。その中から、古川町の者が立派な一束一本を選び、大友当主へ進上した。

風呂始　この日、大友当主が新年初めて風呂に入る、風呂始が行われた。風呂始が行われる前日の元日から三日までは、行水であった。

正月二十九日の大表節では、風呂屋方が庭で篝火《かがりび》を焚いており、このことから、大友館内に風呂屋があったことがわかる。当時の風呂は現在のように湯船に入る形式ではなく、お湯を沸かして蒸気を充満させ、体を蒸らして汗や垢《あか》を拭いとり洗い流す、蒸し風呂が一般的であった。大友義統が天正十九年（一五九一）に定めた掟書《おきてがき》によれば、「風呂一月《ひとつき》六度」とあり、風呂に入るのは月に六回と決められていた。

江戸時代前期の儒学者で本草学者《ほんぞうがくしゃ》でもあった福岡藩の貝原益軒《かいばらえきけん》は、著書「養生訓《ようじょうくん》」において、「十日に一度程度ぬるま湯で沐浴すればよく、それ以上の入浴は体内の気を乱して却って毒である」と述べている。こうした考えが古くからあり、大友家では「風呂一月六度」と定められたのであろう。

室町将軍家でも、正月四日に御風呂始を行っている（「年中定例記」）。この行事は、室町将軍家政所執事であった伊勢氏の邸宅に将軍が御成《おなり》して行われ、「一献《いっこん》」（酒肴）が供されたとある。この御風呂始の御成も、応仁の乱以後なくなったと記されている。しかし、その後に成立した「年中恒例記」には、正月四日に伊勢氏邸に御風呂へ渡御とあり、復活したのであろうか。

正月五日　簾中へ参上

正月五日、宿老と聞次の夫人たちが、当主の正室である簾中のもとへ参上した。この簾中への新年のあいさつは、公文所《くもんじょ》において内々に行われた。夫人たちからは、簾中方の雑役に従事する「はした」や炊飯の仕事をする「おご」といわれる女性たちにまで、贈り物が進上された。簾中からは、夫人たちへ、長い脚付の膳である盤対《ばんつい》の上に載せて雑煮と盃がそれぞれ出された。

正月六日　鬼の豆・方違《かたたがい》

鬼の豆　この日は由布院（大分県由布市）の侍衆が年始の当主対面のため館へ参上する。

そして、立春前日にあたるこの日の夜には、現在の節分の豆まきと同様、鬼に豆を投げつける鬼の豆と方違が行われた。夜の行事なので、明かりを灯す必要がある。その灯明は同朋衆《どうぼうしゅう》が担当していた。灯明の油は簾中《れんちゅう》に仕える女性たちの最上位にあった局《つぼね》が用意し、新年の諸儀式を担当した歳男《としおとこ》から同朋衆へ渡された。また、鬼に豆を投げつける役は歳男であった。室町時代の武家故実書である「今《いま》川大双紙《がわおおぞうし》」にも、「年男」が鬼の豆を担当すると記されており、中世の武家では、豆まきの役を歳男が務めるのが一般的であった。現在でも行われている、鬼に豆を投げつけ、邪気を追い払う節分の豆まきは室町時代から続く風習なのである。

方違　鬼の豆が終わると、当主は館の中で方違をする。方違は平安時代以降、陰陽道の考えに基づき行われていた風習である。ある場所から別の場所へ移動する際、目的地の方角に特定の方角神がおり、凶と占われた場合に、一旦別の方角に出かけ、違う方角から目的地に向かうことをいう。五神いる方角神の内、大将軍《たいしょうぐん》は三年、金神《こんじん》は一年、王相《おうそう》は三か月、同じ方角に留まるため、度々の方違を簡略化し、立春に一度方違をし、翌日自宅に戻れば当分方違をしなくてもよいとされていた。大友家では、立春前夜の方違は後述するように主殿の広間で行われているが、館内で形だけでも方違することで、館から外出する際本来しなければならない方違を省略できるようにしたと考えられる。

方違のため主殿に移動した当主は、宿老たちがかしこまって座っている中、当主の側近くに伺候し、交替で番を務める表番衆に命じて物まねをさせる。物まねが終わると、昆布を肴に物まねをした者たちへ御酒が振る舞われ、その後、宿老も御酒をいただき、この行事は終わった。

武士たちがどのような物まねをしたのか興味がわくが、「作法日記」自体は物まねをする者たちの動作や言葉は複雑で、書き記すことは難しいとしている。ところが、『大友興廃記』にはこの方違がもう少し詳しく記されており、これによりながらその様子を紹介しよう。

十二月、立春前日が終わる日の夜、当主は館の広間に出て、屏風の陰で少し眠る。この時、当主の従者と近習衆、館内部で重要な役を務めていた御台番衆（御膳番衆）はみな広間に居並んでいた。そして、当主が少し眠っている間に、表番衆の内、その夜の当番であった者たちがいろいろな物まねをする。一人は鶏の物まねで、「日本国の富と宝物をこちらに取ってこうろう」という。別の一人は犬の物まねで、「私は門を守っている。あなたはどこの国からきたのか。びょうびょう」という。その後、「夜が明けました」と申し上げて、当主を起こした。この時、銚子と提子が用意され、当主は盃で御酒を飲む。物まねはさらに続いて、餅売りと饅頭売りの物まねがあり、昆布売りのまねをする者は、昆布が採れた場所やそのすばらしさを褒め称えながら、扇で膝を叩き、足で拍子をとり、いろいろな曲を謡い踊りながら昆布を売った。これを見ている者たちはみな笑うので、演者は恥ずかしがり、そして、お互い大笑いになったそうである。

『大友興廃記』を参照することで、「作法日記」ではうかがえなかった、とても賑やかな行事であったことが手に取るようにわかる。ただ、「作法日記」は方違を正月六日とするのに、『大友興廃記』が十二月としているのを不思議に思うかもしれない。その疑問を解決するポイントは鬼の豆と方違が行われるのが「立春前日の夜」という点である。そもそも立春とは太陽黄経（天球上における太陽の見かけ上の通り道）が三一五度となる日で（太陽黄経〇度が春分、一八〇度が秋分）、太陽暦ではほぼ二月四日となる。しかし、ひと月の長さを月の動きで、一年の長さは太陽の動きで決める太陰太陽暦、いわゆる旧暦では、立春の日は固定されず、年により正月朔日前後になり、十二月中に立春を迎えることがあった。そのため、「作法日記」が立春前日を一月六日とする一方、『大友興廃記』は十二月中としたのである。なお、『枕草子』第二十五段は「すさまじき物」（興ざめなもの）を書き上げているが、その一つに、「方違で赴いたのに何のもてなしもしない家。まして、節分の方違は特別なのに、そっけない対応をされると非常に白けてしまう」とある。この記述から立春を含む節分に行う方違は『枕草子』が成立した平安時代中期（十一世紀初頭）には貴族社会で一般的になっていたことがわかる。

正月七日　七日正月祝・笠和郷椀飯調進・蘇民将来《そみんしょうらい》参る・白馬《あおめ》参る

七日正月祝　七日には七日正月祝の儀式が行われる。古来、中国では正月朔日から六日までの各日に、順に鶏、狗（犬）、羊、猪、牛、馬の吉凶を占い、七日には人を占うため正月七日を人日《じんじつ》と呼んだ。また、七日に七種の野菜で作った羹《あつもの》（肉や野菜を入れた熱い汁もの）を食す風習があった。これらが日本に伝わり、朝廷では七日節会として宴が催され、また、人日の節句として七草粥を食し、祝うようになったとされる。

祝儀式の初献は三種、二献目は雑煮、三献目は熱い餅であった。正月朔日から三日までの正月祝儀式では三種の初献から入麵の五献まで出されたが、七日正月祝は三献までで、やや簡略化されていたようである。なお、正月祝の三献目は焼餅一重であり、七日正月祝の三献目の熱い餅も同様に焼餅であったと考えられる。祝が終わると、三が日同様、椀飯が振る舞われた。この日の椀飯は寒田《そうだ》氏が責任者となり、大分郡笠和郷（大分市）が調進した。寒田氏は同郷内に鎮座する春日神社の宮司であったとされており（「豊府聞書」）、同郷を代表する立場で、椀飯調進を取り仕切ったのであろう。

蘇民将来参る 同日、由原宮の宮師が大友当主への正月対面のため、大友館に参上する。宮師は塗輿に乗って参上するが、館の大門の前で輿を降り、徒歩で館に入った。なお、館の大門から輿か馬に乗ったままで内部へ入ることができるのは、家臣では志賀氏・佐伯氏・田村氏・臼杵氏の四氏のみであった（『大友興廃記』）。当主と対面する宮師には雑煮を肴に盃が授けられ、対面が終わると、当主は縁の礼で宮師を見送った。

また、宮師の当主対面とは別に、同日、由原宮から蘇民将来のお守りが届けられた。蘇民将来のお守りとは次のような説話に由来する民間信仰に基づいたものである。

昔、蘇民将来と巨旦《こたん》将来という兄弟がいた。兄蘇民は貧乏で、一方、弟巨旦は裕福であった。ある夜、旅人が巨旦の屋敷を訪れ、一夜の宿を頼んだが、巨旦はこれを断った。その旅人は次に蘇民に頼むと、蘇民は快く迎え入れ、貧しいながらも精一杯もてなした。この旅人は実は神様で、数年後、再び蘇民のもとを訪れ、「代々、蘇民将来の子孫と名乗って、茅《ち》の輪を腰につければ、その者たちは疫病を免れる」と告げた。蘇民と家族が早速、茅の輪を腰に付けると、その夜の内に、巨旦をはじめ周りの人々はすべて死に絶え、蘇民家族だけ生き残ったという。

この説話から、「蘇民将来子孫の宿」と書いた紙を家に貼ると災厄や疫病除けになると信じられ、各地の社寺で「蘇民将来子孫」などと書いた護符が配布されるようになった。由原宮から届けられた蘇民将来のお守りも、これらと同様のものであったと考えられる。

白馬参る　この日の夜、白馬が大門から館に引き入れられた。白馬は古くは青馬と書き、毛色が緑がかった馬を意味した。古代中国では、「馬は陽を主《つかさど》り、青は春を主る」と考えられ、正月七日に青い衣を着た人に青馬を引かせて、青陽の気を調えたという。また、この日に青馬を見れば、年中の邪気を祓うことができると考えられた。このことから、日本の宮中でも、正月七日に白馬節会《あおうまのせちえ》といい、天皇が紫宸殿に出御し、馬寮《めりょう》の引く青馬を見る儀式が行われた。なお、平安時代中期から、青馬の代わりに、白毛馬や葦毛《あしげ》馬（本来、灰色がかった毛色の馬。馬齢が加わるとより白色が強くなる）が使われるようになったため、読み方はそのままで、表記が白馬節会と変更された。

宮中の白馬節会と同じ日に、大友館に白馬が引き入れられているのも、これを当主が見て、邪気を祓ったものと考えられる。

引き入れられた白馬には執当が烏帽子・素襖《すおう》姿で秣《まぐさ》を与えた。白馬に与える秣は諸向《もろむき》（イチイ、ウラジロの別称）を敷いた縁高《ふちだか》（一辺約一五cm程度の隅切角《すみきりかく》の折敷の縁を四・五cm程高くしたもの）二枚に入れられた。元来、執当はこの白馬だけを飼育する役であったが、十六代大友政親《まさちか》（一四九六年没）の頃に、ほかの馬の世話やいろいろな雑事を命じるようになったという。

◆正月八日　肩衣袴《かたぎぬばかま》着用

八日、当主は肩衣と袴を着用する（図9）。肩衣は麻地一重《ひとえ》の素襖の袖を取り除いた衣装で、袴と合わせ、のちに裃《かみしも》と呼ばれるようになった。肩衣袴が一般化するのは室町時代末期で、当初は下級武士の野外服であったが、やがて上級武士も着用するようになった。安土桃山時代には武士の平常服となり、さらに、略式礼装として用いられた。

図9　肩衣姿の武士

この日には、豊後国内の大友氏直轄諸郷荘の不涯衆《ふがいしゅう》や無足《むそく》衆《しゅう》、小寺家衆が大友当主との対面のため館に参上し、正月朔日よりも大人数となった。無足とは一般に知行地を持たない家臣をいう。大友氏における無足衆は、正月朔日対面儀式での給仕のために出仕した時に、ほかの給仕役とは異なり、着到状を出さなかった。また、三月から五月にかけて、豊後国内で行われる狩において、覚悟衆・中間衆など下級家人らとともに雑事にあたっており、家臣団の最下層に位置付けられた、大友氏から知行地を与えられていない家臣集団のことと考えられる。また、不涯衆は無足衆と並称される存在であった。不涯自体の意味は不明であるが、「不甲斐ない」に近い言葉であり、知行地の有無とは別の基準で区別された、やはり家臣団の最下層に位置付けられた集団と考えられる。

正月四日、万寿寺衆をはじめとする五か寺衆・三か寺衆などの諸寺家衆が大友館に参上している。その中には小寺衆も含まれていたが、それぞれの事情で四日に参上できない小規模の寺家衆がこの八日に参上したのであろう。

先述したように、大友宗麟・義統は、正月朔日の対面儀式で小紋の褐衣《かちえ》を着用していた。この日に褐衣よりも略式の肩衣袴を着用するのは、対面する者たちの格を考慮した対応と考えられる。

翌九日は赤口にあたるため、正月対面は行われず、十日から再開された。

◆正月十一日　吉書《きっしょ》・斧立《おのたて》・円寿寺僧参上・能始・一種一瓶進上・弓始

吉書儀式　早朝に、吉書の儀式が行われる。この時の当主の装束は烏帽子《えぼし》に素襖《すおう》であった。吉書とは、年始や代替の際に、物事の始まりを祝って出された文書で、室町将軍家では、年頭に神事・勧農・年貢の三か条を認めた文書に将軍が花押を据える吉書始の儀式が行われた。大友家の吉書儀式では、まず社家吉書、次いで御座吉書が認められ、社家吉書では肴三献、御座吉書では雑煮と盃による祝儀式が行われた。

ところで、「作法日記」は、社家吉書については秘密の約束事が多いので別紙に書き記すとしている。

大友義統が幽閉中の常陸国水戸において、「作法日記」に先立ち、文禄三年（一五九四）にまとめた「公方様当家条々要目」（以下、「条々要目」と略記）に「当家代々御吉書認様之事」との条項があり、社家吉書儀式について詳細に記述されている。「作法日記」がいう別紙とは「条々要目」をさしていると考えられ、まず、これによりながら、社家吉書儀式について解説していこう。

社家吉書　まず、当日の朝、卯辰《うたつ》の間（午前七時頃）に、府内祇園社の神職である税所《さいしょ》氏が図10に示した社家吉書を大友館に持参する。社家吉書の料紙には引合《ひきあい》（上質和紙である檀紙《だんし》の一種）が用いられ、円寿寺《えんじゅじ》（大分市上野）に属する六坊の内の実相坊が清書した。社家吉書は精巧に作られた葛籠《つづら》に入れ、それをふさ等の飾りがついた上刺袋《うわざしぶくろ》に入れて、税所氏の家臣上田氏が携え、税所氏とともに館に参上した。この時の装束は、税所氏が衣冠束帯、上田氏は烏帽子・素襖袴であった。

　　仰三ケ条
一　仏神事等可勤行事
一　可勧農事、是撫民之在道
一　右国務之法、可先年貢得分事
　仍執達如件
年号正月十一日　源朝臣大友左衛門督義統

図10　社家吉書条目
（「条々要目」より）

　到着した二人はまず舞台にかしこまって控える。税所氏は黙礼した後、立ち上がり、袋から硯を出して、その上に吉書を置き、当主の御前へ罷り出る。御前で硯の蓋を開け、蓋の上に吉書を置き、硯に水を入れて、墨をする。そして、硯と蓋の上に載せた吉書を当主の御前に差し置き、当主は口伝に従い、吉書に判《はん》形《ぎょう》（花押《かおう》）を書く。書き終わると、税所氏が吉書を読み上げ、吉書を元どおりに納め、儀式が終了となる。

その後、肴三献が出され、祝となる。初献は雑煮、二献目は金頭《かながしら》（ホウボウ科の海魚）の汁、三献目は鮑《あわび》の汁で、二・三献には組み合わせの料理があった。二献目は嘉例に従い、税所氏から盃を始めた。そして、給仕役は御台番衆、御酌役は申次衆《もうしつぎ》（聞次衆《ききつぎ》）が務めた。

さて、「作法日記」は社家吉書儀式について別紙に記すとする一方、祝については説明の記述がある。それによれば、初献は雑煮、二献目は壺の物（深い土器に盛った肴）と鱓《うつぼ》のいた（かまぼこ）に二尾盛り付けた金頭の汁、三献目は「さしす」（塩を混ぜ合わせた酢）を添えた腹白（鰤《ぶり》か）の刺身に鮑の汁で、二献目は旧例により税所氏から盃を始めた。そして、給仕役は聞次衆とされている。

社家吉書儀式の祝に関する「条々要目」と「作法日記」の記述はほぼ一致する。初献から三献までの主となる肴は両書一致し、「条々要目」が二・三献に組み合わせの料理があるとした具体的な内容が、「作法日記」にみえる、壺の物と鱓のいた（二献目）、腹白の刺身（三献目）であった。また、二献目の盃を税所氏から始めるとの点も一致している。唯一異なるのが給仕役で、「作法日記」は聞次衆とするが、「条々要目」は御台番衆で、聞次衆は御酌役としている。両書とも大友義統が遺した記録であり、どちらが正しいのか判断に苦しむ。いずれにしろ、聞次衆（申次衆）が吉書儀式の祝に関わっていたことは間違いない。

　ところで、社家吉書儀式に府内祇園社の神職であった税所氏が深く関与している理由であるが、恐らく、大友氏の社奉行であったためと考えられる。社奉行は領国の神社支配統括者で、大友氏直轄領にある神社の社殿建設、祭礼執行など運営にも関与していた。永禄年間から天正七年頃（一五五八～七九頃）には、豊後国速見郡奈多《なだ》八幡社（大分県杵築市）の宮司で、大友宗麟の義父であった奈多鑑《あき》基《もと》とその子鎮基《しげもと》が相次いで社奉行に就任している。基本的に社家吉書儀式に参加するのは社奉行であり、天正八年以降、その役が奈多氏から税所氏に交代したため、「作法日記」「条々要目」では税所氏の名が記されたのであろう。

御座吉書　社家吉書儀式が終わると、宿老全員が列席し、御座吉書儀式が行われた。御座吉書の文案は前もって正月七日に、御台番衆の中から人柄を観点に選ばれた者が宿老衆へ伝えていた。当日、御座吉書が調えられると、雑煮を肴に盃が授けられた。そして、御座吉書儀式の進行と硯役については口伝があったという。

　ここで、再び「条々要目」をみると、図11の三か条が示された上で、「右の条々は、十一日の早朝、宿老が館に出頭し認められる。硯と料紙は御台番衆の役である」と記さ

条々
一　寺社之事
一　京都之事
一　雑務之事付井手溝之事
天文十八年正月十一日

図11　御座吉書条目（「条々要目」より）

図12　手斧を使う番匠
（「春日権現験記絵巻」より）

れている。日付、宿老列席の二点が「作法日記」の記述に合致し、御座吉書とは図11の三か条の文書で、儀式における硯役は御台番衆が務めたと考えられる。しかし、「作法日記」「条々要目」ともに御座吉書儀式についてこれ以上の記述はない。「作法日記」に口伝があるとされている以上、特有の作法があったと思われるが、社家吉書儀式ほど詳細な様子が判明しないのが残念である。

斧立《おのたて》儀式　社家吉書と御座吉書の儀式が終わると、大友家の惣大工により、斧立儀式が行われた。これは手斧始《ちょうなはじめ》ともいい、建築儀礼の一種で、建築工事を始める際や新年の仕事始めの儀式として行われた。個別の建築工事で行われる手斧始では、一般に手斧で木材の表面を削る（図12）。いくつかある建築儀礼の中でも、まさに建築工事開始を告げる儀式であり、番匠衆の新年仕事始めにふさわしい。そのため、大友家の御用を務める番匠集団のトップである惣大工が新年の斧立儀式を司ったのであろう。そして、惣大工には、この日行われる能始（後述）の前に昆布漬《こぶづけ》（昆布を一夜、水に浸した後、日に乾かして味噌または酒粕につけたもの）を肴に盃が授けられた。

ところで、室町将軍家においては、大友家の斧立儀式と同じ正月十一日に御普請始、次いで御作事《さくじ》始が行われた。普請は土木工事や建物の基礎工事、作事が建物の建築工事を意味する。一般的な建築儀礼でいえば、普請始は地ならしを行う時の地曳《ちびき》や、礎石を据える時の居礎《いしずえ》の儀のことで、作事始が手斧始であろう。そして、儀式では、御普請奉行と御作事奉行、御作事方右筆が庭上に伺候した。儀式が終わると、御作事奉行と御作事方右筆衆が御太刀を進上、将軍からは銭千疋が下され、御大工がこれを拝領した(「年中恒例記」)。また、『木砕之注文』によれば、天文十年(一五四一)、大友館内の御対面所建設の釿《ちょうな》始が、御木屋(作業場)において行われている。この時、儀式の祝飾りとして、供饗《くぎょう》に載せた盃三つ、米の上に昆布とかち栗を置いた「手懸《てかけ》の米」、銚子・提子《ひさげ》・瓶子《へいし》、大友当主から下された太刀の目録が用意された。

「作法日記」には斧立儀式が行われた場所や次第についての記述はない。室町将軍家と御対面所釿始を例に推測すれば、斧立儀式の場所は館内の庭(恐らく主殿南側の庭)において、御対面所釿始と同様かそれ以上の祝の品々が用意され、儀式が執り行われたと考えられる。

円寿寺僧参上　斧立の儀式が終わると、館の主殿と簾中方主殿に飾られていた七種の正月祝飾りが片付けられた。そして、祝飾りの内、館の主殿に飾られていた鏡餅は由原宮、簾中方主殿のそれは府内の若宮八幡社に遣わされた。

祝飾りが片付けられた頃、円寿寺の僧たちが大友館に参上し、大般若経《だいはんにゃきょう》を転読《てんどく》(経典を繰りながら要所のみを読むこと)した。この時、正月四日、福入参として館に参上する万寿寺など府内の諸寺家衆と同様に、円寿寺衆も一束一本を進上し、当主が対面する際の作法も諸寺家衆と同様であった。また、位が高い僧がいる場合には当主は縁の礼で見送るが、これも福入参と同様の対応であった。

一方、福入参と異なる点もある。福入参で諸寺家衆に出されるのはお茶のみであったが、円寿寺衆には公文所が調えた点心《てんしん》（水団《すいとん》・饂飩《うんどん》・素麺《そうめん》などの麺類や饅頭など）も振る舞われた。また、円寿寺衆には、当主と簾中から一束一本が遣わされた。これも福入参の諸寺家衆にはみられない対応である。さらに、福入参では、諸寺家衆が当主と対面する間、寺家奉行が舞台にかしこまって座っており、寺家奉行が担当責任者と考えられるが、円寿寺僧参上の奉行は必ず奥の番衆が務めていた。

円寿寺衆参上と諸寺家衆の福入参との相違は、大般若経転読の有無である。大般若経とは正式には大般若波羅蜜多経《だいはんにゃはらみったきょう》といい、中国・唐時代の玄奘三蔵《げんじょうさんぞう》（三蔵法師　六〇二―六六四）が大乗仏教の基礎が書かれている長短さまざまな「般若経典」を集大成した経典群で、全部で六百巻にも及ぶ。日蓮宗や浄土真宗などを除き、日本の大部分の宗派はこの経典を教養の基礎と位置付けている。古くは奈良時代から、現世安穏《げんせあんのん》・国家安寧《こっかあんねい》・菩提追修《ぼだいついしゅ》などを祈願するために大般若経を読誦《どくじゅ》する法会が行われており、次第に、各社寺で年中行事として恒例化した。その中で、経典全部を読誦するには多くの僧を必要とするため、経本を繰りながら、各巻の経題と要所の数行を読む転読が法会の主流となっていった。円寿寺衆による大般若経転読も大友家及び領国の安穏・安寧を祈願するために行われたのであろう。

この日、円寿寺衆は正月四日の諸寺家衆同様に一束一本を持参しており、福入参の一環として参上するのは間違いない。金剛宝戒寺衆もやはり福入参のため別日の正月十六日に参上するが、その理由は「四日に重要な修行があるため」であった。しかしながら、「作法日記」に円寿寺衆が別日に参上する理由が明記されておらず、かつ、大友氏の対応に諸寺家衆と異なる点があるのは、円寿寺衆が大般若経転読を行うからと考えられる。

能始　円寿寺衆との対面及び大般若経転読が終わると、能始として能が演じられた。演目の最初は松満大夫による「翁《おきな》」。数ある能楽の演目の中でも別格に扱われる祝言曲で、演者は神となり、天下泰平・国家安寧を祈禱する舞を舞う神聖な儀式であった。「翁」に続いて、能五曲（演目）を演じる番組立を「翁付き五番立」といい、「翁」に続いて演じられる一番目の演目は「翁」の脇という意味から脇能と呼ばれ、神をシテ（主人公）とする曲が演じられた。

大友家の能始の番組立は「翁」に続いて、脇能（一番目物）に「弓八幡《ゆみはちまん》」、二番目物に「田村《たむら》」、三番目物に「軒端の梅《のきばうめ》」、四番目物に「鍾馗《しょうき》」、五番目物に祝言曲である「猩々《しょうじょう》」となっており、「翁付き五番立」であった。なお、四番目物と五番目物は春藤道作と宝生権大夫の両大夫が演じた。能は一般にシテ（主人公）とワキ（相手役）の二人で演じられ、春藤・宝生両大夫はシテとワキのどちらかを担当したのであろう。

演目が進む中、脇能が終わった頃に、当主は着ていた素襖《すおう》を脱ぎ、歳男衆に命じて舞台へ持っていかせた。すると、大夫が罷り出てこれを拝領した。また、簾中も小袖を遣わし、これも歳男衆が舞台へ持って行った。

能始を見る座敷に誰を召し出すかはほぼ決まっていた。たとえ所領の少ない者でも家柄により召し出すが、概ね所領高百貫が目安であった。また、家柄については、最近の忠義・奉公の度合いにより召し出すべきとされ、大友家との古くからのつながりよりも、近年での関係が重視されていた。

また、召し出した者には吉例として白鳥の汁が振る舞われた。白鳥の汁は四㎝角ほどの薄く切った身を入れた味噌仕立ての汁で、白鳥の黒骨を二つほどを身の上に盛って出すこともあった（「大草殿より相伝之聞書」・「食物服用之巻」）。正月三日、高田荘が椀飯調進の竿の物として鶴二十、雁三十、水鳥百などとともに白鳥十を進上している。一方、室町将軍家では、年に数回、重臣たちからそれぞれ白鳥一羽が進上されている。殊に、毎年二月一日には、三管領の畠山氏が白鳥一羽と熨斗鮑《のしあわび》千本、酒五荷を進上しているが、白鳥と熨斗鮑は「美物《びぶつ》」（味の良いもの。ごちそう）とされ、将軍の上覧に供された。そして、古くは、将軍家料理人が白鳥をさばくのも上覧していた（「年中定例記」・「年中恒例記」）。このように、白鳥は進上されても数が少なく、室町将軍家で「美物」として特別な扱いを受けるなど、貴重な食材であった。なお、大友家の能始で振る舞われた白鳥は納殿《おさめどの》から出されており、椀飯で調進された食材は複数あった納殿で保管されていたと考えられる。

一種一瓶進上　この日の儀式や行事に参加するために館に参上する者は各々、素麵一折と酒の入った瓶子一対の一種一瓶を進上した。これは、宿老と聞次、そのほか多くの所領を持っている分限通の衆へ、正月の着到状に基づき、進上するように命じていた。また、所領の少ない者でも古くから忠節を尽くしている家柄の者たちは進上していた。

さて、「筆法条々」によれば、正月朔日から大友館に参上した侍衆は、「御着到」に名前を書いていき、調った「御着到」により一種一瓶を進上するよう催促した。書く順番は原則順不同であるが、多くの所領を持っている分限衆から書き、二十代大友義鑑《よしあき》代末頃からは聞次衆が冒頭に書くようになったという。このことからすれば、「御着到」とは各侍衆が名前を書き連ねていく、例えば帳面といった形式と考えられる。「作法日記」で一種一瓶進上命令の基礎とされた「正月の着到状」とは、「筆法条々」にみえる「御着到」のことと考えて間違いない。

弓始　十一日は早朝の吉書の儀式から能始まで儀式と行事が目白押しであったが、大友義鑑代の中頃までは、能始の前に弓始も行われていた。弓始は的始《まとはじめ》ともいい、武家において年頭に初めて弓を射る儀式であった。武芸始というより、年初の吉凶を占い、邪気を祓うことが目的であった。鎌倉幕府では正月十日前後に行われていたが、室町幕府では三代将軍足利義満の時に正月十七日に固定され、規模を縮小しながらも戦国時代まで継続された。

大友家では、弓を射る射手は忠節を尽くしてきた筋目の家柄で、弓が達者な者に命じ、いくら弓が上手くても筋目ではない家柄の者には命じなかった。装束や作法などは定めにのっとり行うとされるが、その定めについては不明である。戦国時代、室町将軍家では、射手六人が三人ずつ左右二組に分かれ、一人が三回射て、三回目を将軍が見物した。そして、夜に入って、細川氏や一色氏などの重臣一人が相手となり、将軍自身が弓始を行った（「年中定例記」）。大友家でも戦国時代の室町将軍家を規範に行われたものと考えられる。

さて、大友家での弓始は大友義鑑代の末頃、戦を理由に行われなくなった。このことを、古老たちは「弓始は国家、大友家と領国にとって大事な政《まつりごと》であるのに、それを行わないとはもってのほかである」と評し、当主大友義統の耳にも届いていた。古老たちから苦言を呈されても、弓始が再興されることはなかったようだ。

◆正月十二日　山香郷衆・浦部《うらべ》衆対面

この日、大友氏直轄領の速見《はやみ》郡山香郷（大分県杵築市山香町）の侍衆や浦部の侍衆などが大友館に参上し、当主と対面した。浦部は、豊後国の沿岸部、具体的には国東《くにさき》・速見・大分・海部《あまべ》各郡の沿岸部をいい、国東郡沿岸部だけをさす場合もあった。「作法日記」に、この十二日までに、これら沿岸部の侍衆が館に参上したとの記述はないので、ここでの浦部とは国東郡から海部郡までを意味していると考えられる。ただ、この日に山香郷と浦部の侍衆と対面する謂れはわからないという。

◆正月十三日　蔣山《しょうざん》へ行初《いきはじめ》・玖珠《くす》郡衆参上

中世の豊後万寿寺　正月十三日、年頭にあたり、大友当主は重臣や近臣たちを従え、館近くにあった禅宗寺院の蔣山万寿寺に赴く。この行初について述べる前に、万寿寺がどのような寺院であったかを紹介しておこう。

鎌倉時代前期、栄西《ようさい（えいさい）》は二度中国へ留学し、戒律を厳格に守る中国禅宗の一宗派である臨済宗を学び、帰国後この教えによる日本の仏教界の再建を図った。これに共感した鎌倉幕府は栄西らの改革運動を支援した。その後、鎌倉時代中期になると、幕府の最高実力者であった執権《しっけん》北条氏が既存の日本仏教界を牽制するため、厳格に戒律を守り、厳しい修行を第一とする中国禅宗の教え自体を支持し、蘭渓道隆《らんけいどうりゅう》や無学祖元《むがくそげん》といった中国からの渡来僧を開山とする禅宗寺院を鎌倉に相次いで創建していった。そして、幕府の禅宗保護政策は全国各地の守護となっていた北条氏一族を中心に地方の御家人たちへも波及した。

こうした背景の中、徳治元年（一三〇六）、豊後国守護五代大友貞親《さだちか》は九代執権北条貞時《さだとき》の意向を汲み取り、筑前国博多の承天寺《じょうてんじ》住持《じゅうじ》（住職）であった直翁智侃《じきおうちかん》を開山として招き、「蔣山興聖万寿《しょうざんこうしょうまんじゅ》禅寺《ぜんじ》」（以下、万寿寺）を創建、程なくして百人を超える禅僧が住む大寺院となったとされる。創建された場所は、戦国時代末期の府内の町の南東部、当時の大分川分流左岸沿いで、現在「大友氏遺跡旧万寿寺地区」（口絵参照）として国指定史跡となっている。これまでの発掘調査によれば、まず、十四世紀前半の遺構として、板と角材を方形に組み上げた特別な井戸跡、瓦などを含んだ廃棄土坑が確認でき、十三世紀後半から十四世紀前半の輸入陶磁器や国内産の土師器・陶器などが出土している。これらの状況から、少なくとも十四世紀前半には、寺院に限られる瓦葺建物と、特に井戸の形態から身分の高い人物＝高僧の住居が存在していたことが想定でき、文献に記された万寿寺の創建時期を裏付けることができる。

南北朝時代の高僧・義堂周信《ぎどうしゅうしん》はその詩文で、万寿寺は「具体《ぐたい》の禅林《ぜんりん》」であり、建武年間（一三三四～三八）、七代大友氏泰《うじやす》が朝廷に願い出て、「十刹《じっさつ》」に列せられたと称えている。「具体の禅林」とは、大規模な禅寺に必須とされる、法堂《はっとう》・仏殿《ぶつでん》・三門《さんもん》（山門）・僧堂《そうどう》・庫院《くいん》・東司《とうす》・浴室《よくしつ》の七堂《しちどう》伽藍《がらん》を備え、多くの修行僧のいる禅寺のことをいう。また、「十刹」とは室町幕府が臨済宗寺院を保護・支配するため付与した寺格で、五山・十刹・諸山の三段階で序列化した。この制度では、京都・南禅寺を「五山の上」とし、京都と鎌倉のそれぞれ五か寺、計十か寺が「五山」に選定された。「十刹」は「五山」に次ぐが、地方禅寺にとっては最高の寺格であった。

万寿寺は、創建直後から大規模禅寺に必須な建物を整備していき、約三十年後には地方禅寺最高位の「十刹」に列せられたのである。その後、度々水害などの自然災害や火災に見舞われながらも、その度に諸堂舎が再建され、天正九年（一五八一）の大火災（後述）まで維持されていた。戦国時代後期の万寿寺境内は広大で、南北約三六〇m、東西約三〇〇mにも及んだ。

さて、中世万寿寺の住持の多くは開山の直翁智侃をはじめ、当時の日本禅宗界を代表するような知識と教養を持った高僧たちが室町将軍から任命されており、中には、京都五山や南禅寺の住持に出世した僧もいた。

以上のように、万寿寺は大友氏にとって最重要な寺院であったため、年頭の諸行事で多忙な中、大友当主が諸寺院の中でも万寿寺だけに出向いているのである。

蔣山行初の行列　では、大友当主の蔣山行初の詳細について述べていこう。まず、寅卯《とらう》の時刻（午前五時）頃、万寿寺の経営面を司る東班《とうはん》のトップ都官《つかん》が大友館へ案内にやって来る。当然、館の主殿の座敷において、宿老《しゅくろう》などの主な家臣たちが居並ぶ中で、大友当主が案内の口上を直接受けたと思われる。それが終わると、都官は万寿寺で大友当主を迎えるために帰っていく。

そして、しばらく間をおいて、大友当主は行列を整え、館から万寿寺へ向け出発する。この行列では、まず小者《こもの》と力《りき》を作法にしたがって先に走らせ、行列の先頭には火氈鞍覆《かせんくらおおい》をした馬を引かせ、当主は輿に乗り、宿老・聞次《ききつぎ》・近辺余儀無衆《きんぺんよぎなきしゅう》が供奉する（図13）。万寿寺に到着した大友当主は、南側にある総門前の堀に架かる符洛橋《ぶらくばし》（豊楽橋とも）で輿から降り、供の者たちと歩いて総門を通って境内を進んでいく。

行列より先を走る小者は小人《こびと》ともいい、武士ではなく、雑事にあたった中間《ちゅうげん》よりも下の者で、少

図13　蒋山行初行列のイメージ
（「上杉本・洛中洛外図屏風」より）

年時代だけではなく、年老いても髪を束ねたままの大童《おおわらわ》姿をしていた。日常は雑役をし、当主が外出する際には馬や輿の前に位置し、随伴していた。「作法日記」はこの小者と力を作法にしたがって先に走らせると記している。この作法について、室町時代後期の武家故実書である「宗五大草紙《そうごおおぞうし》」は、「馬の先へ走らせる小者の内、打刀《うちがたな》（刃を上にして腰に差す鍔《つば》のついた長い刀）を持つ者は左側、足半《あしなか》（かかとにあたる部分がない短小な草履）を持つ者は右側、何も持たない者は真ん中を走り、力は真ん中の小者より少し後ろを走る」としている。先に走らせる理由は行列の先触れのためで、通行する人々に道を空けさせ、下馬の礼や道の脇に控えさせた。

次に、行列の先頭に引かせた火氈鞍覆をした馬であるが、火氈とは赤色に染めた毛氈《もうせん》のことで、鞍覆とはこの赤い毛氈を引馬の鞍にかけることをいう。火氈は室町将軍以外では、将軍から免許を得た大名などのみが使用できた。

また、輿に乗った大名などの行列に引き立てて連れ歩く馬のことを引馬という。この引馬は、「宗五大草紙」によると、室町幕府の管領《かんれい》、将軍の御相伴衆《おしょうばんしゅう》、吉良・石橋・土岐・六角の各大名は輿より先に引くことが許されていたが、その他の大名などは輿の後に引くとされている。御相伴衆は、本来は祝の儀式などで将軍の御膳に相伴する特定の大名であるが、戦国時代には、名誉として名目的に任じられる大名も現れている。大友氏では、永禄六年（一五六三）に大友宗麟が御相伴衆に任じられて以後、蔣山行初の行列のように、輿の先に馬を引くことができるようになった。

さて、大友当主は輿に乗って万寿寺へ行っている。輿の起源は、牛車《ぎっしゃ》が洛外などで使用できない際に、その車箱を取り離したことに始まり、後にこれを小型に作り、室町時代に担ぎやすい形となり、四方輿《しほうごし》・塗輿・板輿などが現れ、身分格式によって使用できる輿が規定化されたという。最上は箱の四方を吹き放ちのままとし、御簾《みす》を垂らした四方輿で、上皇・公卿《くぎょう》・門跡《もんぜき》らが使用できた。箱の表面を漆塗りにした塗輿は、室町幕府においては、管領・御相伴衆・輿より先に引馬が許された大名などがその使用を許されていた。しかし、戦国時代には次第にその制限が緩くなっていった。また、箱を板で作った板輿に乗ることに特段の制限はなかった（『中世武家の作法』）。

前述したように大友宗麟が御相伴衆となって以後、塗輿を使用するようになったと思われる。なお、江戸時代の大名行列にみられる駕籠《かご》は桃山時代から使われるようになったといわれている。

都官寮《つかんりょう》での祝　蔣山行初に戻ろう。万寿寺の総門を歩いて通り抜けた大友当主一行を、都官が築地《ついじ》で囲まれた建物が並ぶ間の道＝甬《おきみち》（図14）まで出迎え、都官やその配下の僧たちの仕事場であり、生活の場でもある都官寮へ案内する。そして、大友当主一行には祝が次の順番で供されている。

一番に湯《とう》。粉薬《こぐすり》を溶かしたお湯のこと。『貞丈雑記』には「湯」を次のように説明している。「脾臓《ひぞう》と胃腸を整え、腹中を温め、胃の気をめぐらせる薬法である。出す時は、盆に粉薬を入れた天目《てんもく》茶碗（すり鉢型の茶碗）をのせ、その上に楊枝を横にして置き出す。出された者は、白湯を受けたら、楊枝でかき立てて飲む」（図15）。

図14　甬のイメージ

粉薬は数種の薬を調合したもので、同じく『貞丈雑記』に紹介されている一例を挙げると、「苦参《くじん》・肉桂《にっけい》・丁子《ちょうじ》・桂心《けいしん》・陳皮《ちんぴ》・胡椒《こしょう》を粉にする。寺によって処方に違いがある」とある。

二番に菓子とお茶。この時代の菓子は、現在とは異なり、柿・干柿・梨・橘の実などの果物、胡桃《くるみ》・栗・松の実・榧《かや》の実などの木の実を炒ったもの、昆布・山芋・麩《ふ》・海苔などであった。都官寮でも、これら従来のものの内、一種類が出されたものと思われる。

次にお茶は「茗《みょう》」ともいい、「めさましぐさ」とも呼ばれていた。中国南部の霧の多い山岳地帯が

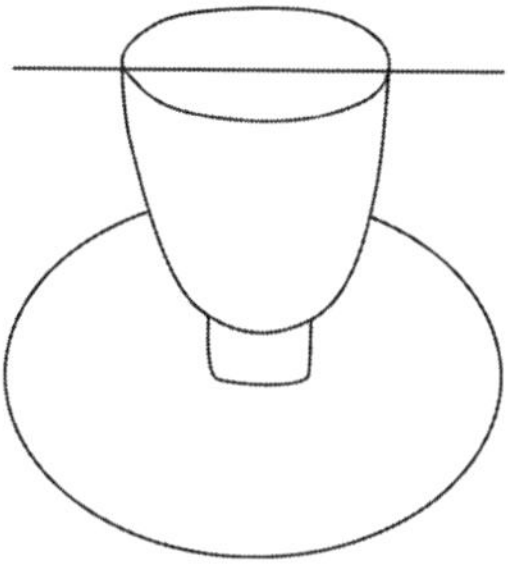

図15　湯（『貞丈雑記』より）

原産とされ、日本へは鎌倉時代初期に栄西が中国・宋からもたらしたという説があるが、平安時代初期には、畿内やその周辺ですでに栽培されていたことが古記録に記されている。その後、喫茶の風習は廃れたようで、栄西が持ち帰ったことで、栽培と喫茶ともに再興されたと考えられている。万寿寺周辺の風物を取り上げた「十境」の一つに「上原茗《うえのはらみょう》」とあり、万寿寺が上原＝上野台地に茶園を持っていたことがわかる。室町時代後期、武家の式正《しきしょう》（正式な儀式）に出される御膳では、「飯《めし》の湯《ゆ》」といい、御膳を食べ終えた後、お茶ではなく白湯が出されるのが一般的であった。今では、一般的に飲むことができるお茶であるが、この当時は貴重で特別なものであった。

三番に雑煮。この時に冷の御酒と熱燗が出されている。以上の三献までは大友当主だけに供され、都官だけが相伴している。

四番に鼈羹《べっかん》または羊羹。鼈羹とは、すった山芋・小豆のこし餡・小麦粉を練り合わせ、蒸して亀甲形に切ったもの。この当時の羊羹は、禅宗文化とともに伝わった中国の羊肉の羹《あつもの》（野菜や魚・肉を熱く煮た吸い物）が原形で、小豆と小麦粉を主原料とし、羊の肝の形に作って蒸し、汁に入れたものである。一方、砂糖を入れたものは砂糖羊羹と別に呼ばれている。現在の砂糖を加えた餡に寒天を混ぜて煮詰めた練羊羹は、安土桃山時代に作られ始めたという。いずれにしろ、この当時、料理としての羹は汁に入れられて出され、箸を使って食べ、途中で汁を少し吸うとされた。

この四番目から、万寿寺方は西庵、そのほか老僧衆、大友方は宿老・聞次・太刀持、実相寺などの医者衆、猿楽《さるがく》衆二、三人を召し出している。この内、猿楽衆は、座敷が広く空いていれば座敷に召し出すが、狭ければ縁に控えさせた。

座敷に座る位置は、通常、主居（上座から見て左側）の方へ万寿寺の僧たちが座る。これは公家方と武家方が同席する場合、公家方が上座から見て左側に座るのと同じである。つまり、大友方の供の者たちより僧たちの方が上席に座ることになる。四番目から同座する者たちを召し出すにあたり、大友氏の寺奉行（寺院支配の担当責任者）が奏者役《そうじゃ》（当主の御前に召し出す際、名前を呼ぶ臨時役）を務めている。この寺奉行には大友氏の御台番《おだいばん》衆の中の一人が付き、ともに奏者役を務めた。

ここで、召し出された万寿寺方の者たちについて少し解説を加えておこう。まず、西庵は老僧衆より上位の僧であるものの、役職は不明である。ただ、永禄九年（一五六六）頃の万寿寺に「西庵」という寮舎があり（「蔣山古伽藍扁額記并序」）、ここの責任者と思われる。次に、老僧衆とは、単に老人の僧という意味ではなく、大友家臣団のトップを宿老・年寄と呼ぶのと同様、万寿寺の中で重要な役職にある僧たちのことである。

五番に蒸し麵。蒸麦とも呼ばれ、素麵の一種で、蒸してすぐに椀に入れ、汁を注いだもの。

六番に水煎《すいせん》。葛の粉を練り、薄く広げて短冊状に切ったもの。水仙の花の色に似せて黄と白の二色を組み合わせ、垂味噌《たれみそ》（味噌に水を合わせて布袋に入れてつるし、自然に垂れたもの）の汁につけて食べる。そして、最後に、また菓子が出されている。

この菓子が片付けられると、座敷上方の畳の隅に押板《おしいた》と呼ばれる厚板で臨時の床をしつらえる。この床の壁には福禄寿の絵が掛けられ、押板の上には花一瓶が立てられる。これは立花《たてはな》と呼ばれ、花道の基本的様式で、室町時代に定型化したものである。

こうして、当主一同は、しばらくの間、絵と花を観賞したことであろう。都官寮での祝が終わると、住持《じゅうじ》のいる方丈《ほうじょう》から案内がある。

方丈での祝　方丈の祝では、住持がかしこまって座って、大友当主らを迎える。座敷に座る位置などの次第は、先の都官寮の時と同じであった。

ところで、住持はなぜ大友当主を出迎えずに、座ったまま迎えるのであろうか。現在の礼儀作法の考え方では不可解に思われる。しかし、これは室町時代の作法に基づいている。前述した「宗五大草紙」によると、「一段と重んじる客人は先に座ってもらい、その後亭主が罷り出る。一般の客人には、先に亭主が座敷に出て座っている。この時、客人によっては、座敷を立って縁まで出て賛辞を言う場合もある」とされている。万寿寺の住持は大友当主より上位の身分になることから、当時における作法どおりの迎え方をしているのである。

さて、座敷での給仕役は喝食頭《かっしきがしら》が務める。喝食とは、禅寺でまだ得度《とくど》していない童《わらべ》で、寺の大衆に食事を知らせ、給仕の役を務める者。喝食頭はそのトップで、家柄のよい者が選ばれた。また、膳の取次役は大友家の親類の僧が務めている。

方丈の祝は次の順番で供される。

一番にお茶。菓子が添えられる。この菓子も前述したものから一種が出されたと思われる。

二番に饂飩《うんどん》。『貞丈雑記』には、「小麦粉で団子のように作り、中に餡を入れて煮たもの。今のうどんは切麦《きりむぎ》といった」とある。

三番に水煎。前述したので省略する。

四番に椀飯《おうばん》。後述する本膳に大盛の飯が出されているので、これは蓋をした椀に入れられた少量の飯と思われる。

五番に菓子とお茶。お茶は都官寮での祝で一回、この方丈の祝では最初と最後に菓子とともに二回も出されている。

古記録には臨済宗の開祖・栄西が伝えた法は抹茶なりとあり、万寿寺で出されたお茶も当然抹茶であろう。特に臨済宗では、お茶は文化として定着していた。室町時代後期の有職故実書には、「天目茶碗も茶を入れて盆に据えて出される。まず、左右の手で盆ごと取り上げ、二、三口ほど飲んで盆ごと置き、次からは茶碗を両手にかかえ、お茶を残さないように飲み上げてよい」とある（「食物服用之巻」)。茶道が確立する前の作法である。

また、菓子が出された時、座敷にかしこまって座っていた宿老たちは、菓子を持って立ち、次の間《ま》でお茶とともにいただいた。これについては、当時、「貴人の御前にて菓子を食べるのは不作法もはなはだしい」とされた(「魚板記」)。前述したように、当時の菓子は木の実などであったので、食べる時、歯音《はおと》が大きくなるのを嫌った作法と思われる。

方丈の祝が終わると、大友当主たちはくつろぐため一旦、西堂寮という建物に案内される。大友当主と宿老など供の者は別々の座敷に通され、それぞれ密かに御酒が出された。大友当主には寺奉行と猿楽衆だけが伽《とぎ》(この場合、話し相手などをして退屈を慰めること)として陪席するのであるが、簡単な謡《うたい》や舞を披露し、なごませたのであろう。

ここで「密かに御酒を出す」とされるのはなぜか。禅寺の戒めの一つに「葷酒《くんしゅ》、山門に入るを許さず」がある。葷酒とはニラ、ネギ、ニンニクなどの臭いの強い野菜と酒のこと。臭気の強い野菜は他人を苦しめるとともに自分の修業を妨げ、酒は心を乱すため、これを口にした者は清浄な寺内に入ることを許さないという意味である。この戒めがあるため、御酒は密かに出されたのである。ただ、密かにとはいえ、この時代になると、万寿寺でも戒律が少し緩んでいたのであろう。

都官寮での御膳　西堂寮で密かに酒を楽しみ、くつろいだ大友当主一行は、再び都官寮へ案内され、そこで御膳が出されている。

御膳は上の者には五之膳、次の者たちには三之膳まで出された。この御膳は本膳に飯がつく精進料理の七五三膳（本膳料理）の食事である。七五三膳とは、身分によって出される膳の数をいう。上の者には五之膳、次の者たちは三之膳とあるが、当時、武家社会では、大名に家臣が相伴する場合、大名には五之膳までが出され、家臣たちには三之膳までしか出されない。したがって、大友当主には五之膳、次の者たち、つまり、宿老以下の供の者たちには三之膳までしか出されないのである。

御膳の据え方は、自分の前に本膳、右側に二之膳、左側に三之膳が据えられ、五之膳まで出される場合は、二之膳の先に四《よ》之膳、三之膳の先に五之膳が据えられる。

膳の詳細を述べる前に、当時の調味料と出汁《だし》、器などについて触れておきたい。調味料は塩・味噌・醤《ひしお》・酢・酒で、醤油が出現する直前の時代にあたる。醤は大豆に大麦または小麦で作った麹と食塩水を加えて醸造したものである。酒は京都のハレの武家料理によく使われているが、精進料理で使われたかはわからない。出汁はハレの武家料理では鰹節が一般的に使われているが、精進料理では当然使えない。そこで、干椎茸・切干大根・かんぴょうなどが使われた。昆布は武家料理、精進料理ともに食材として膳に出されるが、出汁をとるためにはまだ使われていない。昆布は、日本では東北地方や北海道にしか産しないので、戦国時代末には流通量が少なく、たいへん貴重な物であった。江戸時代初期に政情が安定し、北前船《きたまえぶね》が日本海海運の主力となって多量の昆布が流通し始めて、出汁にも使われるようになった。

次に、寺家の料理を盛る器と膳であるが、「長老（五山の住持）が公方様（室町将軍）に御相伴する時は、長老と同様に、公方様にも塗り折敷《おしき》、塗り椀である」とされていた（「宗五大草紙」）。つまり、寺家では、膳も椀も漆塗りの物を使っていた。したがって、これまで出された祝や都官寮での御膳も同様にすべて漆塗りの物だったはずである。

本題に戻り、都官寮で出された本膳から五之膳までの各料理について解説しよう。なお、この当時の精進料理に関する資料がないので、江戸時代の資料を参考に推定した。調味料に醤油がまだない時代なので、江戸時代以降現在に至る精進料理とは随分と味は違っていたことであろう。

本膳（図16）まず、左下の「飯」。もちろん米の飯で、御膳全体の主役である。米の飯は、いまでこそ影が薄くなっているが、昭和三十年代頃まではそれ自体がご馳走で、羨望の的でもあった。ましてや戦国時代末の当時では、もっと価値の高い食べ物であった。注記に「高く盛る也」とあり、天盛《てんこもり》で出されている。また、「作法日記」には「手の付け方には作法がある」とも記され、その説明が別書きされているが、これについては本項の最後に紹介する。

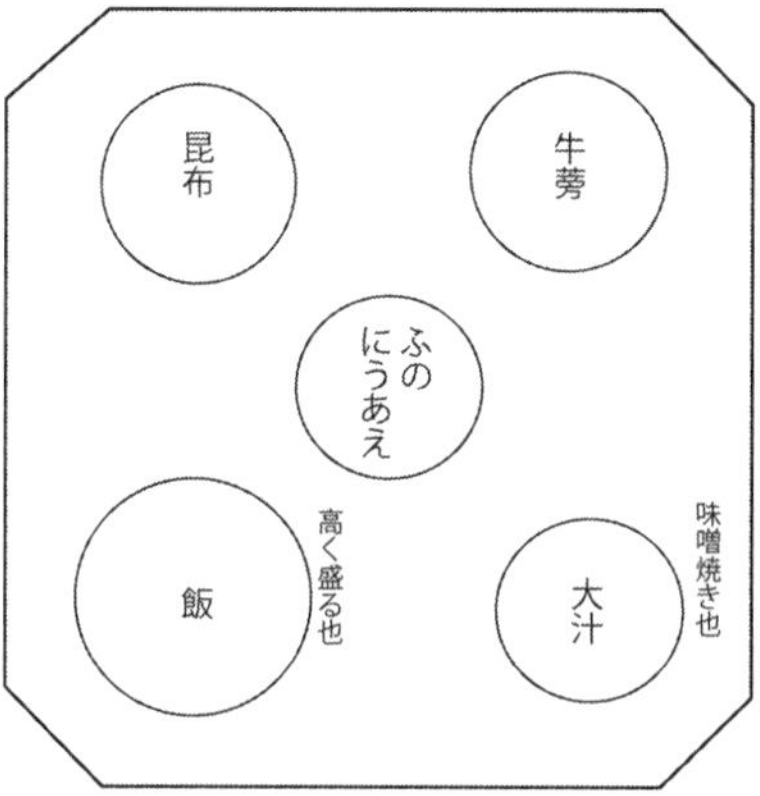

図16　本膳

次に右下の「大汁」。「味噌焼き也」と注記があり、焼き味噌の汁である。大汁とは本膳の飯とセットになる汁のことをいう。汁の実は記されておらず、後述するように飯にかけるので、実のない汁かもしれない。真ん中の「ふのにうあえ」。「ふ」は麩のこと、「にう」の意味はわからないが、「あえ」は和えなので、麩と何かを和えたものであろう。

左上は「昆布」。一般に、飯のある本膳には香の物が付くので、この「昆布」は昆布漬という味噌漬と思われる。これは昆布を一夜水に浸し、日に乾して味噌に漬けたものである（『四季漬物塩嘉言』）。右上は「牛蒡」。以下のような料理が考えられる。まず、丸のまま一寸五分（約四・五㎝）に切り、茹でて味噌で味付けする「太煮」。筏状に切り、味噌汁で気長に煮た「いかだ切り」。長さ一寸五分、太さ一分（約三㎜）くらいの千切りにして湯煮し、味噌で薄味を付け、胡麻を振りかけた「せん切ごぼう」。ただ、ここでの牛蒡がどのような料理であったかは不明である。

さて、「手の付け方には作法がある」と注記された飯の食べ方は次のようであった。

飯を高く盛っているので、こぼれないように真ん中から掘るようにして味わう。汁をかける時には、箸をよくよく汁で湿らせ、飯の手前に親指が入るほどのくぼみを箸でつける。そうして、膳の中ほどにある「ふのにうあえ」を取って、二之膳の汁の中に入れる。それから箸を飯のくぼみに挿し込み、「ふのにうあえ」の空の器にすくい上げた飯をひっくり返して移す。そして、残った飯の底を箸で持ち上げ、大汁をそそいで味わう。

つまり、最初は飯を味わって食べ、途中から飯の一部を取り分けて、いわゆる「汁かけ飯」にして食べるのである。

各種の中世武家故実書をみると、武家では、飯は最後に汁をかけて食べている。ただし、たとえ汁がいくつあろうとも、大汁をかけて食べるものであり、どんなにおいしそうな汁が二之膳などにあっても、これは飯にかけてはならないとされていた。今では、汁かけ飯は行儀が悪いとされているが、中世では、それが当たり前の、作法にかなった食べ方だったのである。

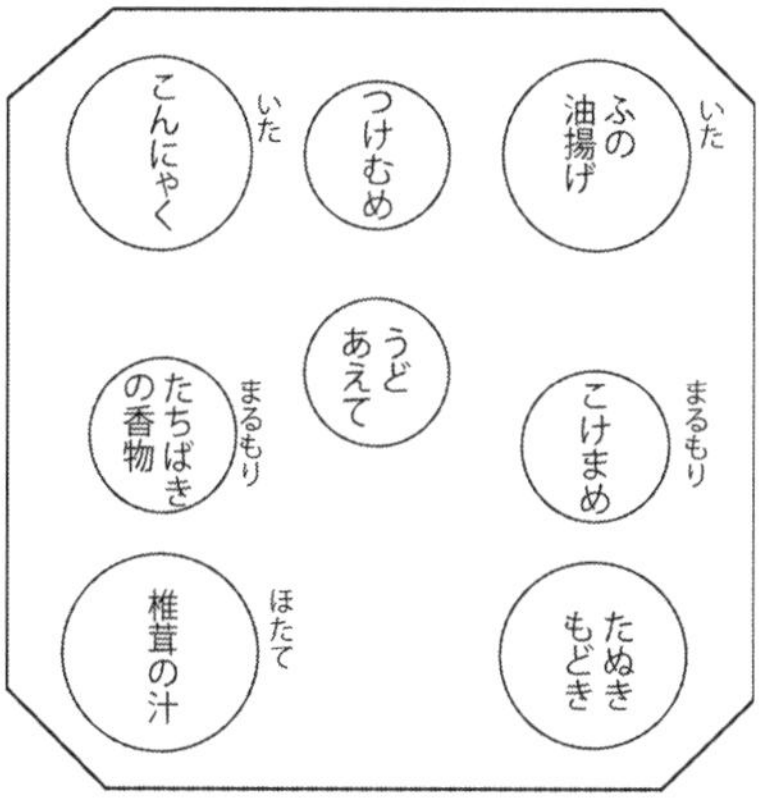

図17　二之膳

二之膳（図17）　まず、左下の「椎茸の汁」。「ほたて」と注記されている。「作法日記」において、料理に付された注記は盛り付け方を示している。したがって、「ほたて」とは「帆立」で、椎茸の傘を下にして船体に見立て、石突を取った柄を上に向けて帆柱に見立てた盛り付け方と考えられる。干椎茸では柄は硬くて食べられない。料理が出された旧暦正月十三日は新暦では二月中旬から下旬、生椎茸の春子が出る時季にあたるので、ここの椎茸は生椎茸と思われる。当時はまだ椎茸の人工栽培は行われていないので、高価で貴重な食材であった。汁は塩または味噌仕立てであろう。

次は右下の「たぬきもどき」。雁もどきのように、豆腐で狸の肉に似せて作ったものであろうか。詳しくはわからない。左中の「たちばきの香物《こうのもの》」。「たちばき」は鉈豆《なたまめ》の異名。一般に、漬物類には若いサヤを使い、現在の福神漬にも入っている。香物とは、今では漬物全般をさすが、当時は味噌漬のことをいい、塩漬の漬物とは区別していた。『貞丈雑記』に、「味噌の事を古くは香といい、味噌に漬けた物ゆえ香の物という。味噌はにおい高い物ゆえ異名を香ともいう」とあり、本来「香物」とは味噌漬のことだけをいったのである。また、「まるもり」との注記がある。「まるもり」は器に半球状に盛ること。半球状に盛られているので、若い鉈豆のサヤの味噌漬を細く切ったものと思われる。

真ん中は「うどあえて」。独活《うど》の和え物である。江戸時代初期の料理書には、旧暦正月の旬の野菜の一つに「芽独活」が挙げられている（「魚鳥野菜乾物時節記」）。ここでの独活の和え物は、独活の芽の白和え、または、からし味噌和えであろう。

右中は「こけまめ」。「こけまめ」とは苔豆と書き、黒大豆を炒ったものである。「まるもり」との注記がある。炒った黒大豆だけで半球状に盛り付けることはできないので、味噌などにからませたものと思われる。左上は「こんにゃく」。「いた」と注記され、板状に料理された蒟蒻《こんにゃく》である。糟鶏《そうけい》といって、蒟蒻を板状に切って、薄い垂味噌《たれみそ》で煮たものであろうか。

上中は「つけむめ」。「むめ」は梅のことで、塩漬にした梅である。右上は「ふの油揚げ」。麩《ふ》を油で揚げたもの。麩の油揚げは江戸時代の精進料理書にもよくみられる料理である。料理書では生麩と麩は書き分けられており、単に麩とあるのは焼麩のことと思われる。それを揚げただけとは思えないが、どう味付けしているかはわからない。また、「いた」とあるので、板状の油揚げ麩ということになる。

三之膳・四《よ》之膳・五之膳・御菓子　まず、三之膳（図18）。「黍《きび》の飯」と「集煮《あつめに》の汁」の二品が据えられている。黍は、今では栽培する人が少なく希少なものになり、米より高価になっているが、当時は米より価値が低い雑穀であった。これを膳に出すには何かしらの意味があると考えられるが、その理由は不明である。集煮の汁はいろいろな野菜を入れて煮込んだ味噌汁のことである。

次に、四之膳（図19）。「筍《たけのこ》の汁」の一品のみである。この時季、生の筍はなく、また、この時代の日本には時季の早い孟宗竹はまだないため、淡竹《はちく》か真竹《まだけ》の筍を塩漬して保存していたものを、塩抜きし使ったと考えられる。この「筍の汁」には「わかめ加えて」との注記があり、春の新ワカメと筍を合せた若竹汁であった。なお、生若布《なまわかめ》は正月時季の旬の食べ物であった（「魚鳥野菜乾物時節記」）。

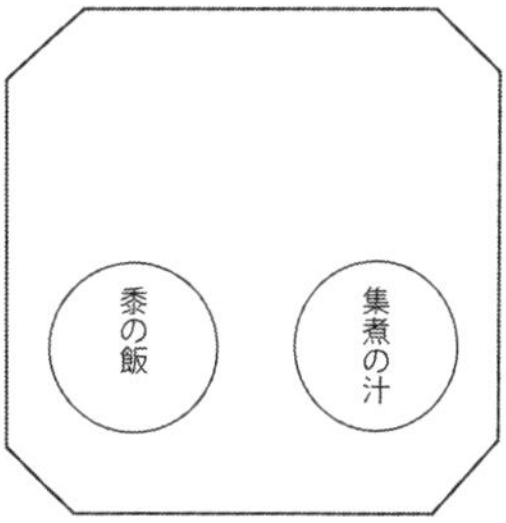

図18　三之膳

五之膳（図20）も「山の芋の汁」の一品のみ。山の芋とは山芋・薯《しょ》蕷《よ》・自然薯《じねんじょ》とも書く。すりおろし、味噌の出汁でのばしたものであろう。

図19　四之膳

図20　五之膳

最後は、膳が下げられ、御菓子が出される。御菓子は「水栗」。水栗とは、皮と渋皮をむいて、水煮した栗のことである。しかし、この時季に栗があるであろうか。江戸時代前期に書かれた料理書には、栗の保存法秘伝について複数の事例が挙げられている。一例を紹介すると、「栗の水気をふきとり、茶の湯釜の中に並べて入れ、蓋をしっかりして、それをさらに箱に入れておく。このようにすれば翌年までもつ。栗の先端のとがっているところに焼き火ばしをあてて焦がしておけば、芽も出ずに保存できる」とある（「和漢精進料理抄巻の下」）。「作法日記」の当時から、このような保存方法があったと考えられる。

そして、都官寮でこの御膳を食べ終わると、大友当主と供の者一行は昼前に館へ帰っていった。

万寿寺の破却　大友当主による蔣山行初がいつ頃から始められたのかは定かではない。五代大友貞親による創建当初か、または、建武年間（一三三四〜三八）に「十刹《じっさつ》」に列せられた時のどちらかではないだろうか。

ところで、「作法日記」ではこの行事を「行初」とし、「御成」とは表現していない。一般に「御成」は、宮家や上級貴族、将軍など上位にある貴人が家臣などの私邸を訪問する際に使われる。万寿寺は大友氏が創建したとはいえ、五山制度の十刹として、住持の任命権を室町将軍が持ち、基本的に幕府の権限下に置かれた官寺である。さらに、住持の僧位（三位相当）は大友当主の位階（四位ないし五位）よりも上位であった。これらのことから「御成」とされなかったのであろう。

大友当主の蔣山行初は、南北朝時代の動乱期や一五〇〇年前後の大友家内紛期などには中断されたこともあったであろうが、天正六年（一五七八）頃までは続けられていたと思われる。この天正六年、大友宗麟がキリスト教に入信する直前頃から、公的行事として大友当主が絶対の義務により必ず出座していた由原宮《ゆすはら》（柞原八幡宮）の放生会《ほうじょうえ》と府内祇園会に、宗麟と義統が出座しなくなり、人々を驚嘆させた（「一五七八年フロイス書簡」）。大友宗麟がキリスト教へ傾倒し神仏を疎んじるようになる中、万寿寺への行初も途絶えてしまったと考えられる。

また、同年の日向国高城・耳川合戦の敗北後、大友宗麟は、財政的窮乏の打開策として、天正九年、万寿寺の存在自体を否定するかのように、寺に放火した上、寺領と収入を没収し、家臣に分配した（『木砕之注文』「一五八五年フロイス書簡」）。

恒例であった神事への不参加、万寿寺の放火と寺領没収という、大友氏がとった伝統的な神仏を否定する行動は、それらを信仰する武士や領国民を失望させ、民心の離反、ひいては、領国支配体制の弱体化を加速させる一因となったといえよう。

玖珠《くす》郡衆参上　この日、玖珠郡衆が年頭対面のため大友館に参上する。豊後国玖珠郡は筑後川水系最上流域に広がり、その領域は現在の大分県玖珠町・九重《ここのえ》町にほぼ一致する。中世の玖珠郡は、長野荘（玖珠荘）・古後《こご》郷・山田郷・帆足《ほあし》郷・飯田《はんだ》郷に分かれていたが、郡全体はもちろん荘郷単位を支配する領主もなく、平安時代後期に郡司職を持っていた豊後清原《きよはら》氏の庶子家と、さらにそれらの庶子家からなる一族を中心とする中小領主が並立する状態であった。室町時代、守護大友氏はこれら中小領主を個別に家臣化していったが、十六世紀初め頃からは、「玖珠郡衆」として把握するようになった。このため、玖珠郡の侍たちは「衆」という集団で館に参上し、当主と対面したのである。

参上した玖珠郡衆のうち乙名《おとな》衆とその嫡子は烏帽子《えぼし》・素襖《すおう》、その他の者たちは肩衣《かたぎぬ》・袴《はかま》を着用しており、昼前に万寿寺から帰って来たばかりの当主はその際の衣装のままで対面した。この時、玖珠郡担当方分《ほうぶん》を務めている宿老は立会いとして、対面が行われる座敷がよく見える舞台にかしこまって座っていた。対面の儀式では大友当主が玖珠郡衆に盃を授け、玖珠郡衆の者たちはそれぞれ当主へ進物を献上した。

ここで玖珠郡の乙名衆について説明しておこう。大友家の「御当家御札認様《おんとうけおんさつしたためよう》」では、「玖珠郡衆に用命する時の文書は十二人に宛て、末尾にその外郡衆中と書く」とあり、その十二人として、野上・帆足・岐部・森・小田・太田（大田）・恵良《えら》・松木・魚返《おがえり》・平井・恵良左近・古後《こご》の各氏を列記している。実際、これら十二人と「其外郡衆中」宛てに大友宗麟や義統の書状が出されている。野上氏以下の十二人は玖珠郡衆を代表する侍であり、「作法日記」に記された玖珠郡の乙名衆とはこの十二人をさすと考えられる。郡内で並立する中小領主がそれぞれ自己の権利ばかりを主張していては地域の秩序が維持できない。そこで、ある程度所領規模の大きい侍たちが「乙名衆」として主導的な立場となり、郡内をまとめていたのであろう。乙名衆とその嫡子がその他の一般領主とは異なる、一段格の高い装束で大友当主と対面しているのは、乙名衆が郡内で高い地位を占めていたことを表している。この大友当主と玖珠郡衆との対面は、大友氏が玖珠郡内の秩序と乙名衆の一種特権的な地位を容認していたことを示している。

◆正月十四日　由原宮より花参る・粥参る

花参る　十四日、人数は少ないが、侍衆との対面がある。夕方になって、由原宮から「花」が届けられる。また、小花一瓶が当主子息へ進上される。これらは、館の正門である大門《だいもん》から入れられる。その後、遠侍《とおざむらい》がある大庭で、花の儀式が執り行われる。この花は、以前は日が落ち篝《かがり》火《び》を焚かせる中、届けられた。

この花の儀式を、当主は烏帽子《えぼし》を被り、素襖《すおう》の上下を着用して見物した（図21）。由原宮の神人である山崎が、遠侍の軒先の雨落まで右の花を持って行き、これを兼ねてより心身を清め行いを慎むように命じられた歳男《としおとこ》の一人が受け取って、当主へ進上する。当主は、これを三度高く捧げ、ふたたび進上の役を務めた歳男へ渡し、花の儀式を最後まで見物する。その後、対面所において花の束をほどかせ、宿老に七房、聞次衆に五房、その他、側に仕える者たちへ二房、三房ずつ遣わす。また花を、

図21　素襖姿の武士（湯築城資料館・松山市）

惣大工が鎧《よろい》門や部屋部屋、厩《うまや》・贄殿《にえどの》に飾り付ける。

この日進上された花は、丸く切った紙で作った花の末端を細くして萩の枝に飾り付けたものであった（『大友興廃記』）。

民俗事例によると、旧暦の正月十四日～十五日の小正月に飾られる「ハナ」は、ヌルデ・ニワトコ・ミズキ・ヤナギなど白い柔らかい木の枝を薄く細長く削って花のかたちに作った削花《けずりばな》と、小さく切った餅や団子を枝に数多く飾り付けた餅花《もちばな》に大別される。ともに神霊が寄りつく依代《よりしろ》で、ここに年神を迎え入れて一年の豊作を祈願したという。

由原宮から届けられた造花《つくりばな》は、これを大友当主が高く捧げて三拝したり、館のさまざまな建物に飾り付けさせたりしていることから、削花や餅花と形状・材質は異なるものの、同様に年神の依代であったと考えられる。そして、館で行われた花の儀式は、年神を迎えて領国の五穀豊穣と大友家の繁栄を願う大切な行事であったと思われる。

粥参る　大友家では、この日の晩に粥を食べる。このことは吉例となっていた。一方、天皇家や室町将軍家では、正月十五日に粥を食していた。

旧暦正月十五日は、新年最初の満月であることから望《もち》の日と呼ばれ、この日に食される粥は、十五日粥や望粥《もちがゆ》と称された。また、米・粟《あわ》・黍子《きび》・稗子《ひえ》・箕子《みの》・胡麻子《ごま》・小豆《あずき》の七種をもって作られることから七種粥《ななくさかゆ》ともいわれ、これを食すれば災禍を免れると考えられた。もとは民間で行われていた風習で、これが宮中行事にも採り入れられ、嵯峨天皇の時（八〇九～八二三年）頃から七種粥を天皇に供御する望粥節供《もちかゆのせっく》が恒例化したとされている。室町将軍家でも正月十五日に「御かゆ」が食されており、これも供せられた月日から望粥であったとみられる（「年中定例記」）。

大友家では、吉例として、一日早い正月十四日に、その望粥を食していたと思われる。

◆正月十五日　小正月・山香郷椀飯調進・下灘《しもなだ》衆参上

小正月　当主は終日、烏帽子・素襖を着て過ごした。この日は小正月であり、祝膳は正月朔日と同じ献立であるが、正月祝よりもいっそう祝った。

正月朔日からの新年諸儀式を担当した歳男衆はこの日の朝の祝までその役を務めた。役を終えると、当主と対面し、当主が座る座敷の敷居の手前で盃が授けられた。その順番は所領高の多少にかかわらず年功序列で、雑煮を肴に盃を拝領し、続いて御曹司や簾中からも盃を賜った。この時の奏者は内証《ないしょ》衆の中から後に聞次に登用できる人材の者に命じた。また、膳を上げ下げする役は後に御台番に登用できる人材の者に申し付け、この役の者は終日給仕を担当した。

奏者に任じられた内証衆は「作法日記」のこの箇所にしか登場せず、役の詳細はわからない。内証は内緒とほぼ同義で、表向きではない、奥向きとの意味がある。内証衆とは当主の日常生活の場である常御殿などに関わる役目の者といえよう。

さて、当主及び御曹司・簾中からの盃拝領を終えた歳男衆は、終日、方々へ役目を無事果たせたお礼のあいさつに向かい、夜、椀飯の時刻に再び館に参上した。

山香郷椀飯調進　夜に椀飯が振る舞われるが、この日の椀飯は山香郷が調進した。その作法は正月三日の高田荘椀飯調進と変わりはないが、内容は勝っているとの評判であった。椀飯調進は直轄領支配のために設置されていた山香郷政所が担当したが、山香郷はほかの直轄領とは異なり、郷内が東西に分かれており、政所も二つあったため、それぞれが隔年で調進した。そして、椀飯調進を担当しない政所が、吉例により役目の終わった歳男衆を慰労のためもてなし、みな大酒となったという。

下灘衆参上　この日も侍衆が館に参上し、当主との対面儀式を行う。中でも、伊予国宇和《うわ》郡の下灘衆と対面し、盃を授けた。下灘は宇和海に突き出た由良《ゆら》半島北側とその基部の湾岸をさす浦（愛媛県宇和島市津島町）。江戸時代中期、下灘浦は網船二十四艘、小舟百四十三艘を有する漁業を中心とした村であった。海を舞台とする生業の系譜が中世にまで遡ることは間違いなく、下灘衆とはこの下灘浦を拠点とする海上勢力（水軍衆）であったと考えられる（図30参照）。由良半島から豊後水道を挟んだ反対側は豊後国の四浦《ようら》半島と鶴見半島、そして、両半島に囲まれた佐伯湾であり、この海域は土佐沖や日向灘を結ぶ海上の要衝であった。大友氏が豊後水道の制海権を確保するためにはこの海域を掌握することが必須であり、そのため、伊予国の下灘衆を支配下に置き、主従関係確認のために、正月対面儀式に召し出していたと考えられる。

◆正月十六日　評定始《ひょうじょうはじめ》・泉酢《いずみす》進上

評定始　この日は評定始が行われる。一般に、評定とは幕府や守護・戦国大名において、将軍・大名と重臣たちが政務について合議し、決定を下す会議で、評定始は年始に初めて開く評定の際に行われた儀式である。

鎌倉幕府では、十三世紀後半に年始行事の一つとして、正月中旬の吉日に執権《しっけん》・連署《れんしょ》・評定衆を招集し、評定始を行うようになった。ここでは正月の神事励行など三項目が読み上げられ、将軍の決裁を得た後、祝の三献となった。

室町幕府にも評定始は継承された。開催日は初め鎌倉幕府同様に不定期であったが、中期以降、正月十一日に固定された。戦国時代後期の評定始では、未上刻《ひつじのじょうこく》（午後一時四十分頃）にまず将軍が着座。続いて、管領、評定衆が順に着座し、最後に、右筆衆《ゆうひつ》の中で評定衆を兼ねる者が着座した。全員が揃うと、右筆衆が一人ずつ、将軍の御前で祝詞《しゅくし》（評定条目のことか）を調え、これを披露し、将軍はそれぞれに裏打した（文書の裏に花押を書く裏判《うらはん》のことか）。これが終わると、管領・評定衆が将軍に太刀を献上、将軍からも太刀が下賜された（「年中恒例記」）。

条々　天文十八正十六

一　賀来社造営之事

一　京都御一礼之事

一　国中道作之事

以上

図22　評定条目（「条々要目」より）

大友家の評定始では、宿老が館に参上し、評定の条目を当主の御前で調えて、聞次がその内容を披露した。これにあわせ、宿老も右筆が調えた奉書を出した。評定の条目をその場で調え、披露する点は室町将軍家と同様である。評定始で調えられた条目や宿老が出した奉書の内容は「条々要目」と「筆法条々」に、より詳しく述べられている。

まず、図22は「条々要目」にみえる評定始で調えられた条目で、「条々」の下にある「天文十八正十六」とは天文十八年（一五四九）正月十六日の略である。日付は評定始の日と一致し、少なくとも二十代大友義鑑の頃には、正月十六日に評定始が行われていた。この条目を受け出された宿老の奉書は、「筆法条々」によれば、由原宮造営に関する文書と国中道作に関する文書の二種類であった。由原宮造営文書の差出者は府内政所で、宛名は賀来社地頭。道作文書の差出は恐らく宿老連署で、大友氏直轄領の笠和《かさわ》郷・荏隈《えのくま》郷・高田荘・稙田《わさだ》荘・丹生《にゅう》荘（以上大分市）・臼杵荘（大分県臼杵市）の各政所（稙田荘のみ惣追捕使《そうついぶし》）宛てに六通が出された。

条目と宿老奉書が調えられると、宿老が座敷に座り、雑煮と盃による祝となった。この時、聞次が奏者、御台番衆が給仕を務め、祝が終わると、まず、聞次を召し出し、盃を授け、その後に、右筆にも盃が授けられた。

右筆衆　ここで右筆衆について触れておこう。右筆とは将軍や戦国大名などの上級権力が発給する文書を作成する役である。支配者が出す公文書のほとんどは本人が書いておらず、右筆によって認められたものであり、発給者本人は名前の下に花押を書くのみであった。なお、右筆を「祐筆」と表記することがあるが、これは誤りであり、右筆が正しい（『貞丈雑記』）。

この評定始条では、近年、右筆は親の代から引き続いて浦上長門《うらかみながと》入道《にゅうどう》が務めているとされる。右筆に求められる資質は字の上手さはもちろんであるが、それだけではなかった。天正八年（一五八〇）頃、一万田宗慶《いちまんだそうけい》等豊後国大野・直入郡の武士六人が一九か条にわたって大友義統の統治手法を非難、諫言した連署状では、「本来、公文書の草案は宿老が調え、右筆は清書するだけであったが、最近は右筆が草案まで書いている。にもかかわらず、右筆が十人もいるため、能力に格差がありすぎ、言葉遣いやてにをは、俗人と法体の宛名の書き分け方も知らず、調えられた文書の体裁は言語道断である」と右筆衆の質の低下を非難している。右筆には公文書作成に関する豊富な知識が必要とされたのである。浦上長門入道が役を世襲しているのも、公文書に関する膨大な知識を継承するためであろう。

泉酢進上　また、この日には、由原宮の宮師が大友館に参上し、吉例により泉酢二筒を進上した。泉酢とは和泉《いずみ》国（大阪府）で産した上質な酢のことである。進上に際し、宮師には雑煮で盃が授けられ、退出の際には、当主が縁の礼で見送った。

◆正月十九日　簾中方節《れんちゅうかたせつ》

簾中方節の趣旨　この日、大友館では簾中方節が開かれた。簾中方とは、この場合、当主の正室である簾中に属する人々や館内の空間のことをいい、節は物事の節目《ふしめ》という意味である。この節は、後述する大表節と同様に、最重要な正月の諸儀礼がほぼ終わった節目の行事であった。

主催者は簾中で、当主や子どもたちも同座し、正月の諸儀礼で多忙な役目を果たした主要な者たちに、日常では食べることができない豪華な料理と酒を振る舞うものであった。館の「奥」にあった簾中方主殿において、「元来、宿老・聞次や役を務める近辺余儀無衆に仕える「女中衆」、公文所付きの「女中衆」など重臣の公務を補佐する女性たち。それに、常々、寝所で当主の相手をする伽《とぎ》の女性たちだけに膳を振る舞う内々の行事で、労苦を多とする役目の女性たちを慰労する新年会であった。この簾中方節がいつ頃始まったかは不明であるが、家臣たちを慰労する大表節と対になる行事と思われる。

本来、女性たちの慰労が趣旨の行事であったが、その後、宿老・聞次・小笠原氏・田村氏・医者の実相寺も招いて、表の主殿の座において膳を振る舞うようになり、その時、小笠原氏と田村氏は宿老より上座に座った。一方、親類衆はちょうど府内にいなければ参上しなかった。実相寺は聞次衆と一緒に参上し、かつらは在国していれば参加し、実相寺らと一緒に参上した。また、近年は久我《こ が》殿が豊後国に在住しているので相伴するようになったとされる。久我殿とは名門公家の久我宗入（大納言晴通）

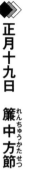

の子息三休のことである。久我宗入は永禄三年（一五六〇）以降十二年間に、室町将軍家の上使を含め、公用・私用で四度も豊後国へ下向しており、大友宗麟と親交を深めていた。その関係からであろう、永禄七年頃、三休は豊後国へ下向、宗麟二女と結婚し、豊後国に居住するようになった。この点から考えれば、「作法日記」がいう「近年」とは永禄七年頃以後を示すこととなる。しかし、「作法日記」に計二十九回登場する「近年」がすべて、永禄七年頃以後のことで、それ以前は含まないとは断定できない。「到明寺殿代《とうみょうじでん》」＝二十代大友義鑑代と対比して記述される「近年」とは宗麟代をさすと捉えた方が適切であろう。

さて、饗膳後は酒宴となるが、近年はそれが宴たけなわとなると乱酒となり、簾中が表の座にいる宿老と聞次を召し出して対面した。大友家に忠節を尽くしている重臣たちを慰労するのが目的であろうが、普段、館内で彼らに仕える「女中衆」の不満を伝え、叱りつけることもあったのではなかろうか。

なお、猿楽衆へ褒美の折（食べ物とは限らない）が一つずつ遣わされた。猿楽衆を召し出すとは書かれていないが、宴の余興として、猿楽衆に謡曲を謡わせたり、囃子させたりしたものと考えられる。

簾中方節の膳組　簾中方節と大表節はともに「正月祝」や正月対面などの式正の儀式とは異なる行事であった。例えば、大表節の酒宴では「移《うつし》」と呼ばれる木製の椀が使われており、この二つの行事で使われる器の主体は土器《かわらけ》ではなく、磁器や漆器であったと考えられる。一般に、器が磁器や漆器の場合、膳は白木ではなく、漆塗であった。なお、この当時の武家の膳は、男性は足付折敷《おしき》、女性は片膝を立てて座るのが正式であったため、台の上に折敷を据えた供饗《くぎょう》であった。

「作法日記」には「次の者は三之膳まで」との注記がある。これは身分によって出される膳の数が異なったことを示しており、当主と簾中・子どもたちなどには五之膳まで、それ以外の者たちへは三之膳までしか出されなかったと考えられる。

それでは本膳から順に料理を説明していくことにする。なお、「正月朔日から出される膳組」と同じ料理は省略した。

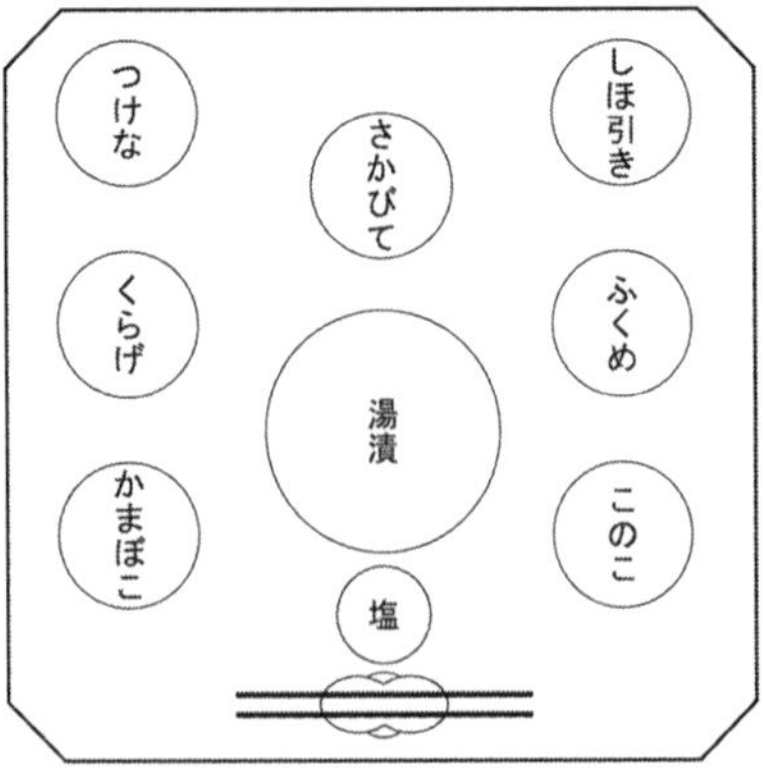

図23　本膳

本膳（図23）　まず、ほぼ中央にある膳の主役の「湯漬《ゆづけ》」は飯に湯をかけて食べるものである。したがって、絵巻などによくみられる飯のような天盛《てんこもり》ではなく、お代わりをしてもよかった。また、本膳が湯漬の場合、汁は付けなかった。湯漬の手前にある「塩」は湯漬用の調味料である。

手前・左側は「かまぼこ」。十六世紀の各種料理書によれば、かまぼこは鯰《なまず》を原料とするのが正式で、平安時代には蒲《がま》の花穂に似せて竹輪状に作られていた。一方、十六世紀初頭にはすった魚の身を板に練り付け、焙った板付蒲鉾も作られるようになった。大友家で正月十一日に行われた社家吉書儀式の祝の二献目に「鱓《うつぼ》のいた」が出されているが、これは板付蒲鉾のことである。なお、現在のように蒸して作る板付蒲鉾が登場するのは江戸時代初期である。この膳にある「かまぼこ」が竹輪状のものか板付なのかはわからないが、切って盛りつけたのであろう。

手前・右側の「このこ」は海鼠子と書き、海鼠《なまこ》のはらわたである海鼠腸《このわた》を棒状に乾し固めたもの。今でも稀少で珍味とされている。

次に、中段・右側の「ふくめ」は干鯛を洗い、そっと焙って、俎板の上に置いて槌でたたき、髪の毛のように細くなるよう押しつぶしたもの。これをむしって盛り付けた（『貞丈雑記』）。

中段・左側の「くらげ」は水母・海月とも書き、食用にするのは備前海月で、一般に干したものを細長く切って和え物にした。和える時はけしと山椒と鰹節を一緒にすって少し酢を加えて和えるか、酒で和えるかのいずれかで、前者の場合、酢蓼《すたで》をさすこともあった（「大草殿より相伝之聞書」）。

次に、上段・中央の「さかびて」は酒浸で、魚を酒に塩を加えて浸したもので、魚の種類は問わなかった（『貞丈雑記』）。上段・右側の「しほ引き」は塩引で、魚類の塩漬のことで、特に、塩引鮭を略していう場合が多い。当時、豊後国などでは、珍しい塩鮭の切身を焼いたものであろう。上段・左側の「つけな」は漬菜で、塩漬にした高菜などの菜である。高田《たかた》荘より進上との注記がある。当時の武家故実書によれば、湯漬には「香の物」が添えられるのが一般的であった。ただ、本来、「香の物」

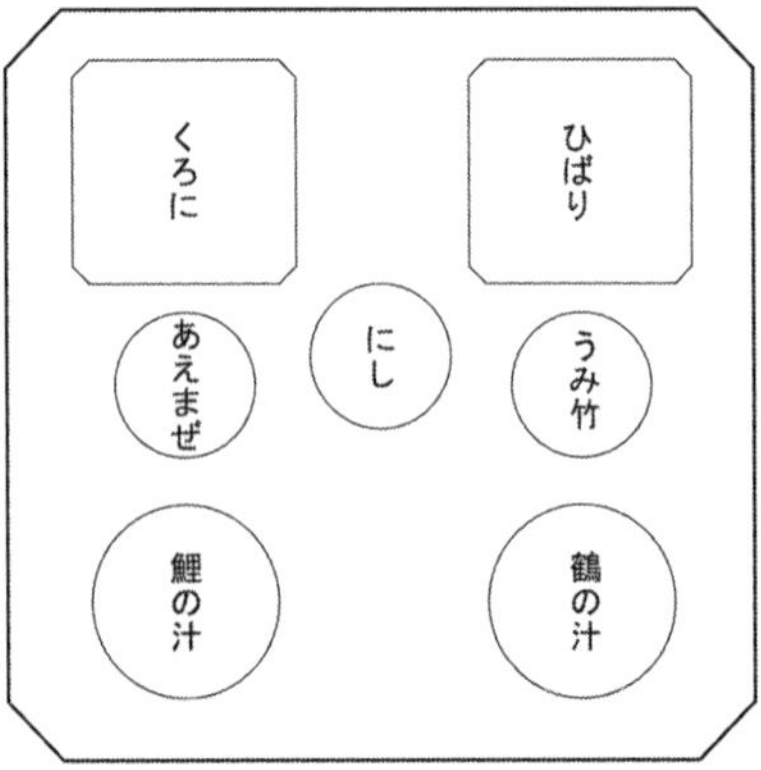

図24　二之膳

とは味噌漬のことをいった。漬物といっても「漬菜」と「香の物」は別のものであった。

二之膳（図24）手前・左側の「鯉の汁」は現在もある鯉濃《こいこく》。筒切といって、丸のまま切って調理した。重んじる貴人には面向《おもてむき》（頭に近い意味か）の鰭《ひれ》付きの身を盛り付け、次の方には外向きの鰭付きの身を盛り付けるのがよいとされていた（「りうりの書」）。

手前・右側の「鶴の汁」については前述した。簾中方節の二之膳も「正月朔日から出される膳組」の二之膳同様に、二つの汁は、左側が魚、右側が鳥と対をなした組み合わせになっている。

中段・右側の「うみ竹」は一般に海筍・海笋と書く。ニオイガイ科の二枚貝で、特に有明海で多く産したが、現在、水揚げはほとんどないという。筑後国山門《やまと》郡の田尻氏（福岡県柳川市）や上妻《かみつま(こうづま)》郡の蒲池《かまち》氏（同県八女市）から海筍が大友宗麟へ進上されており、当時から有明海の名物であった。水管が約三〇cmもあり、そのさまが竹の子に似ることから海筍といわれ、この水管を調理して食べる。漁期は夏で、当時も同様であろう。一月に出されたこの膳の「うみ竹」は塩漬を塩抜きし、切った和え物か、粕漬と考えられる。中段・左側の「あえまぜ」はイカ（するめ）と鰹節を削って混ぜて、酒に浸したものである（「大草殿より相伝之聞書」）。

次に、膳の中央にある「にし」は辛螺と書き、一般にはアカニシをさす。「輪あり」と注記されている。輪とは円形の曲物《まげもの》のことで、これを辛螺の貝殻の下に敷き、調理した身を貝殻の中に盛って出す壺煎《つぼいり》という料理であった。

上段・右側の「ひばり」は鳥の雲雀。調理法は不明であるが、鷹狩で捕った雲雀と網罠で捕った雲雀では盛り方が異なっていた（「りうりの書」）。鷹狩のものは「鷹の雲雀」と呼ばれ、春夏は頭を上にして飛び上がるように盛り、秋冬は頭を下にして飛び下がるように縦に盛るのがよい。また、切り方は両腿を切り、羽節《はぶし》も両方とも卸《おろ》し、頭と首骨を続けて置いて盛るのがよいとされた。一方、網罠で捕った雲雀は夏も秋も頭を横に置いて盛り付けた。このような盛り方からすると、料理は焼いたものであろう。また、注記に「いた」とあり、小角《こかく》（小さい折敷）に盛ったと思われる。

上段・左側の「くろに」は前述したが、これにも注記に「いた」とあり、小角の上に鮑の貝殻を置き、その中に調理した身を盛り付けたと考えられる。

三之膳（図25）まず、手前・左側の「牡蠣の汁」は味噌仕立てか塩味の汁であろう。手前・右側の「雁の汁」は前述した。中央の「海老」は「平いたひつもり」と注記される。単なる「いた」とは異なる表記であり、「平いた」とは小角ではなく、小型の俎板状のものであろうか。「ひつもり」は匹

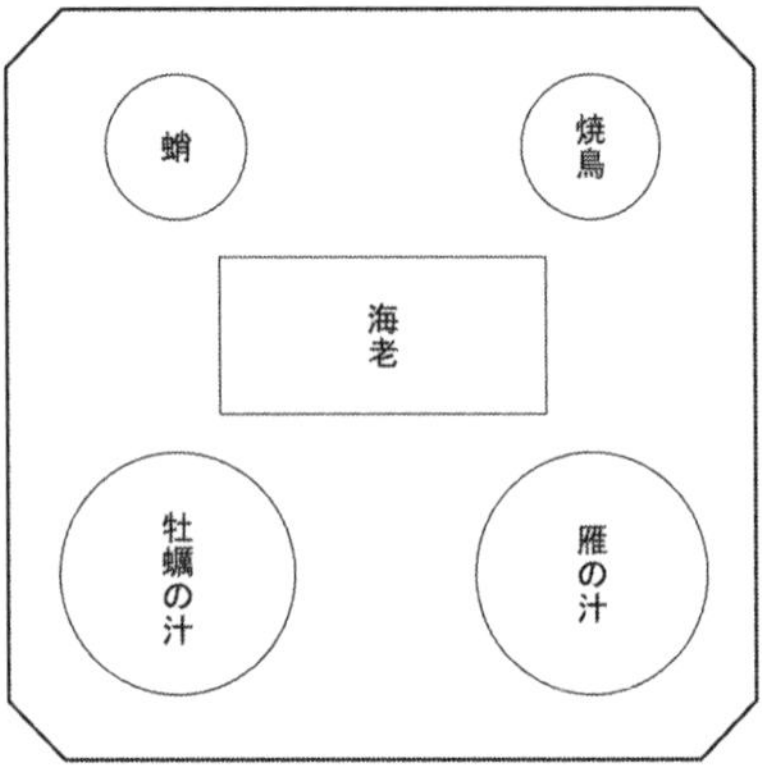

図25　三之膳

盛で、平たい足付板に一匹丸ごと盛り付けるとの意味であろう。例えば、「りうりの書」には海老の船盛という海老を一匹丸ごと盛り付ける料理が紹介されている。それは「鎌倉海老（伊勢海老の異名）の甲羅を分けてその中に身を盛る。ひげを帆柱のようにたて、足は脇に立てる。これも台を非常に形よく作るべきである」とされている。「平いたひつもり」もこれに近い料理であろう。

次に、上段・右側の「焼鳥」は前述した。上段・左側は「蛸《たこ》」。「りうりの書」に生蛸と干蛸の料理が書かれている。まず、生蛸は腑《はらわた》和えで、生蛸の腑をよくほぐして、温めて塩酒を加える。切った蛸の身をその腑の中に入れ、よく煮て辛味を付けて盛って出された。干蛸は蛸の桜煎といい、干蛸を削り切って、よい下地で煮た上で、よい酒を加えて出された。ここでの「蛸」が生蛸か干蛸かは不明である。

四之膳（図26）　まず、手前の「鱈《たら》の汁」である。鱈は主に北日本以北に分布するとされるが、現代、山口県沖の日本海でも獲れることがあり、福岡県糸島半島沿岸でも獲れた記録があるという。しかし、当時も豊後の海では獲れなかったであろう。豊後国では貴重な珍しい魚であった。当主など少人数に出されたものとはいえ、この料理に使われた鱈は鮮魚とは考えにくく、塩鱈あるいは干鱈であろう。調理方法は不明であるが、おそらく塩味の汁であろう。

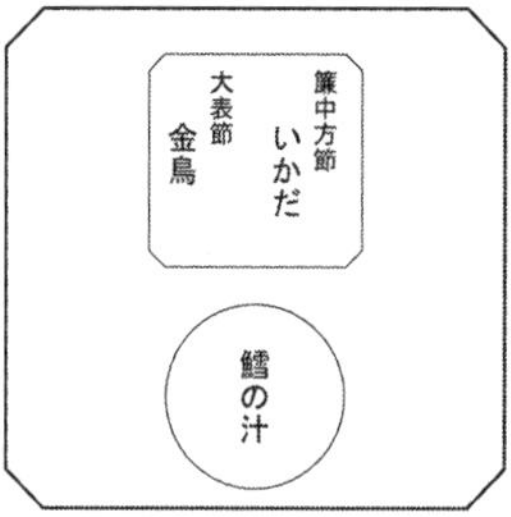

図26　四之膳

図27　五之膳

次に、上段の「いかだ」。これは、「筏鱠《いかだなます》」といい、基本は鮎、または、川鱸《かわすずき》、鯉、鮒など川魚の鱠を板の上に筏状に組んで盛り付けた料理である（「大草殿より相伝之聞書」）。この膳が出されたのは新暦では二月末となるので、魚は川鱸、鯉、鮒のいずれかであろう。また、「作法日記」には「二十九日は金鳥」と注記されている。正月二十九日の大表節（後述）で出される膳組は簾中方節とほぼ同じであったが、唯一、この「いかだ」が大表節では「金鳥」に替えられた。鷹狩で獲った鳥の中でも、春の雉の女鳥を「こがねめどり」と呼び、珍重された（『貞丈雑記』）。「金鳥」とはこの「こがねめどり」のことである。どのような料理であったかは不明であるが、三之膳の「焼鳥」が切身であるので、足付の別足《べっそく》（もも肉）盛りという料理で、小角に盛り付けられたと思われる。

五之膳（図27）「鮒一こん煮の汁」とは小鮒を一つ丸のまま味噌汁にて煮た汁物である（『貞丈雑記』）。料理を食べ終わると、膳が下げられ、七種の菓子が出され、それも終わると、酒宴が始められた。

以上、先述した「正月朔日から出される膳組」の料理を含めて、その大半が中世の武家故実書などに記述されている。このことから、大友家では、料理人を上洛させ修業させたか、室町将軍家の料理人であった大草家などに仕えていた者が豊後国へ下向し、大友家が召し抱えたと考えられる。同時に、ハレの料理も将軍家を規範としていたことがうかがわれる。また、「作法日記」に記されているように、筑前や筑後などから進上され、豊後では入手できない珍しい材料を使った料理もあり、家臣たちにとっては、自家の婚礼など特別な祝い事でも出せないような料理であった。その上、現在に比べれば、当時は酒も一年の内でごく限られた日にしか飲めないたいへん貴重なもので、酒が飲めるだけでも特別なことであった。

◆正月二十日　犬追物《いぬおうもの》・南北衆参上

犬追物の作法　この日は犬追物が行われる。犬追物とは犬を放して、これを馬上から弓で射るもので、戦いを旨とする武士が身に付けなければならない弓馬の術、すなわち、馬を乗りこなし、弓を射る技術を高めるために行われていた。本来は平時における軍事訓練であったが、鎌倉時代から室町時代に、幕府の公式行事として次第に専用馬場や作法が整備され、同じく弓馬の術を磨く流鏑馬《やぶさめ》・笠懸《かさがけ》とともに馬上三物《ばじょうみつもの》と呼ばれた。南北朝時代の建武年間（一三三四～三八）、当時の社会状況を風刺した有名な「二条河原落書」は、「犬追物をしてみると、放った矢の数よりも落馬の数の方が多くなってしまう」と当世の武士の姿を皮肉っている。満足に犬追物ができない武士を嘲笑しているのであるが、裏を返せば、武士は犬追物ができて当たり前、必須のものであると理解されていたことを示している。

室町幕府で公式行事として行われた盛事の例を武家故実書によりまとめると以下のようであった。まず、馬場の広さは七十杖《じょう》四方（約一五九m四方）で、周囲に竹垣を廻らす。そして、馬場の中央に直径一杖（約二・二七m）と直径四杖（約九m）の二つの縄を埋める。前者は小縄といい、ここで犬を放した。一方、後者は大縄と呼ばれ、馬に乗った射手がその周りで待機した。さらに、大縄の外周に一杖半（約三・四m）の幅で砂を敷き、ここを鐘際《けずりぎわ》といって大縄から逃げる犬を追って射る場所とした。また、馬場の四方を囲んだ竹垣の外側一方には将軍や管領などの貴人が見物するための桟敷が設けられ、残る三方には射手用の装束小屋や一般民衆が見物する小屋などが建てられていた。

次に、参加する射手は三十六騎が一般的で、これを四騎ずつ計九組に分け、その九組を上手・中手・下手の三手に分けた。犬追物を運営する諸役には、大縄の内と外で、矢の当たり外れや射手の技術を見極める、いわば審判である検見《けみ(けんみ)》二騎を筆頭に、矢を犬に当てた者の名前を日記付に伝える喚次《よばわり》二騎、喚次の声を聞いて幣《ぬさ》を振って矢を当てた者が出たことを日記付に知らせる役で、童子が務める幣振《ぬさふり》（「作法日記」では「さいへいふり」）二人、矢を当てた者の名前を記録する日記付一人、小縄の内側で犬を放す犬放《いぬはなち》五人、順番を待つ犬を扱う犬牽《いぬひき》八人、放たれた矢を拾い集める矢取三十六人などがあり、

図28　犬追物の様子（出典：ColBase（https://colbase.nich.go.jp/collection_items/tnm/A-1391?locale=ja）を加工して作成）

ほかに馬場の内外の雑用係として「河原者」二百人が配されていた（図28）。なお、「河原者」とは、原則として無税地であった河原に住み、支配者層から賤業とみなされていた斃牛馬の処理・屠殺・細工・清掃などに携わる一方、零細な農業を営んでいた人々。室町時代には賤視傾向が強まるが、法制上の身分に基づくものではなく、戦国時代には武士の家臣となる者もいた（『部落問題・人権事典』）。

犬追物の進め方は、三手の内の一手、例えば上手の三組十二騎が大縄の周囲で配置につく。この三組は射る順番が決められており、小縄で放たれた犬が大縄を越えようとする瞬間、最初の組の一騎がこれを弓で射る。ここで当たれば、この組は終了となる。もし、射損じて、犬が大縄の外に逃げ出せば、同じ組の残る三騎が鏇際でこれを追いまわし、射るのである。これを一組十四ずつ、五回繰り返すので、一手あたり十五回、三手では計四十五回行われ、長時間に及んだ。矢は、犬を傷つけないように鏃《やじり》を付けず、飛ぶと音が鳴る鏑《かぶら》のみを付けた蟇目矢《ひきめや》であったが、それでも、最大十四ずつ四十五回行うこととなれば、多数の犬が必要で、百五十四を用意するのが通例であった。

大友氏での犬追物と小笠原氏　大友氏における犬追物の初見は、永正四年（一五〇七）四月である。この時、十九代大友義長《よしなが》は、室町幕府武家故実家で、室町将軍家の「弓馬師範」であった小笠原氏一族の刑部少輔元宗を豊後へ招聘して犬追物を催し、父親治《ちかはる》とともに自ら射手として参加している。小笠原刑部少輔家と大友氏のその後の関係については先述したが、この招聘を契機に大友氏と小笠原刑部少輔家は関係を深め、ついには元宗の子・光清が豊後に在国するようになった。室町将軍と幕府重臣らによる犬追物は、例えば、寛正六年（一四六五）の一年間で計十八回開催されたが、文明十三年（一四八一）には計五回と、応仁・文明の乱（一四六七～七七）を境にかなり減少している。小笠原刑部少輔家が大友氏の招聘に応じて豊後へ下向し、武家故実を伝授、ついには在国するようになった背景には、京都での犬追物衰徴に象徴される自らの存在意義の低下という状況があり、その能力が必要とされる地方に活動の場を求めて移住したともいえよう。

正月二十日の犬追物　では、大友家で正月二十日に行われた犬追物について述べていこう。まず、検見は原則、小笠原氏が務めるが、時には当主自身が務め、また、宿老、豊後国内の有力領主である国衆《くにしゅう》、近辺余儀無衆の中でも弓馬技術に熟練した者へ命じることもあった。喚次は若い衆で乗馬に熟達した者、幣振は十二、三歳の若者で、器量または声のよい者を選んで申し付けた。そして、いずれの役も衣装などは一段と入念に調えられた。犬かけ衆は貴賤を問わず若い者が、犬放は「河原者」が担当し、犬は一府（豊後府内）や大友氏直轄領の諸郷荘が調達した。なお、「作法日記」では、射手の装束や、介添・矢取・犬かけ・犬放の者にいたるまで、支度やその他についての詳細な決まり事があるが、ここでは書き記さないとされている。

この日の犬追物は夕方に終わり、終了後、射手衆は直ちに当主のもとへ参上し、振舞祝言（御酒と肴を振る舞い、祝う儀式）が行われた。射手衆は、千匹の犬を使った時やそれ以外の時でも、馬に乗ったまま、華麗に参上した。振舞祝言において、銚子で酌をする者、提子《ひさげ》から銚子に御酒を加える者、三方に載せた肴を持ってくる者、この三人は然るべき人物を選んで役を申し付けた。当主と小笠原氏は馬上にて御酒を飲み、ほかの者たちはみな馬を降りて御酒を頂戴した。なお、提子につぎ足す御酒は同朋衆《どうぼうしゅう》の一人が馬場の中まで持って行った。

さて、「作法日記」によれば、大友家で犬追物が行われるのはこの正月二十日と七月七日、七夕の時の二回であった。室町将軍家では、九代足利義尚《よしひさ》代、文明十年（一四七八）正月二十五日に「御犬追物始」（「蜷川親元日記」）、同じく義尚代に七夕の七種の遊びとして犬追物が行われており（「年中定例記」）、大友家の犬追物は室町将軍家を先例として行われていたと考えられる。

千匹犬追物　ところで、「作法日記」では、千匹の犬を使った時やそれ以外の時でも、終了後に射手衆が馬に乗ったまま当主のもとへ参上したとされる。先述したように、犬追物で用意される犬は通例百五十匹程度で、千匹もの犬を使う場合があったのであろうか。

寛正六年（一四六五）四月に将軍家一門である吉良氏の馬場で行われた千匹の犬追物を例にみると、一日では終わらず、初日の十七日に四百匹、二日目と三日目の十八・十九日には三百匹ずつと三日をかけて行われた（「蜷川親元日記」）。

このように千匹の犬追物は大掛かりであったが、大友氏では一次史料で確認できる範囲で一度だけ、天文七年（一五三八）三月に千匹の犬追物が実施されている。この時、約六年間、筑前・筑後国の支配権をめぐり争っていた山口の有力大名大内氏との和睦が成立し、筑前国秋月（福岡県朝倉市）において、大友・大内両氏の重臣たちが会し、和睦が正式に締結されることとなった。大友氏では、この和睦の成就とそれが今後破られないことを分国中の諸鎮守に祈願するために、千匹の犬追物を奉納したのである（「立願奉納犬追物張行事」）。戦国大名としての基盤を固め、北部九州への進出をうかがう大友氏にとって、大内氏との関係は最大の懸案事項であった。それが一応の決着をみるにあたり、千匹犬追物を実施し、和睦成立を祝い、その恒久化を願ったものと考えられる。

犬追物の意義　犬追物は武士が身に付けなければならない弓馬技術向上のための訓練であった。十九代大友義長《よしなが》は永正十二年（一五一五）に大友氏初の家法として「条々事書」を定めたが、その中で、「最近、弓馬の道は言うに及ばず、文学・歌道・蹴鞠《けまり》などを差し置いて、鷹狩に熱中している風潮が顕著であるが、これは著しく無益である」としている。先述したように大友義長は小笠原元宗を招聘し、犬追物に代表される弓馬故実を積極的に導入したが、これは「条々事書」に示された弓馬の道こそが武芸の基本とする考えに支えられていたといえよう。

大友義長代から盛んに行われるようになった犬追物であるが、「作法日記」によれば、二十一代大友宗麟代の初め頃（一五五〇年代）に一、二度行われたのを最後に断絶してしまったという。「作法日記」を書き遺した大友義統は、この状況を「犬追物は国家の政《まつりごと》で最も重要な行事であるにもかかわらず、行われないことは、決してあってはならないことである。しかし、戦が絶えない現状ではそれも仕方がない。ただし、武芸の道を平素から心がけることは大切である」としており、犬追物の重要性は認識していたようである。

南北衆参上　正月二十日頃から、これまで正月対面のために館に参上していなかった府内の南北に本拠地を持つ侍衆が思い思いに館に参上した。また、正月十一日の吉書儀式で御座吉書を調えた宿老をはじめとし、正月の諸儀式を務めた主な者たちへ酒と肴が振る舞われた。

◆正月二十七日　実相寺《じっそうじ》での振舞

この日は当主が医者衆である実相寺のもとへ赴き、供応した。これには、吉例により、宿老や聞次、そのほか主だった者が供をした。終日、遊び過ごし、夕暮れ時分に館へ帰った。近年、実相寺は半ば俗人のような生活を送っている半俗の僧に準じた待遇を受けているので、供応での本膳は精進料理、二之膳からは魚や鳥を用いた料理であった。

◆正月二十九日　大表節《おおおもてせつ》

大友館最大の行事　この日、大友館では大表節が開かれた。これは、「御屋形より諸大名、御近辺衆、御振舞あり」(『大友興廃記』)とされており、大友当主が家臣約五百人を館に招き、料理と酒を振る舞うという饗膳と酒宴が組み合わされた饗宴で、大友家での年中行事の中で参加人数の規模では最大の行事であった。

参加するのは、大友家側では当主・簾中、当主の子どもたち。招かれるのは、ともに室町幕府奉公衆の系譜を持つ小笠原氏・田村氏を筆頭に、大友氏の親類衆、宿老・清田氏・狭間氏・聞次衆・かつら・実相寺・医者衆・斉藤氏・小佐井《こざい》氏・臼杵氏・雄城《おぎ》氏・本庄氏・豊饒《ぶにょう》氏。そして、三十貫や五十貫といったやや所領高の少ない者のうち昔から大友家に忠節を尽くしている者、深栖《ふかす》氏、若林氏、間々の番衆(各種番衆の総称)、所領の少ない小身の者、有力家臣の与力となっている者たちなどであった。この他、猿楽衆と同朋衆も参加した。

大表節には、正月の対面儀式のために館に参上した際に着到状を提出した者全員を招くのが原則であった。特に、親類衆や清田氏・狭間氏には、間々の番衆から一人を選んで、前日に使者として遣わしていた。この内、清田氏は府内からほど近い所に住んでいるので、毎年召し出していた。一方、国衆は決まって参上しないが、たまたま、府内に居合わせていれば、参上することもあった。また、居住地が遠方の者や前々から参上していない者たちへ催促することはなかった。

膳組と肴進上 饗膳で出される膳組の献立は正月十九日簾中方節の膳組とほぼ同じであるが、唯一、簾中方節の四之膳で出された「いかだ」が、大表節では金鳥に変更された。一人に出される膳の数は、簾中方節と同じく、上の者が五之膳まで、下の者は三之膳までであり、当主と簾中、子どもたちなどには五之膳まで出され、それ以外の者たちへは三之膳までしか出されなかったと考えられる。

膳のすべては公文所が調え、膳組の数は五百組にも及んだ。つまり、大表節には五百人が参加したのである。これだけの膳を調えるため、思慮分別がある者二、三人に調奉行を命じた。彼らは五、六日も公文所に詰め、公文所の者たちと相談しながら準備を進めた。

膳に出される肴は吉例として分国衆（大友氏領国内の侍衆）へ進上するように命じられ、とりわけ、筑後・筑前・肥後三か国から珍しい肴が届けられた。この分国衆からの肴進上については「筆法条々」に詳しく述べられており、要約すれば次のようである。

正月二十九日御節の肴を分国衆へ所望するため、銘々に当主の御書を出す。その文案は「来廿九、嘉例之節申付候、如例年肴済々、預馳走候者、可為祝着候」であった。そして、この御書は正月七、八日頃、公文所で準備され、正月十一日の吉書の儀式が終わってから当主の花押が据えられて、公文所からの添え状とともに、正月十二日ないし十三日付けで分国衆へ発信された。豊後国以外の侍衆へは、まず、方分衆《ほうぶん》（各分国を担当する宿老）へ御書が一通ずつ遣わされ、その御書の写に方分の宿老の書状が添えられて、進上が命じられた。そして、二十五、六日頃にさまざまな珍しい肴が進上され、豊後国以外の進上者銘々に礼状が出された。

実際に、天文二十二年（一五五三）正月十一日付けで、大友義鎮（宗麟）が右田上総介《かずさのすけ》等四人に対し、来る二十九日に行う賀例の用事のために雉や芹等を進上するように命じた書状が確認できる。「筆法条々」がいう「正月二十九日御節」と大友義鎮書状の「来る二十九日の賀例の用事」とは大表節にほかならず、文案は若干異なるものの、分国衆からの肴進上は「筆法条々」にみえる手順で進められていたのであろう。

また、年未詳であるが、二十代大友義鑑は正月十一日付けで、岐部能登守《きべのとのかみ》に、来る二十九日の嘉例の用事のために肴を進上するように命じており、大表節にあたる行事は、少なくとも義鑑の頃には、行われていた。

参加者の席次　大表節の参加者は五百人にも上ったが、全員が一堂に会して饗膳をともにしたわけではない。まず、参加者は一番座から三番座まで三つの組に分けられ、一番座と二番座は表座敷において交替制で、三番座は遠侍で行われた。一番座には二百人程が着座し、三番座は間々の番衆、所領の少ない小身の者、有力家臣の与力となっている者たちなどであった。先に列挙した参加者の内、一番座の末座に猿楽衆、二番座の末座に同朋衆が着座するとされているだけで、一番座と二番座に着座する者の具体的な組分けは判明しない。当主と簾中・子どもたちは当然、一番座に着座する。大表節と正月十九日の簾中方節ともに参加するのは宿老・聞次、小笠原氏・田村氏、実相寺、親類衆、かつらである。これら大表節と簾中方節とともに参加する者たちは大友氏家臣団の中で上位に位置付けられており、一番座であったであろう。また、簾中方節には参加しないものの、大表節で親類衆と同様に招待の使者が遣わされる清田氏と狭間氏、実相寺と同じ医者衆も一番座と考えられる。ただ、これ以上、参加者の組分けを推測する材料はない。深栖氏と若林氏は末席に召し出すとされているが、一番座と二番座、いずれの末席なのかもわからない。家臣団内の格付けに従い、表座敷の収容可能人数を勘案して、組分けされていたのであろう。

ところで、三組それぞれの席次はどのように決められたのであろうか。まずは、組分け同様に家臣団内の格付けが基本と考えられるが、一族で参加する者や同格の者たちの席次決めはより難しかったであろう。そのような場合、同族の者たちを同時に召し出す時は大友氏が賦課した公役《くやく》を務めた順、同格の者で席次が決め難い時は左右に分けて座らせるとされていた。そして、席次決めは経験を積んだ奏者役の者が担当した。大表節の奏者役は、まず御台番衆から二人程が選ばれ、近辺余儀無衆の内概ね所領高百貫以上の分限通の衆三人が加えられ、全部で五、六人に命じられた。御台番衆は宿老や聞次への登竜門的な役であり、家臣団内部の事情に精通していたため、大表節での奏者役を任せられたのであろう。

饗膳　一番座の饗膳では、当主以下全員が着座し、当主・簾中・子どもたちなどには五之膳まで、それ以外の者たちへは三之膳までがすべて配膳される。この間、片膝を立てて座り、膳が据えられれば、安座《あんざ》（あぐら）に座り直した。配膳が終わると、上座の者から順に本膳（一之膳）の湯漬から食べ始める。この時はまだ盃は出されておらず、酒は飲まない。その後、移《うつし》（木製の椀。これで酒を飲む時だけ移と呼ばれた）で上座の者から順に御酒を給わった。座の者たちへ一回御酒が回ると、当主はすぐさま末座へ移動し、移を受け取り、再び上座から回した。これを三回繰り返した後、席次の近い同格の者同士で思い思いに概ね五杯ずつ御酒を酌み交わした。なお、末座に座っている猿楽衆は移が二回、回ったところで、能の支度のために席を立った。

一番座の饗膳が終わると、当主と簾中、子どもたちは一旦退席し、二番座と入れ替わる。二番座の者たちへは、吉例として宿老をはじめ一番座の者たちが給仕をした。一方、三番座では公文所の与力などが給仕を担当した。「作法日記」には三番座が始まるタイミングは記されていないが、二番座と同時ではなかったろうか。

饗膳及びその後の酒宴には多くの酒が必要であり、百の酒樽を公文所が用意した。酒樽のほとんどは、室町時代、都でも珍重されていた博多練酒《ねりざけ》（白酒の一種）であり、銚子に入れ替える際には、口からこぼれない程度になみなみと入れられた。ちなみに、大表節の酒奉行は正月の酒奉行が務めた。

酒宴　二番座の饗膳が終わると、休息していた当主等が再び表座敷に出座。同時に、酒宴のために、表座敷には公文所が準備した蓬萊《ほうらい》の台（州浜の上に蓬萊山に見立てた三つの山を作り、その下に肴を盛った台）と鶴亀の台（州浜の上に鶴亀を飾り、肴を盛った台）が出された。

酒宴では、まず、舞台で能が始まり、一番目物が演じられている間、酌の者たちは敷居の内側で立膝姿で銚子を持ち、凛々しくかしこまって座っており、酒を加える役の者も縁にて同様に控えていた。一番目物が終わると、酌の者は銚子を持って立ち上がり、横向きから正面に向き直り、当主の御前に進んで御酒を注いだ。これを合図に、座敷には、分国衆が進上した数多くの対折《ついおり》（酒の肴を入れた折一対）と三本立てのかわらけの物（台の上に据えた直径一二cm程の土器《かわらけ》三つに肴を盛ったもの）が所狭しと出され、本格的に酒宴となった。

その後、当主は猿楽衆への褒美として着ていた素襖を脱いで、御台番衆に舞台へ持って行かせた。この時、簾中は小袖、元服していない当主の子どもは扇を与え、これも御台番衆が舞台へ持ち出した。これを受け取る手順などは正月十一日の能始と同様であった。

そして、酒宴が半ば過ぎると、親類衆と宿老は、座敷が寂しくならないように気を遣いながら、一人、二人と座を立って、素襖を脱いでいく。その後、若い者たちから順々に脱いで行き、舞台に積み上げられた素襖を出演しない猿楽衆が次々に楽屋へ取り込んでいった。素襖を着ている者たちはもちろん、肩衣の者たちも脱いでいくので、その数は五百にも六百にもなり、年によってはこれより多くなることもあった。調えられる膳組の数から、大表節の参加者は五百人程と述べたが、猿楽衆へ与えられる素襖・肩衣の数を踏まえると、大表節の参加者は五百人程が通例で、多い時には六百人以上にもなったようである。

皆が素襖や肩衣を与え終わると、表座敷には塞鼻《そくび》の盃が出され、通《とおり》となった。塞鼻の盃とは茶の湯で炉の灰を入れる灰焙烙《はいほうろく》程（直径二一cm前後）の大きな土器の盃。特に、大表節の塞鼻は「喜」であった。「喜」は音が「黄」に通じるので、金箔を貼った土器のことと思われる。通とは一つの盃で当主の御前で御酒を頂戴することであるが、大表節では、塞鼻は、久我氏が参加していれば当主と久我氏の間、そうでなければ、当主と小笠原氏の間に置かれ、すぐさま当主自身が酌をした。この時、親類衆で聞次役の未経験者が銚子に酒を注ぎたす加えの役を務めた。近年は宗方《むなかた》（大分市）に住んでいる八郎殿と摂津殿であった。

酒宴が進み、夕暮れになれば、塞鼻の盃がもう一つ出された。そして、能が終わった猿楽衆を舞台に召し出し、謡曲を謡わせたり、囃子させたりし、表座敷の御前と次の間は入り乱れて、乱酒となった。この大表節はどのようなことでも許されるいわば無礼講なので、皆々酔いつぶれてしまったという（図29）。

酒宴はさらに夜まで続き、この日の政道奉行が御前と舞台へ蠟燭《ろうそく》を出し、能始と同様に、庭には鉄製の篝火《かがりび》の台が出され、風呂屋方の者がこれを焚いた。また、兄部《このこうべ》と力たちは宴の最初から最後ま

図29　乱酒の様子（「酒飯論絵巻」／愛媛県歴史文化博物館）

で庭にかしこまって控えていた。政道奉行とは恒常的な役職ではなく、儀式や行事の責任者で、行事ごとに命じられた。大表節の政道奉行は特に重要で、物事を極めている最高の者たち五、六人を選んで、申し付けられた。これら政道奉行が公文所衆や奏者たちを指揮し、大表節を取り仕切っていた。また、風呂屋方とは大友館内の風呂と薪を管理していた者たちである。篝火を担当したのもその役目からであろう。なお、兄部は力たちの直接統括者であった。

ほぼ酒宴が終わりに近づいた頃、公文所の者がこの日献上された太刀目録を当主へ進上し、盃を賜った。そして、これを潮時に長かった大表節はようやく終わった。

猿楽衆への衣服の遣わし方　大表節で、当主や簾中、子どもたちが猿楽衆へ素襖や小袖、扇などを遣わす際は御台番衆が舞台へ持って行った。そして、久我氏や小笠原氏・田村氏などの衣や肩衣は御台番衆や近辺余儀無衆が舞台まで運んだ。

大表節に限らず、外部からの賓客である東堂《とうどう》・西堂《せいどう》、聖護《しょうご》院《いん》殿や事情があって在国している貴人などが、猿楽の大夫へ袈裟や肩衣、小袖などを下される時は、近辺余儀無衆が受け取って拝領させた。大友義鑑や宗麟の頃に時々このようことがあったという。

東堂と西堂は臨済宗の僧に与えられる位で、東堂は五山の住持職、西堂は五山に次ぐ十刹《じっさつ》の住持と十刹に次ぐ諸山の一部の住持職に与えられた。また、聖護院は京都にある天台宗の門跡《もんぜき》寺院で、皇族や摂家の子弟が住持職となった。永禄六年（一五六三）、将軍足利義輝の命を受けた聖護院道増と久我晴通らが大友氏と毛利氏の和議調停のため豊後国へ下向している。このように義鑑・宗麟代に幕府と関係の深い僧侶や名門公家が豊後国へ下向した際、饗応のため能が演じられ、彼ら賓客が猿楽衆へ衣服を与えることがあったのであろう。

また、かつらと猿楽四座の大夫に小袖を遣わす時は、座敷の様子を見ながら、控えている伽衆《とぎしゅう》（主人に近侍し、話し相手になるなど無聊を慰める者）の中でも古老の者たちが面白いことを言って、小袖を下されるようお願いした。この時、簾中も同じように差し遣わした。なお、館に出仕してきた宿老や聞次衆の世話を担当する「女中衆」や一の台の局、その他の「女中衆」が小袖を脱がれる時は、一つずつ近辺余儀無衆が持ち出すこともあった。大友義鑑の頃にこのような次第になったという。

なお、一の台局やその他の女房衆が脱いだ小袖は数が多くなり、十着ずつ重ねて、柄や模様に金箔が飾られた「けかけ」の帯で十文字に結んで、遣わすのが例であった。これを結ぶ役は小田部民部《みんぶの》少輔《しょう》が務めており、帯の結び方は伊勢氏が命を受けて豊後国へ下向してきた折に教示された。結ばれた小袖は衣装を載せる広蓋には入れずに、斎藤下野守《しもつけのかみ》と野上越中守《えっちゅうのかみ》が舞台へ持って出た。けかけの帯の結び方を伝授した伊勢氏とは、代々室町幕府の政所執事《まんどころしつじ》（長官）を務め、武家故実家でもあった一族。伊勢氏と大友氏の関係について、『大友興廃記』では、「天正の頃、織田信長は大友・島津和睦調停のため伊勢六郎左衛門貞順を豊後国へ派遣した。伊勢貞順は天文の頃から度々豊後へ下向しており、大友宗麟とは昵懇の間柄であった」とされる。実際、天正八年（一五八〇）、伊勢因幡守《いなばのかみ》貞知が織田信長の命を受け、大友・島津和睦調停のために豊後国へ下向している。帯の結び方を伝授した伊勢氏が貞順なのか、貞知なのか特定できないが、伊勢氏一族の者が度々豊後へ下向しており、いずれかの時に武家故実に則った帯の結び方を伝授したと考えられる。

　ところで、舞台に付随し、猿楽衆の控室であった楽屋の取り仕切りは奥の番の役目であった。また、大友氏直轄領の郷荘の侍衆二、三人に能衣装番を申し付けた。これは出演する猿楽衆の衣装を管理する役であろう。舞台には作り物の竹が出されたが、これは公文所が用意した。公文所は能が半ば過ぎた頃、楽屋に食べ物を入れた食籠《じきろう》も届け、お茶は府内の寺家が出した。そして、夜になれば、折紙方が蠟燭《ろうそく》を出した。折紙方は進上品目録である折紙を管理するだけでなく、進上品そのものを保管・管理し、公文書の料紙や蠟燭などを調え、館の造作や屋根の補修なども担当した。楽屋に蠟燭を出すのは折紙方本来の役目であった。

◆正月末　国之衆参上

南北の国衆参上　正月末から二月初めにかけて、豊後国内の南北に拠点を持つ国衆たちが年頭あいさつのため大友館に参上した。当主との対面儀式では、雑煮を肴に盃が授けられた。対面はその日に参上した順に行われるので、順番の前後に特段の意味はなかった。

佐伯《さいき》氏参上　佐伯氏は、年頭あいさつに参上する際、馬一疋と銭千疋（一万貫文）を進上した。対面儀式では、ほかの国衆と同様に、雑煮を肴に盃を授けるが、その後、召し寄せて、三献を振る舞った。二献目はいつも佐伯氏から始め、この時、佐伯氏から太刀と刀が進上された。この間、宿老は全員かしこまって座敷に座っていた。

その後、年頭あいさつの返礼のため、当主自身が佐伯氏の旅宿《りょしゅく》（府内に参上した時の宿所）に赴いた。この時、佐伯氏が進上した馬を旅宿に引いていき、佐伯氏に拝領させることが吉例となっていた。先代の頃は、旅宿でのもてなしは点心と肴であったが、近年は湯漬で、肴とその他数々の品が調えられるようになった。もちろん、佐伯氏からの進物もあった。赴く際は、伽衆と猿楽衆を召し連れ、もてなしの最後は乱酒となった。そして、猿楽衆へも祝儀一折ずつが与えられた。

佐伯氏の年頭あいさつを受け、当主自身が返礼のために佐伯氏の旅宿に赴き、饗宴となるという対応はほかの国衆へはみられない。また、佐伯氏は大友館の大門（正門）から館内部へ輿と馬で乗り入れられる四氏の内の一人であった(『大友興廃記』)。

佐伯氏は平安時代後期から鎌倉時代初期、豊後国内で一大勢力を誇った大神《おおが》氏一族の末裔で、海部郡佐伯荘(大分県佐伯市)を本拠とする国衆であった。豊後国の国衆の多くは大友氏一族であったが、その中にあって佐伯氏は大友氏と血縁のない存在であり、戦国時代前期まで大友氏から独立した領域支配を展開していた。弘治二年(一五五六)、大友氏一族を重用する大友宗麟に対し、小原鑑元《おばらあきもと》が反乱を起こした。佐伯惟教《これのり》(宗天)もこれに加担したものの情勢不利となり、惟教は一族を率いて豊後水道を挟んだ隣国の伊予《いよ》国(愛媛県)に逃亡した。しかし、永禄十二年(一五六九)、宗麟の許しを得て帰参、その後、宿老となり大友氏の中枢を支えた。

謀反のため逃亡した佐伯惟教の帰参を許したのみならず、宿老に登用し、さらに、年頭あいさつへの返礼や後述する五月に行われる狩での対応、館の大門からの輿と馬の乗り入れ許可など、ほかの国衆へはみられない大友氏の佐伯氏への厚遇ぶりは、佐伯氏が陸では日向国、海では伊予国との境目を支配しており、大友氏の領国支配の中で重要な存在であったことを物語っている。

三崎《みさき》氏参上　この時期、伊予国の三崎氏が年頭あいさつのため大友館に参上した。対面儀式では雑煮で盃を授けた。二献目は三崎氏から始め、この時太刀・刀が三崎氏から進上された。その後、日を改めて、三崎氏を館へ招き、宿老と伽衆が陪席し、湯漬で振る舞った。

三崎氏の年頭あいさつは、太刀・刀の進上、対面後の振舞、二献目を国衆から始めるなど、佐伯氏

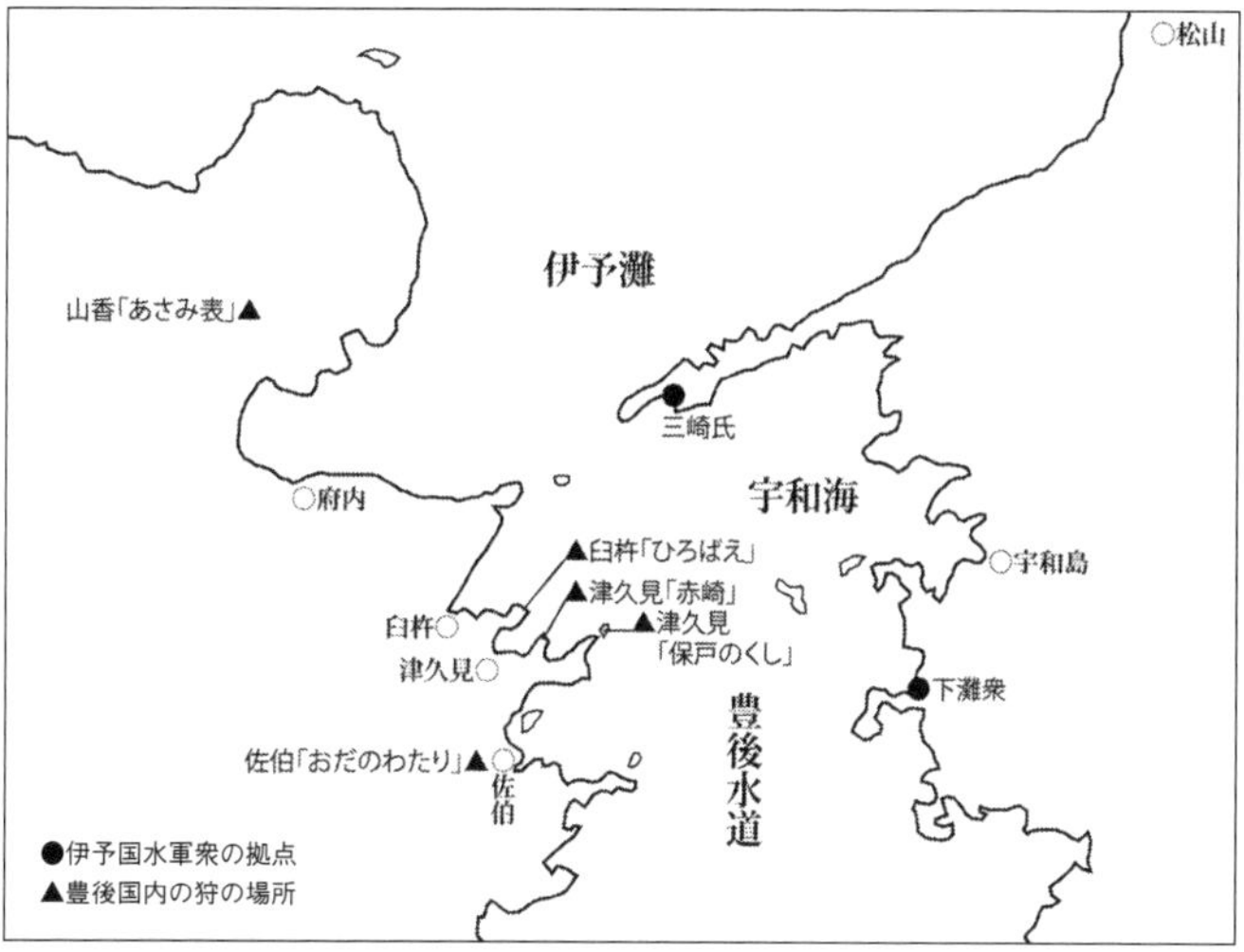

図30　伊予国水軍衆と豊後国内狩の場所

の場合と共通点が認められる。三崎氏は豊後水道に突き出た愛媛県佐田岬半島の西部、現在の伊方町三崎を本拠とする海上勢力（水軍衆）であった（図30）。本拠地の三崎は豊予海峡を挟んで佐賀関半島と正対し、海上交通の要衝であった。天文元年（一五三二）、大友義鑑は三崎綱範に、大内氏との合戦のための兵船派遣を要請している。伊予国と豊後国の境目の領主であった三崎氏が海上を含む自己の支配領域を維持するために、大友氏と関係を結ぶのは自然な行動であった。一方、大友氏にとっても、豊予海峡を含む豊後水道の安全確保のため、三崎氏を配下に置くことは重要であった。これらの理由で、大友氏は少なくとも義鑑代から三崎氏と友好関係を結び、宗麟・義統代には三崎氏が年頭あいさつのために大友館に参上していたのである。そして、三崎氏の重要性から、年頭あいさつにあたって、同じ境目の領主である佐伯氏と同様な対応をとっていたと考えられる。

◆大友氏家臣団と館に勤める者たち

宿老《しゅくろう》　ここでは主に正月朔日の対面儀式において当主と対面した家臣団と館に勤める者たちについて解説する。当主と最初に対面した宿老は年寄衆・加判衆《かはんしゅう》とも呼ばれ、大友氏が支配者として下す意思決定過程に参画し、決定事項を家臣に伝える文書を連名で発給するなど（これらの文書を連署奉書・連署状と呼ぶ）、家臣団で組織された支配組織の中でトップに位置していた。支配組織で重責を担った宿老であるが、毎日、館へ出仕していたわけではなかった。大友宗麟が家督を継いだ頃（一五五〇年代）、出仕が必須とされたのは、当主と対面する毎月一日・十五日の二日と儀式の日であった。そうは言っても、原則、日常的に府内の「宿」（館出仕のための役宅）に駐在することが求められた（当主が臼杵に居住していれば臼杵）。

その宿老の定員は厳密には決まっていなかった。天文十九年（一五五〇）、二十代大友義鑑が二階崩れの変により瀕死の重傷を負い、絶命直前に認めた「条々事書」では「加判衆之儀は六人」とされている。しかしながら、大友宗麟・義統父子時代の宿老数をみると、宗麟が家督を相続した直後は六人であるものの、それ以降は四～七人と時期により変動しており、「義鑑条々事書」の定数は目安であったようである。

宿老は「当主の名代として人々の鑑《かがみ》となるべき役で、当主の身の回りのことを熟知し、大友家のしきたりや政治状況、家臣間の交友関係などを細かく把握していなければ務まらない」とされていた（天正八・一五八〇年頃「一万田宗慶等六人連署状」）。また、「作法日記」と「筆法条々」によれば、館内での下積み時代の勤めぶりが宿老登用の重要な判断材料となっている。宿老は大友家と家臣団の表裏全般に通じておく必要があり、その時々の政治状況やふさわしい人材の有無を考慮しながら任命されていたと考えられる。

聞次《ききつぎ》　聞次（申次《もうしつぎ》）は当主が決定した事項やその意思を宿老に伝達する役であり、「作法日記」で必ずといってよいほど宿老と列記されている。大友氏の支配組織の中で宿老に次ぐ役職であったと考えられ、定数は二人であった。十九代大友義長が認めた「条々事書」には、聞次が一人だけで当主の意向を披露する時には、贔屓偏頗《ひいきへんば》せず、覚悟をもって申すべきであるとの規定がある。聞次一人だけの一存で当主の意向が捻じ曲げられる恐れを回避するための規定であり、聞次の政治的重要性を物語っている。

近辺余儀無衆《きんぺんよぎなきしゅう》　これは大友氏家臣団内部の集団をさす呼称である。「作法日記」で確認できる近辺余儀無衆の行動や主な役目から考えると、宿老・聞次に次ぐ存在で、当主の身の回り近くに仕え、二心なき者とされた侍衆であり、一般にいわれる馬廻衆と同義といえる。この近辺余儀無衆はさらに、分限通の衆と少分限でも余儀なき筋目の衆に分かれていた。

分限とは分限者と使われるように資産や財力があること。正月十一日の能始では、基本的には宿老・聞次と分限通の衆、例外として少分限でも筋目の衆が召し出された。「作法日記」は召し出す者について、概ね所領高百貫文以上の者であるが、近年の忠義・奉公の度合いにより召し出すべきとしている。また、大表節に所領高五十貫・三十貫の者でも、昔から忠節を尽くしている家の者は召し出すとされている。この二点から、近辺余儀無衆を構成する分限通の衆とはおおよそ所領高百貫以上の家臣、少分限でも余儀なき筋目の衆とは百貫以下であるが、大友家に忠節を尽くしてきた家臣といえる。近辺余儀無衆は館内の種々の役を務め、その働きぶりにより聞次や宿老に登用されることもあった。

同朋《どうぼう》衆　侍衆に次いで対面する同朋衆の起源は時宗教団に属する芸能に優れた者にあるとされ、本来的には剃髪姿で阿弥《あみ》号を持ち、立花《たてはな》・茶の湯・香・連歌などの一芸により室町将軍に仕える者であった（図31）。室町時代、八代将軍足利義政に仕え、将軍邸の座敷飾りの様式を大成させた能阿弥《のうあみ》・相阿弥《そうあみ》は同朋衆出身であった。しかし、戦国時代になると、その役割は変化し、将軍邸において諸侍に使われる雑用係となっていた。大友氏における同朋衆も同様で、「作法日記」によると、その役目は特定な仕事に限ったものではなく、当主の側近くに仕え、さまざまな雑

図31　同朋衆
（「十念寺縁起絵巻」より）

務に従事していた。

猿楽衆《さるがく》　猿楽は現在の能楽の源流である芸能で、その起源については諸説あるものの、鎌倉時代からさまざまな芸能の要素を取り入れながら、寺社の法会や祭礼との結びつきを強め発展した。特に、室町幕府三代将軍足利義満が大和猿楽の観阿弥《かんあみ》・世阿弥《ぜあみ》父子を庇護したことから、武家社会とのつながりが深まり、将軍家の年中儀礼や行事に猿楽が組み込まれるようになった。この傾向は上級武家や公家にも波及し、それぞれが猿楽衆を召し抱えるようになっていった。

大友家でもお抱えの猿楽衆により、正月十一日の能始のほか、館内で定期的に年間四回、能（猿楽）が上演されていた。さらに、猿楽衆は各種行事に陪席することもあり、行事の宴席で簡単な謡《うたい》や舞を披露し、その場を盛り上げたり、なごませたりしたのであろう。

能は当時の武家社会において文化的教養であったが、その担い手である猿楽衆の地位はそれ程高くなく、もともとほかの芸能民と同様、賤視されていたといわれる。しかし、大友氏に限らず武家社会では、その職能から不可欠な存在となっていた。

覚悟衆《かくご》と中間衆《ちゅうげん》　覚悟衆と中間衆はともに侍身分ではないが大友館に勤めていた下級家人である。覚悟衆は主に物品の受け渡し役を務めている。室町将軍家には応仁・文明の乱（一四六七〜七七）頃まで「御恪勤《かくご》」役があった（『貞丈雑記』）。これは将軍の御膳を御末《おすえ》衆から受け取り、御供衆へ渡す役である。物品の受け渡し役という点が共通しており、大友氏の覚悟衆は室町将軍家の御恪勤役が基になった名称であろう。当主との対面において、中間衆以下の者たちは庭から参上し、侍並には縁《えん》を出入りできなかった。逆にいえば、覚悟衆は中間衆と同じ下級家人ではあるが、侍衆同様に縁を出入りでき、侍並の待遇を受けていた。

その中間衆であるが、一般に中間は将軍家にはなく、大名以下の武家にみえる役の者たちであり、当主の側近くに仕え、雑事にあたる者たちであった。その名の由来は、身分が侍より下、小者《こもの》より上で、侍と小者の間であるため中間と呼ばれたという。また、一般的な中間は名字を名乗れなかったとされる。大友氏においても、中間は「名字と実名は書かず、主水・隼人・助右衛門など仮名《けみょう》だけを書く」とされていた（「筆法条々」）。その役目と名前の表記法からも、大友家の中間衆は戦国時代の武家の中間と同様の存在であったといえる。

大友家の中間衆には年末に年間の勤務日数及び勤務状況の評価を踏まえ、相応の扶持銭《ふちせん》が与えられており、主従関係に基づく家臣というより、近世における雇用された奉公人に近い存在であった。

「地下人《じげにん》」・力《りき》・御厩衆《みまやしゅう》・執当《しっとう》　中世における「地下人」は位階や官職を持たない、百姓や町人などの総称である。正月四日に「一府地下人」、すなわち府内の町人代表らが参上している点からすれば、正月朔日に当主と対面する「地下人」とは、笠和《かさわ》郷や荏隈《えのくま》郷など府内近郊の大友氏直轄領の百姓代表であったと考えられる。

次に、力は一般に力者《りきしゃ》といい、出家ではないが剃髪姿で、将軍や諸大名などの輿を担ぐ役目の者であった。「作法日記」で力衆の行動をみると輿担ぎとは全く関係ない役目ばかりである。一方、大友当主は年四回、輿に乗って外出しており、輿を担ぐ者が必要であった。しかし、力衆が担ぐとの記述はない。力衆が輿を担ぐのは当然であり、わざわざその名が挙げられなかったのであろう。大友氏における力衆も一般的な力者と同様に、輿を担ぐのが本務であり、臨時的にさまざまな雑務をこなしていたと考えられる。

御厩衆（厩の者《うまや》）は大友当主の馬を扱う者たちである。六月十五日、当主の祇園社参行列において、厩の者が揃いの袴を着て、火甑鞍覆《かせんくらおおい》をした馬を引いた。また、八朔儀式（後述）で他国の家臣から贈られ、大友氏の手元に留められた馬の飼育も担当した。

執当はもともと正月七日の白馬参《あおめまいる》で使われる白馬だけを飼育する役であったが、十六代大友政親《まさちか》（一四九六年没）の頃にいろいろな雑事を命じるようになったという。実際、「作法日記」にみえる執当の役目は、白馬参以外は馬と関係ない雑事ばかりであった。

諸職人衆　諸職人は、当主との対面場所によって、敷居の内、すなわち座敷に入れる者、縁までは参上できる者、縁にも上がれない者に大別され、職人衆の中でも職種や地位により階層差があった。

座敷で当主と対面できる職人の内、鍛冶《かじ》は一般に金属を鍛えて製品を作る職人であるが、次第に鍛冶といえば鉄鍛冶をさすようになった。そして、鉄鍛冶は、さらに、刀鍛冶、農具を作る農鍛冶、鉄砲鍛冶、包丁鍛冶へと分化していった。

「作法日記」で鍛冶衆が登場するのは正月朔日対面儀式次第条のみである。そこで、鍛冶衆に関する戦国時代の史料を分析すると、大友氏支配下にあった鍛冶衆の存在形態は次のように推定できる。まず、全員が大友館内はもちろん府内の町に集住しているわけではなく、主に大友氏直轄領に居住していた。そして、屋敷建設や刀製造といった大友氏の御用が命じられれば、それに専念し、大友氏から相応の報酬が支払われたものと考えられる。逆に、御用がない時は、それぞれの居住地で、それぞれが請け負った仕事をこなし、収入を得ていたといえよう。そして、大友氏の御用を務めながら、独自の仕事も受注するというあり方は、鍛冶衆に限らず、職人衆全般に通じるものであったと考えられる。

番匠《ばんじょう》は建築職人の総称で、現在の大工にあたる。武家屋敷や寺社などの建築工事に従事する大勢の番匠は組織化され、番匠集団のトップが惣大工・大工であった。番匠組織は基本的に建築工事ごとに編成されるが、惣大工・大工の地位は特定の集団や家に固定され、大工となる権利が造営主体の寺社や武家などの上級権力から補任、安堵される「大工職」として相伝されるようになった。本書で度々引用する『木砕之注文《きくだきのちゅうもん》』の主要筆記者である寿彭と補筆者其盛の一族は代々、大友家の惣大工であったと考えられる。正月朔日に当主と対面する番匠とは、大友家の御用を務める惣大工に率いられた番匠集団であった。

これら鍛冶・番匠と同様に座敷内で当主と対面できる工御作《たくみみつくり》・桶結御作《おけゆいみつくり》・塗師御作《ぬしみつくり》は、広くいえば、木工細工に携わる職人衆であった。「作法日記」によれば、年末の十二月二十八日に、館で使う調度品や小道具類を細工所が調えて納めていた。細工所ではこれらを製作する職人衆を管轄しており、その職人衆の代表が工御作・桶結御作・塗師御作であったと考えられる。工御作衆が担当した道具類の全容はわからないが、桶結御作が担当した「結桶《ゆいおけ》」形式以外の木工製品ではなかったろうか。桶結御作は番匠や工御作と同様に木を扱うが、板を円状にするために使う道具や板を結う技術の特殊性から、独自の職人集団となったと考えられる。

塗師とは素地のままの木工製品に漆を塗って漆工品に仕上げる職人である。番匠衆や工御作衆が作った各種道具類の木工品の一部は塗師御作衆のもとへ運ばれ、漆が塗られて完成品となったと考えられる。

先述したように諸職人には、当主対面にあたり、縁までは参上できる者、縁にも上がれない者もいたが、「作法日記」にはこれらの職人衆は具体的に記述されていない。これまで紹介してきた鍛冶などの職人以外で、「作法日記」で確認できる職人は土器作《かわらけ》のみである。土器作とは大友館で執り行われた儀式や行事で使われる大量の土器を作る職人衆であった。この土器作は縁まで参上できる者か、縁にも上がれない者のいずれかであった。工御作・桶結御作・塗師御作には「御作」と「御」が使われるものの、土器作には使われていない点からも、上記三者と土器作には階層差があり、それが当主との対面場所に反映されていたといえよう。

社人《しゃじん》　社人＝神職である朝日介・後藤四郎・宮禄大夫・鍵取《かぎとり》の四人の内、関係する神社が判明するのは宮禄大夫のみである。「作法日記」によれば、大表に飾られた正月祝飾りの鏡餅は由原宮の宮師へ、簾中方の鏡餅は若宮八幡社の宮禄大夫に遣わされており、宮禄大夫は府内の町にあった若宮八幡社の神職と考えられる。朝日介は、対面儀式の前に行われる千秋万歳《せんずまんざい》において、一門で鶴舞を演じるが、所属する神社は不明である。後藤四郎の名が登場するのは正月朔日対面儀式条のみ。また、鍵取とは社寺の職制の一つで、蔵などの鍵を預かる役名であるが、ここでの鍵取がどこの神社かは不明である。

尋跡《とぎり》・専道《せんどう》　尋跡・専道は「坪」において、対面だけできた。「坪」とは一般に建物や塀で囲まれた狭い庭のこと。尋跡と専道が当主と対面した「坪」が館内のどの場所であったか不明であるが、宿老から社人までの者たちとは全く別の場所であったことは間違いない。また、「対面ばかりあり」と、当主からの盃授与はなかったと考えられ、当主と対面する者たちの中でも最下層に位置付けられていた。

尋跡は三月十日頃から豊後各地で行われる狩で、鹿や猪の解体に携わっているものの、これが本来の役目であったかはわからない。専道は対面儀式条に登場するのみで、どのような役目の者なのかわからない。中世の荘園には専当という管理の実務を担当する役があり、豊後国内の荘園関係史料にも専当・専道が散見され、やはり、荘園管理の実務にあたる役であった。ただ、同じ専当・専道でも、担当範囲が郷荘全域か名単位かなど、その規模により任命される者の階層が大きく異なっている。大友当主と坪で対面する専道は、大友氏直轄領内の名を担当範囲とする者か、館内の雑用係ではなかったろうか。

志賀氏　正月朔日対面儀式で三番目に対面する志賀氏は初代大友能直《よしなお》の八男能郷《よしさと》に始まる大友一族。当初、豊後国大野郡大野荘志賀村（大分県豊後大野市朝地町）を本拠とするが、南北朝時代の応安二年（正平二十四・一三六九）頃、五代氏房《うじふさ》が大友氏から直入郡直入郷（大分県竹田市）の代官職を預けられ、岡城に本拠を移した。戦国時代には志賀親守《ちかもり》（道輝《どうき》）・親度《ちかのり》（親孝《ちかたか》）父子が大友氏の宿老となり、重臣として活躍した。

この志賀氏は大友館の大門（正門）から館内部へ輿と馬で乗り入れられる四氏の内の一人であった（『大友興廃記』）。肥後国との境目を支配する重要な存在であった志賀氏は、家臣の中でも大友氏から格別の扱いを受けていたのである。

田村氏　志賀氏に次いで対面する田村氏は「殿」の尊称が使用される数少ない存在であり、正月十九日の簾中方節や二十九日の大表節において親類衆や宿老よりも上座に座り、志賀氏同様、大友館への輿と馬での乗り入れが許されるなど、大友氏から礼遇されていた。田村氏の祖・亀谷仲能は、初代大友能直と同じく中原親能《ちかよし》を養父とし、能直とは義兄弟となる。鎌倉時代末、その子孫は幕府が京都に設置した出先機関である六波羅探題《ろくはらたんだい》の評定衆であった。鎌倉幕府滅亡後は、吏僚として室町幕府に出仕し、奉公衆となった。しかし、将軍権力が衰退する中、恐らく二十代大友義鑑の初期、十六世紀初頭に遠戚にあたる大友氏を頼り豊後国へ下向し、在国するに至った。特に、大友宗麟代の永禄・元亀年間（一五五八～七三）には、田村宗切《そうせつ》・宗仭《そうじ》が大友氏と室町将軍家との交渉窓口の大役を果たしている。これは幕府奉公衆であった田村氏が幕府関係要人との応対方法を心得ていたからであろう。田村宗切・宗仭は堺・天王寺屋での茶会に度々出席しており、茶の湯に精通していたようである。また、宗仭は蹴鞠にも通じていた。田村氏は幕府奉公衆として、京都における武家・公家社会の礼儀作法に精通し、さらに、大友宗麟や義統が好んだ茶の湯や蹴鞠の知識を伝えることができる存在であり、かつ、初代大友能直の義兄弟を祖とする家柄として、大友氏から礼遇されたと考えられる。

親類衆　「作法日記」で親類衆の名前がわかるのは八郎殿と摂津《せっつ》殿の二人で、この二人は宗方（大分市）に住んでおり、実際、摂津殿は宗方を含む稙田荘に給地を所有していた。また、文禄元年（一五九二）、豊臣秀吉による朝鮮侵攻に大友義統が出陣した際、「詫摩《たくま》八郎殿」、「摂津刑部大夫《ぎょうぶだゆう》」は出陣せず豊後国に留まっていた（「高麗立御留守衆《こうらいだちごるすしゅう》」）。この二人は八郎殿・摂津殿と同一人物と考えられる。親類衆である八郎殿と摂津殿の存在は関係史料からも確認できるものの、二人と大友本家との血縁関係は不明で、「作法日記」にみえる親類衆のほかの用例からもその範囲は明確にできない。

◆三月三日　上巳《じょうし》の節句・磯遊

上巳の節句　上巳の節句祝が行われた。上巳の節句とは旧暦三月の第一巳《み》の日に行われた災厄を祓う行事で、人形《ひとがた》に身体のけがれを移し、これを海や川に流した。上巳の祓いともいわれ、この風習は今も流し雛として伝わっている。後に、人形から玩具の雛へと変化し、三月三日に雛祭りとして行われるようになった。また、桃の花が咲く季節であることから桃の節句ともいわれ、邪気を祓う仙木とされる桃の花を酒の盃に浮かべて、これを飲むと災厄を祓い、生命力を得られると信じられていた。

大友館では、前日、二日の夜に贄殿《にえどの》が蓬《よもぎ》で作った「ふつ枕」（ふつ＝蓬）を準備し、神前に捧げておいた。それを三日の朝に、神前から下げ、当主が風呂に入る時、行水の湯に入れた。また、大友氏直轄領の大野郡宇目村（大分県佐伯市）から椀飯として、猪一丸と草餅（ふつ餅）一折が調進された。猪は毎年、公文所へ遣わし、当主はこの草餅で桃の酒を飲んだ。この時、箸は置かれているが、使わなかった。また、宿老と対面し、草餅を肴に御酒を授けた。

大友館の贄殿は、一般的な贄殿と同様、食材となる魚や鳥を蓄え調理し、特に当主が日常的に食べる膳に関わる施設（台所）であった。「ふつ枕」の材料である蓬は食料にもなることから、それを蓄えている贄殿が準備したと考えられる。また、神前に捧げた「ふつ枕」を行水の湯に入れるのは、五月五日の端午《たんご》の節句に菖蒲を湯に入れるのと同様に、邪気払いや魔除けのためと考えられる。

磯遊　上巳の節句祝が終わると、磯遊が行われた。磯遊は上巳の節句での雛送りや祓のために水辺に出た行事が変化したものである。

毎年、当主夫婦が一緒に海辺に出かけた。供の者たちは、年をとった者は若く見えるように、若者

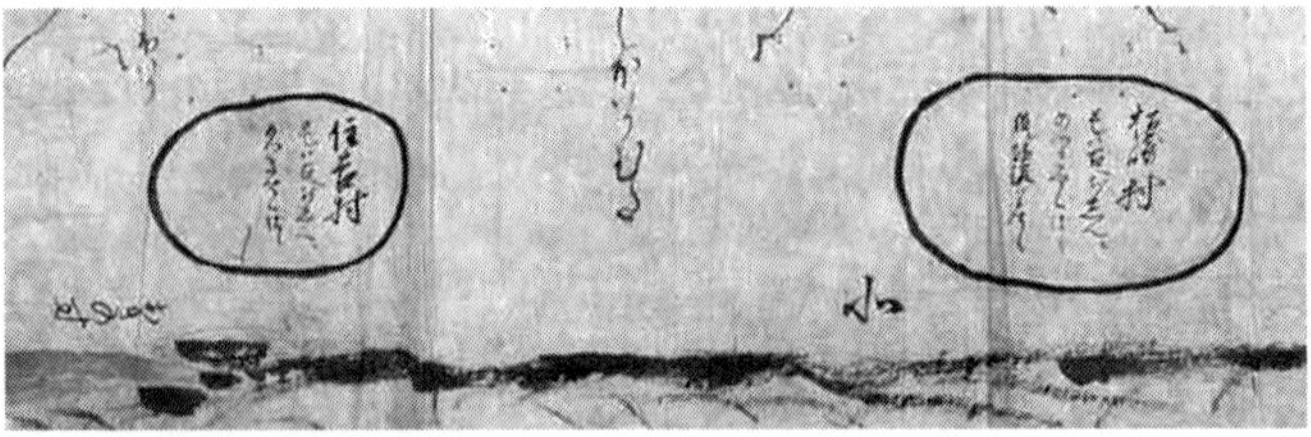

図32　慶長豊後地震の被害を記録した「大分郡原村絵図」部分
（「三浦家文書」／大分市歴史資料館）（図下側が海岸部。住吉村・松崎村には「古の地震にて滅却」した旨が注記されている）

は大人びたように装い、いずれも華やかな身支度であった。また、剃髪し「入道」と号している家臣や同朋衆・医者衆などの法体《ほったい》衆は肩衣・袴を着用した。

海辺には、振舞を行う桟敷《さじき》などが設けられ、それらはほかに例をみない見事なものであった。饗宴のための対折とかわらけの物は数えきれない程で、供の者たちも、肴を入れた折の物を進上した。準備が整い、潮が引くと、おのおの衣装を脱ぎ、磯の物を取って当主のところへ持参した。これが一段落すると、乱酒となり、いろいろと遊び興じた。

磯遊の場所は当主が府内にいる時は大分郡高田荘の住吉（大分市）、宗麟が臼杵に居を移してからは三ツ子島（大分県臼杵市）であった。住吉では高田荘が桟敷や振舞を準備した。また、高田荘に所領を持ち、同荘政所であった中村新兵衛尉が松原の西のはずれに茶屋を建て、もてなしていた。なお、高田荘住吉は慶長元年（一五九六）の慶長豊後地震により消滅してしまった（図32）。そして、三ツ子島では、臼杵荘が本貫地で、現地をよく知っている臼杵越中守《えっちゅうのかみ》鑑速《あきはや》が責任者となり、準備した。臼杵鑑速は宗麟代初期の弘治三年（一五五七）から天正二年（一五七四）頃まで宿老を務め、その存在は戸次鑑連《べっきあきつら》・吉弘鑑理《よしひろあきまさ》とともに「豊州三老」と称された。

◆三月十日頃から端午《たんご》の節句前　狩

狩の役人　上巳の節句が終わると、三月十日頃から五月五日の端午の節句直前まで約二か月間、豊後国内、臼杵の「ひろばえ」、津久見の「赤崎」「保戸のくし」、山香の「あさみ表」、佐伯の「おだのわたり」、その他さまざまな場所で狩が行われた。なお、地名が挙げられた狩場の具体的な場所や地理的特徴については後述する。

狩はたいへん大掛かりで、実施にあたってさまざまな役人が配置された。まず、全体を統括する狩奉行には狩のことを熟知している者が命じられた。この狩奉行はほかの公役と異なり、家柄や所領の規模は関係なく、狩のことをよく知っているかどうかだけが任命条件であった。大友宗麟代からは臼杵掃部助《かもんのすけ》と寒田紀伊《そうだきい》入道が命じられていた。

また、実務責任者として狩行事を配置し、猪鹿《しし》の扱いに慣れている者たちを猪鹿奉行に命じた。狩行事は宗麟代から、田北内蔵助《くらのすけ》・臼杵掃部助・小原若狭守《わかさのかみ》・風早権介《ごんのすけ》・薬師寺備後守《びんごのかみ》・板井左京《さきょう》入道・小原加賀《かが》入道が務めた。この他、各狩場での鹿垣《しがき》設置を担当する鹿垣奉行、狩場ごとの管理者である法式奉行、狩場に設置された臨時施設である待屋《たいや》を担当した待屋奉行、猪などを駆り立てる勢子《せこ》を統括する勢子奉行がいた。

狩の手順　狩の対象は猪と鹿であったが、猪狩と鹿狩では、実施の手順において、共通する部分もあれば、異なる点もあった。

まず、両者とも、狩場には獲物が逃げないように鹿垣（柴などで作った垣根）が設置された。鹿垣に使う柴は各狩場の法式奉行と狩行事が準備した。設置にあたって、猪鹿が通る道である「うじ」が鹿垣より高いところにある場合を「上うじ」、低いところの場合を「下うじ」といい、狩場となる山野の形状によってどちらにするかが決められた。そして、狩の前日、猪鹿奉行が上うじや下うじの目印をつけ、鹿垣奉行が上うじや下うじの末端に鹿垣を設置した。

猪狩・鹿狩ともに当主が狩場に出るが、当主が立った方と向かい合わせに立って、猪鹿を当主の方に追い立てる相打《あいうち》が置かれた。近年、上うじの時の相打は吉弘加兵衛入道宗仞《よしひろかへえにゅうどうそうじん》（鎮信《しげのぶ》）が務め、吉弘宗仞が立つと、当主の方は近辺余儀無衆が次々に立った。一方、下うじの相打は宗麟代から野上大和守が務めており、当主の方へは由布院衆・玖珠郡衆・日田郡衆が立った。

そして、猪や鹿が群れで出てきた場合は、上うじ衆や下うじ衆が五張、十張の弓で当主の方へ追い寄せた。なお、当主が狩で使う弓と空穂《うつぼ》（矢全体を収納する細長い筒状の容器）は大友義鑑代から由布院瀧河内（大分県由布市。瀧河内は大分郡阿南《あなん》荘と由布院の境目一帯）の給人である岩重氏に命じて準備させていた。しかし、宗麟代以降、八坂隼人佐《やさかはやとのすけ》と板井兵部に命じるようなった。

次に、猪狩では、犬をよい場所に配置して、宿老・聞次、近辺余儀無衆、それに由布院衆・玖珠郡衆・日田郡衆・大友氏直轄領の諸郷荘衆が籤《くじ》によって左右に分けられ、配置についた。そして、狩場となった場所の役人と給人たち、それに召し出した者たちが勢子となり、一緒になって猪を追い立てた。これら勢子を統括する勢子奉行には近辺余儀無衆の中で動きや判断が敏捷な者を選んで申し付け、狩の規模によりその数は十人や二十人にも及んだ。もし、猪がなかなか出てこなければ、左右に分かれて配置についている者たちが協力し合い、勢子を統率して犬や串（長い棒）で猪を追い出した。その際、場合によっては当主自身が勢子に入ることもあった。

一方、鹿狩の時は、当主が鹿垣の前に立った。この時、宿老・聞次、その他の者の中から健脚な者を選んで、当主の脇に立たせた。また、その当主の背後を守る役と考えられる裏鹿垣は近辺余儀無衆の内、大友家との由緒が深く、かつ、公役に通じている若者たちに命じた。その人数は狩場によって差があった。この他、狩を熟知している者たちに中追を命じた。

狩の獲物と饗宴　どこの狩場でも初めて捕らえられた獲物は、猟捌《りょうさばき》といって、一頭丸ごと当主の御前に持ってこさせ、俎板を並べ、猪鹿奉行が捌いてみなに分け与えた。そして、それ以外の獲物も宿老・聞次・近辺余儀無衆の皆々へ拝領させた。また、鹿皮は各狩場の法式奉行と狩行事・尋跡《とぎり》などに命じて、引き伸ばして広げ、乾燥させる処理をさせた後、狩が終わって納めさせた。

ところで、狩では基本的に野生の猪鹿を捕らえるのであるが、実は、宗麟代まで豊後国内各所で猪と鹿が飼育されており、狩の際に各狩場にこれらの猪鹿を放し、これを捕獲していた。実際、十九代大友義長と二十代義鑑の頃、津久見で狩用の大猪が飼育されていたことが一次史料で確認できる。野生の猪鹿が出てこない時のための措置であろう。その後、宗麟代の中頃から多くが廃絶、近年では野津院（大分県臼杵市）の久土知氏と広田大膳が猪と鹿を飼っているとされている。

狩が終わると猪捌《ししさばき》と呼ばれる饗宴が開かれた。宴で使われる猪の肉は、狩の前日から尋跡に命じて準備させ、猪鹿奉行が待屋の庭でうやうやしく料理した。宴では、近年は決まったように小原若狭守から謡い始め、その後各々が謡う、いかにもうきうきとした宴席であった。

以上のような各狩場での狩では、その地域の給人と政所が、逗留に必要なものも含め、さまざまな物を調えた。そのため、各狩場を管轄する政所には非常に感謝しており、一種（ある品物一種類）ずつを差し遣わした。

また、各狩場では、伽《とぎ》衆・無足衆のほか、覚悟衆・中間衆・御厩《みまや》衆・力《りき》衆・執当まで動員され、雑事にあたった。その上、猪捌の時の酒と肴、朝夕の行水までもこの者たちが調えた。

佐伯での狩　「作法日記」には佐伯の「おだのわたり」での狩について、前述した各狩場での一般的な説明以上の内容が記述されている。それを紹介する前に、狩場となった「おだのわたり」について述べておこう。佐伯荘域（大分県佐伯市）にあたる地域で「おだ」という地名は確認できないが、現在、番匠川に架かる国道十号の番匠大橋左岸に小田《こだ》地区がある。地理的にみて、この小田地区に番匠川の渡河地点があり、その地点が「小田の渡り」と呼ばれた可能性は非常に高い。「小田」が古くは「おだ」と呼ばれていたのか、「作法日記」が「こだ」を「おだ」と誤記したのか不明であるが、「おだのわたり」は現在の小田地区としか考えられない（図33）。

図33　現在の佐伯市小田地区

さて、「おだのわたり」での狩の前日、佐伯氏が大友当主のもとへ参上するので、佐伯氏父子に熏《ふすべ》革《がわ》（松葉を焼いた煙で燻《いぶ》し、柿色を付けた革）の袴と特に矢柄《やがら》（矢の幹）を丁寧に仕上げた雁俣《かりまた》（先端を二股にし、その内側に刃を付けた鏃《やじり》。鳥獣の足を射切るのに用いた）の矢二十本を進上した。また、佐伯氏の近習衆にも革袴や雁俣の矢を差し遣わした。

狩の当日の朝、鞍を付けた馬二疋に、衛藤氏か家臣中で忠臣の者の二男・三男を付けて、佐伯氏父子を迎えに向かわせた。特に、佐伯氏の息子に随伴する者は袷《あわせ》の着物に肩衣・革袴を着し、狩杖《かりづえ》を持った。狩杖とは長さ約一・五ｍで、土に突き刺せるよう先端を尖らせた木製の杖で、狩で鳥獣を駆り立てるのに用いた。

狩が終わると、桟敷で七五三の膳による振舞が行われた。

振舞では、膳の後に点心などの軽食が出される後段《ごだん》もあり、供の衆や下々の者までへも同様に振る舞われた。饗膳が終わると、酒宴となり、その二番座では佐伯氏の息子が給仕を担当した。最後に、佐伯氏から大友当主へ太刀目録が進上され、返礼として、太刀・刀・巻いた織物のいずれかを拝領させた。

狩場の場所と狩の意義　狩は豊後国各地で行われたが、「作法日記」にはその中でも、臼杵の「ひろばえ」、津久見の「赤崎」「保戸のくし」、山香の「あさみ表」、佐伯の「おだのわたり」、五か所の具体的な地名が挙げられている。これら五か所の現在地比定、その地点の地理的特徴の検討をとおして、狩の意義を考察しよう。

まず、臼杵の「ひろばえ」。「はえ」とは海岸から海中に突き出た岩礁のことで、「ひろばえ」は岩礁が海岸線に広がっている一帯との意味である。江戸時代の地誌『豊後国志』附図の海部郡図には、臼杵市と津久見市にまたがる長目半島の先端部に「ひろばえ」との注記があり、ここが臼杵の「ひろばえ」であろう。次に、津久見の「赤崎」は現在の津久見市大字網代にある赤崎地区で、四浦半島の付け根から北側の津久見湾に延びる岬の先端部に位置する。臼杵の「ひろばえ」のほぼ対岸に位置し、山城に見立てるのにちょうどよい山がある。「保戸のくし」は四浦半島沖に浮かぶ保戸島南部の串ケ脇地区であろう。同地区の南は細長い串状の地形が四浦半島に向かって突き出ており、串状の突端に小高い中ノ島がある。中ノ島と四浦半島先端部とは二〇〇m程しか離れておらず、潮流が急な場所で

門司城跡

臼杵の「ひろばえ」（長目半島先端部）

津久見・「赤崎」
（津久見市大字網代赤崎）

津久見・「保戸のくし」
（津久見市保戸島串ケ脇）

図34　現在の門司城跡と豊後国沿岸部の狩の場所

ある。

　これら三か所の地理的な共通点は、まず、山城に見立てられる山があり、ここから崖が急に海に落ち込み、海岸には岩礁が広がっている点。次に、潮目があり、海流が複雑な点である。これらから想起されるのは門司城（福岡県北九州市）をめぐる大友氏と毛利氏との攻防である（図34）。

　永禄四年（一五六一）、大友氏は毛利方の拠る門司城を攻めるが大敗した。この時、豊前国蓑島《みのしま》（福岡県行橋市）付近に待機していた大友方水軍は毛利方の村上水軍により壊滅的打撃を受けた。以後、大友氏にとって、壊滅した水軍を再編、育成強化して、北九州支配の要となる松山城（福岡県苅田町）や門司城を奪還することが喫緊の課題となった。

当時、松山城は海に拳《こぶし》状に突出しており、南東を望めば、行橋方面から中津・宇佐地域、さらには国東半島までが一望できる。また、門司城は関門海峡に面し、海峡を通航する船に対する抑えの城である。両城の立地状況は先述した臼杵の「ひろばえ」、津久見の「赤崎」「保戸のくし」三か所の地理的特徴と酷似している。大友氏にとっての政治的・軍事的課題、臼杵の「ひろばえ」など三か所と門司・松山両城の地理的特徴の共通性を踏まえれば、臼杵の「ひろばえ」など複雑な海岸線での狩は松山城と門司城奪回を想定した軍事訓練であったと考えられる。

山香の「あさみ表」についてであるが、中世の山香郷域で「あさみ」の地名は確認できず、残念ながら現在地は不明である。前述の臼杵の「ひろばえ」など三か所とは異なり、山香郷は海には面しない内陸地域で、豊前国境（境目）にあたる。そのため、大友氏と豊前国守護大内氏との対立の最前線となり、天文三年（一五三四）、両氏は郷内の勢場《ぜいば》ヶ原《がはら》において大規模な合戦に及び、大友氏は二人の指揮官が戦死するなど打撃を蒙った。このような政治状況を踏まえれば、山香郷内での狩は、豊後国と境を接する豊前国宇佐郡や下毛郡内の大内氏方の武士たちに対する牽制、示威行為を目的とした軍事訓練であったと考えられる。

最後に、佐伯の「おだのわたり」の場所は前述のとおりである。小田地区は佐伯氏の本拠地・栂牟礼《とがむれ》城の麓で、すぐ近くの背後には山城に見立てるのに最適な小田山がある。佐伯氏の本拠地を目の前にした場所での狩は、豊後国最大の国衆であり、日向国との境目でありながら独自の領域支配を展開する佐伯氏への牽制が主たる目的といえよう（図30参照）。一方で、狩に参加する佐伯氏父子への厚遇は佐伯氏の重要性を考慮した対応と考えられる。

宿と待屋　各地の狩ではその拠点施設として宿と待屋が設置され、狩場となった場所の者たちがその設営を担当した。特に、臼杵での待屋は薬師寺氏と宇薄氏、津久見では仲津留氏一族へ、その準備を命じていた。

この宿と待屋について、天文二十四年（一五五五）、大友宗麟は橋爪氏ら五人の武士に対し、「大龍の待屋に行くので、奉行と相談して待屋手垣と中宿を準備するように」と命じている。大龍は大分郡阿南荘にあり（由布市庄内町）、大友義鑑の頃にも狩場となり、待屋中宿が設置されていた。これらのことから、待屋は手垣（垣根の一種か）や中宿などいくつかの建物で構成されていたようである。大友氏における狩が純粋な狩猟ではなく、軍事訓練の側面が強かった点を考慮すれば、待屋は戦における本陣にあたる施設で、恐らく当主の居所となる宿・中宿を中心に、その他の建物が配置され、それぞれの建物や施設全体を垣根で囲っていたものと考えられる。

なお、当主が待屋に行った時は、待屋奉行が膳を取り扱い、魚などを小串に刺して焼いたものをさらに、藁を棒状に巻き固めた「ほて」に刺して持参した。そして、この「ほて」は茶筅《ちゃせん》と呼ばれていた。

狩の必要性　少なくとも十九代大友義長代から行われていた豊後国内各地での狩について、「作法日記」を書き遺した大友義統は次のように指摘している。

狩は昔から定められたこととはいえ、領民を悩ませることでこれ以上のものはない。その上で、狩を優先させるため、猪鹿法度といい、平常時に猪鹿の狩猟を禁止しており、耕作地が荒らされてしまう。いずれにしても、領民が休まる時はない。また、狩のための猪鹿を各地で飼うことも領民を困窮させており、今の時代にはそぐわないので、野津院以外での飼育は命じていない。このように狩は領民の悩みの種であることから、今後は取りやめることが肝要である。それでも各地へ狩に行く場合は、領民を救うため、狩場となる場所の生活状況を見極め、よくよく考えて場所を決めるべきである。

天正六年（一五七八）の日向国高城・耳川合戦での敗戦以降、領国支配体制の弱体化が進む中、大友義統は領民に負担を強いる狩の実施は民心のさらなる離反を招くと考えていたのであろう。

五月五日　端午《たんご》の節句

この日、端午の節句祝が行われた。古代中国では旧暦五月は悪月とされ、特に邪気が集中する五月五日を端午と称し、門戸に蓬《よもぎ》の人形をかけ、菖蒲酒や粽《ちまき》を食し、野山で薬草を摘むなどして邪気を祓った。わが国にも奈良時代にこの風習が伝えられ、端午の節句として、菖蒲献上や馬射、邪気祓いに効力があるとされた菖蒲や蓬を屋根に葺いたり、身に付けたりした（図35）。

図35　軒に菖蒲を葺く（「上杉本・洛中洛外図屛風」より）

大友館では、前日の四日の晩に、税所氏の家臣である植田氏が蓬と菖蒲を持って参上し、館の軒に葺いた。五日の当日、大野郡緒方荘（大分県豊後大野市）が酒樽と粽の折を椀飯として調進し、これで昼の祝を行った。祝には粽と御酒が出された。粽の下には搔敷《かいしき》として茅《ちがや》が敷かれ、箸が添えられるが、三月三日上巳の節句の「ふつ餅」同様に、箸は使われなかった。祝の座敷には宿老が陪席し、当主の御前で御酒を賜わる召《めし》出《いだし》も行われた。

大友義鑑の頃までは祝の時、能が演じられ、「翁」に続く脇能（一番目物）は「御裳濯《みもすそ》」であった。しかし、宗麟代の半ば頃から能は行われなくなり、内々での儀式となった。

六月九日　獅子舞参る

この日、府内の祇園社の獅子舞が大友館にやって来る。獅子舞への礼物として「百疋《ぴき》」を与えた。これは奥の番衆の者から覚悟衆《かくごしゅう》の者へ渡され、それをさらに執当《しっとう》の番頭《ばんとう》が庭上《ていじょう》に持ち出して、獅子に啣《くわ》えさせ与えられた。簾中方からも同じく礼物百疋が下された。獅子の胴幕「のれん」は、六年に一度行われる由原宮の大神宝会《だいしんぽうえ》（由原宮の御神幸行列に必要な神輿などを国主が奉納する神事）の時に新調され、この費用についても奥の番衆の者を通して出された。

この祇園社の獅子は、同社の分霊として、除災招福のための舞を披露したものと思われる。獅子に与えられた礼物の百疋は、銭一貫文（一文銭千枚）にあたるが、この銭千枚を獅子に直接咥えさせるには無理があり、このことから、さし銭（銭の穴に麻や藁の縄をさし通してくくった銭）、または金額を記した目録のかたちで与えられたものと推察される。

『大友興廃記』によると、この祇園社の獅子は正月十一日も笛・小鼓・太鼓の楽人を伴って館に参上していたようで、その胴幕は金襴とあり、豪華できらびやかな織物であったことがうかがえる。

江戸時代になると、祇園社の獅子が例年六月に府内城の東丸《ひがしのまる》や下台所《しもだいどころ》などに参上し、御獅子料として銭一貫文などを与えられている。また、獅子の胴幕についても府内藩から定期的にお金（銀）をもらい新調されており、大友氏の時代の慣行が府内藩へ踏襲されていたことがわかる（「府内藩記録」）。

◆六月十二日　祇園会の慣し

この日、慣例として祇園会の関連行事が執り行われる。早朝、宗麟の頃には、笠《かさ》が館の大門の前で披露されていた。この「笠」とは、「上杉本・洛中洛外図屏風」の祇園会の部分に、頂上部に松の作り物を載せ、帽額《もこう》（幕）をめぐらした大きな傘（傘鉾《かさほこ》・笠鉾《かさぼこ》）が描かれているが、このような作り物

図36　京都祇園会の笠

図37　京都祇園会の山

などで飾り付けられた笠鉾のことであったと考えられる（図36）。これを祇園社の神である牛頭天王《ごずてんのう》の依代《よりしろ》とし、疫病除災を願ったものであろう。

　またこの日、府内の四つの町組から出される「山《やま》」（山車《だし》）巡行《じゅんこう》の一番から四番までの順番を決める鬮取《くじとり》が行われる（図37）。それは、各々の町組の町役人である乙名《おとな》たちと、その年の山の世話役である頭人《とうにん》たちが館へ参上し、御台番衆六人の立会のもとで行われた。この時四番目の鬮を引いた町組は、正月に大友当主の前で披露する松囃子《まつばやし》や、六月十二日に演じる松囃子も担当することとされた。特に正月の松囃子では、元日に当主の元へ参上することになっていた。宗麟は途中から臼杵へ居を移したため、正月の松囃子は臼杵で越年することになり、それを迷惑がる乙名たちが、鬮取の時、とりわけくどくどと弁解し免れようとした。

　町人たちが大友氏の公役を逃れようとするのはこれだけではなかった。府内の由緒ある町人は、順番で町役を務めなければならなかった。僧形であれば公役を務めないでよいので、僧形になることを望む者がいたが、二十代義鑑の代までは掟により、これを厳しく禁じていた。しかしながら、近年は多くの有力な町人たちが僧形となり、町役を逃れているので、残る町人たちはたいへん迷惑がっている。これも家臣の中に依怙贔屓《えこひいき》をする者がいるためで、裏表のない正直者は苦しむ結果となっていた。

ところで、山巡行の順番を鬮引きで決めるというやり方は、京都祇園社において明応九年（一五〇〇）に京都祇園会が再興された時に始まるという。この時、山鉾巡行の順番をめぐって町人らの間に「諍論《じょうろん》」（言い争い）が起こり、そのため鬮で順番を定めた。以後、この山鉾巡行の順番を決める鬮取が、京都祇園社では「くじ取り式」として現代まで踏襲されている。しかし、そのきっかけとなった明応九年の言い争いの内容については、具体的な記述が残っていないため知ることができない。恐らく、この諍論の背景には、応仁・文明の乱（一四六七〜七七）で中断する前に六十基あった山鉾が、再興された時ではほぼ半数の三十六基にとどまり、そのことによる巡行順番の大きな混乱があったと想像される。その解決のためには、町々の平等性を確保し、鬮引きによる順番決めを行わざるを得なかったのであろう。そして、引き当てた鬮の順番は、神慮そのものとして町人らに受け入れられたと思われる。

府内祇園会における鬮取も、京都祇園会の鬮取の起源にみられるように、府内の四つの町組の平等性を尊重した行為といえよう。

◆六月十五日　祇園会

祇園会見物の桟敷　この日、府内祇園社の祭礼「祇園会」が行われる。祇園会開催に先立つ六月朔日から、当主の意を受けた宿老が奉書《ほうしょ》をもって桟敷《さじき》奉行衆を任命する。近年では、大津留大和入道・田吹山城入道・木付治部丞《きつきじぶのじょう》がその任に命じられている。

桟敷とは、祭礼などを見物するために地面より一段高く作られた観覧席のことで、十五日の府内祇園会を見物するために大友当主が座す「屋形桟敷《やかたさじき》」が、万寿寺の正面向いに建てられた。この屋形桟敷は、長さ十間（約一九・七ｍ）で、そこに当主をはじめ、宿老及び分限《ぶげん》通の衆が順々に座した。また、諸寺家の桟敷が、屋形桟敷と同じく万寿寺正面から裏手にかけて建てられ、さらに大友家にゆかりのある者たちの桟敷も数多く設けられた。

神輿渡御と山巡行　府内の祇園会では、神輿渡御《しんよとぎょ》と山巡行《やまじゅんこう》の祭事が執り行われた。神輿は、祇園社から屋形桟敷や諸寺家の桟敷の前を通り、さらに府内の市中を巡って大分川左岸の祇園河原の御旅所へと渡った。その担ぎ手は、昔から津守村《つもりむら》（大分市津守）のうち、大友氏の直轄領である「公領」が出すものとされた。

山は、府内の四町組より四本、それに万寿寺の大工、由原宮の山崎、惣大工がそれぞれ一本、これら七本が決まって出された。それらの山は、屋形桟敷の前を「ミこしとおり、やまことごとく引とおし候」とあることから、神輿の後に従うように市中の大路を巡行したものと思われる。また、山は、願いがあれば、どれだけでも巡行することができ、惣大工の山については、宗麟代の中頃に出すことを許された。さらに昔は、祈禱を兼ねて大友家でも直々に山一本を仕立てていた。これを調える役を直轄領内の一郷、または一荘に命じ、その他飾りの費用等を奥の番、または蔵方、場合によっては、公文所・細工所からも出していた。

祇園社参の儀式　神輿が御旅所へ渡御する前に、大友当主の祇園社参が執り行われた。その儀式では、まず走り役の房《ぼう》の者が揃いの袴《はかま》姿で棒を持ち、大勢で事始めを行って先に出立する。次に厩《うまや》の者が揃いの袴を着て、火氈鞍覆《かせんくらおおい》をした馬を引く。これに長刀《なぎなた》を持った兄部《このこうべ》、小人《こびと》（小者《こもの》）五人が続き、その中の選ばれた小人に野太刀を持たせる。続いて猿楽衆、弓持《ゆみもち》の広津《ひろつ》掃部助《かもんのすけ》が従った。

この時、広津掃部助が携えた重籐《しげとう》の弓は、下地を黒漆で塗り、その上を籐でしっかりと巻いたもので、大将などが多く持ったとされる高価な弓である。また、弓とともに携えていた空穂《うつぼ》は、虎・豹《ひょう》・熊などの珍しい皮が貼られていた。そして、これらの武具を持って参列できる弓持の者は、近年では、宿老の与力《よりき》、または高田荘・戸次《へつぎ》荘の給人の中から人体《にんてい》を選んで申し付けている。

次に、この弓持の後に、大友当主の乗る輿《こし》が続く。輿は、赤漆塗りで、赤銅《しゃくどう》の金物が施されている。輿の左右には同朋衆が従い、また輿の右側に寄り添うようにして素襖の上衣に白の下袴を着た団扇持《うちわもち》が仕えた。この団扇は、奥の番衆を介して緒方荘の給人の原尻《はらじり》氏が進上したもので、団扇の両面には、中国漢の皇帝に軍師として仕えた張良《ちょうりょう》と、その張良に兵法の奥義を授けたという黄石公《こうせきこう》の武者絵が描かれていた。

当主の輿の後を、中間衆、太刀持が続き従った。ただし、太刀そのものは、輿の内に立て置かれた。さらに太刀持に続いて、当主の身の回り近くに仕えた近辺余儀無衆が順番に行列に加わった。

ルイス・フロイスの『日本史』によれば、この社参行列について、「国主か嫡子はすべての奉行、ならびに一万五千ないし二万の武装兵を伴なって参加し、盛大な儀式が挙行される」と紹介されており、大規模で立派なものであった。

祇園会の警固《けいご》と儀式 祇園会の警固は、府内の政所の役目である。もし政所に支障が生じた場合には、佐伯氏や南北の国衆へ順番で警固役を申し付けた。警固にあたる者たちを、桟敷の前と左右に配置し、その務めは早朝から大友当主が帰館するまで続いた。

祇園会の儀式と、これを調える諸郷荘のことについては、祇園社の宮司である税所氏が熟知している。十間の屋形桟敷は、笠和郷と山香郷の両郷が一年交代で調え、桟敷で祭礼当日に振る舞われる点心や肴は、両郷のうち、桟敷の建設を担当しなかった郷が調えるとされた。この時の肴は、一番に「□の汁」(文字不明)、二番に「鯵《あじ》のひぼかしの汁」、三番に饅頭が、それぞれ折に入れて出された。この時、全ての供の者たちに召出《めしいだし》を行い、御酒を与えた。

屋形桟敷の前を、神輿が通り、山のすべてが曳き通され、しばらくくつろいだ後、当主はその場を立って帰館する。館に戻った後、座敷に宿老・聞次・太刀持と、その年の桟敷を調えた郷の政所の一人を召し出て、当主より盃を賜わる通《とおり》が行われる。その座敷には伽衆・猿楽衆も召し出される。ただし、山香郷が桟敷を調える年では、同郷に二人の政所がいるので、両人ともに召し出す。また、太刀持を座敷に召し出す時は、同朋衆の者に太刀を持たせておく。警固役を務めた者たちは、この日は一層手厚くもてなされた。

京都祇園会と将軍家　室町将軍家では初代尊氏をはじめ代々の将軍が祇園会の見物を行っている。それは戦国時代末まで続いており、恒例の行事となっていた（「年中恒例記」）。そして、将軍の祇園会見物のための桟敷が用意された。その桟敷の規模は、三代義満の時には十間にも及び、そこに多くの女房衆や近習の者たちを同席させている。室町幕府は、このような大規模な桟敷を設けて見物することにより、祇園会を重視する将軍の姿勢や存在を広く人々に知らしめたという。

ルイス・フロイスの『日本史』によると、義統が祇園会に出席することを望まず、そのため祭りが催されなくなり、人々を驚嘆させたとある。このことは、大友氏にとって府内祇園会の社参は、その存在と権威を衆目に誇示するために、ある意味政治的に創り出された行事であったことを物語っている。前述の一万五千〜二万にも及ぶ行列や十間の屋形桟敷の建設は、それを象徴するものであったといえよう。

この府内祇園会の初見史料は、義鑑の意を受けて、宿老の田北親員《たきたちかかず》と山下長就《やましたながつぐ》が、臼杵荘政所の薬師寺氏に対して「祇園会前之為用心」として「如例年」警固の兵船を出すように命じた文書で、親員・長就の二人による連署の事例から、天文三〜七年（一五三四〜三八）頃に発給されたと考えられるものである。

府内祇園社は、大友氏初代能直が疫病除けに京都八坂の祇園社から祭神である牛頭天王を岩屋寺の境内に勧請し創建したのが始まりとも伝えられる。しかし、府内祇園社の重要な祭礼である祇園会が、前述のように義鑑代までしか遡れないことから、その勧請・創建も義鑑によって行われたと考えるのが妥当であろう。

六月二十八日　御祓《おはらえ》

この日、御祓の行事を行う。若宮八幡宮の神職である宮禄大夫が、すがもり（茅《ち》の輪《わ》）を調え館へ持って来る（図38）。御台番衆の者が、当主の身代りとしての刀を、局《つぼね》が簾中の身代りとしての鏡を、それぞれ持ってすがもりを通る。そして、当主と簾中方の両方から返礼として宮禄大夫へ帷子《かたびら》（裏地を付けない単《ひとえ》の着物）が遣わされた。

図38　柞原八幡宮のすがもり

この御祓の行事は、一般に大祓《おおはらえ》と呼ばれる除災行事の一つで、通常、六月晦日と十二月晦日の年二回行われた。六月のものを夏越《なごし》の祓、十二月のを年越《としこし》の祓といい、特に夏越の祓では、茅《ちがや》をたばねて作った大きな輪の中を通り、穢れを祓う神事が執り行われる。

室町将軍家で行われた夏越の祓では、六月晦日の夜に伝奏《でんそう》（朝廷と幕府との交渉を担当した公家）が将軍邸に参上し、麻の葉を左手に持って茅の輪を三度くぐっている。この時、伝奏が手に持った麻の葉が、将軍の身代りとして取り扱われている（「年中恒例記」）。

大友家の御祓の作法は、身代りの品が麻の葉ではなく刀や鏡であるが、身代りを持って茅の輪をくぐる将軍家の例にならって行われたものであろう。

七月七日　七夕

七夕の日、大友家では、七種類の遊びをしていた。これは、朝に行う犬追物《いぬおうもの》と和歌・連歌《れんが》・能・的《まと》・蹴鞠《けまり》・立花《たてはな》である。しかし、これは昔のことで、七種類の遊びは宗麟代の初め頃からだんだんと廃れているという。

七夕とは、牽牛《けんぎゅう》と織女《しょくじょ》の伝説と故事が古代中国から伝わり、古代日本の貴族社会で二つの星に山海の幸や五色の布や糸、琴などの楽器を供え、管弦の宴を催す行事となった。室町時代から、宮中では和歌・蹴鞠・碁・立花・貝覆《かいおおい》（貝合《かいあわせ》）・楊弓《ようきゅう》（的当）・香の七つの遊びをするようになった。室町将軍家では、笠懸《かさがけ》（疾走する馬上から笠形の的を弓で射る）・犬追物・御歌（和歌）・御連歌・御鞠（蹴鞠）・

楊弓・御酒《ごしゅ》をしている。

七種の遊びのうち、蹴鞠（図39）は革製の鞠を落とさずに、一定の高さを保持して蹴上げることを繰り返して、その回数によって優劣を競う競技で、室町時代には、公家の間だけでなく、将軍をはじめとする幕府の武士にも広まる。応仁・文明の乱（一四六七〜七七）以降は公家たちが都の戦乱を避けて地方へ下向し地方の戦国大名にも、広まっていった。十九代大友義長《よしなが》は嫡子義鑑《よしあき》に書き残した「条々事書」の中で、弓馬の道や文学・歌道・蹴鞠を軽んじて、鷹狩りを専らとすることは無益であると述べている。大友宗麟も十七歳で蹴鞠道家である飛鳥井雅綱《あすかいまさつな》の門弟となり、蹴鞠を始めている。

図39　蹴鞠の様子（奈良市）

立花とは、生け花の様式で座敷飾りとして用いられた。これは、七夕の二つの星への供花的要素のほか、鑑賞という目的があった。

連歌とは、和歌から派生した文芸であり、元は和歌を上の句、下の句に分けた二人の唱和である短《たん》連歌《れんが》であったが、のちに長連歌《ちょうれんが》が主流となり、十数人の人々が連歌の規則に従い、百韻《ひゃくいん》（百句）を詠んでいくのが定型となった。楊弓（的当）とは、楊製《やなぎせい》の小さな弓で的を射る遊びで中国から伝わった。

将軍家の御酒とは酒の遊びのことで、いくつかの遊びがあった。まず、丸く座り、中央に盃を置いて順番に飲む十度呑《じゅうどのみ》。この時「物をもいはず、肴をくはず、口をものごふべからず」という掟があり、これを破ると大きな盃で酒を飲まされた。その他、十杯の酒を飲む早さを競う鶯呑《うぐいすのみ》。酒を一露《ひとつゆ》だけ残し、露が落ちないと負けとなる一露。酒の残りを捨てて、指で一文字《いちもんじ》を書く一文字。盃の中に山桃《やまもも》の実を一つ入れ、飲み終える時に実を噛み割る山桃呑などがある（『中世武家の作法』）。

大友家の七種類の遊びは将軍家とほぼ同様であり、将軍家を規範として行われていたものといえる。笠懸・犬追物は武家独自のものであり、連歌は当時の隆盛をうけていると考えられる。

また、この日は早朝に諸寺家から花の台が進上される。この花の台とは立花とそれを据える台のことと考えられる。この時、寺奉行が諸寺家を召し連れて出頭してくる。寺奉行とは諸寺家の統括責任者であり、社奉行とともに大友氏の寺社支配を担っていた。

同じく早朝に文所《ふどころ》が箱を運び出し、虫振《むしふる》いと呼ばれる虫干しを行う。宮中や幕府には文殿《ふどの》と呼ばれる公文書や典籍の保管場所があった。ここにみえる文所とは、文殿と同じく文書・典籍の保管庫及びその管理役と考えられる。虫振いは、宮中でも七月七日に御物《ぎょもつ》の埃などを払い拭う行事が行われている。この虫振いは大友宗麟の代より浦上左京亮《さきょうのすけ》と桜井藤兵衛尉《とうべえのじょう》が担当しており、両人以外の者は少しもやり方を知らないという。この担当者のうち浦上左京亮は正月二十日の犬追物で当主の馬引きも務めている人物である。

その他、宝物・書物・衣類などをすべて七夕の飾り台に供える。その後、梶の葉に素麺を取り載せる。この梶の葉に素麵を載せるという行為は室町将軍家で、将軍が七枚の梶の葉に和歌を書き、歌が書かれた梶の葉と皮、素麺をまとめて竹に付け、将軍邸の屋根に上げていたことにならったものと考えられる。

◆七月八日　生見《いきみ》の祝

生見の祝は表向きではなく、簾中方が準備する。この祝の相伴者と膳の調え方は、正月十九日の簾中方節と同じであるという。生見とは、生者の霊、特に父母や主人など生きている尊者の霊のことである。お盆には、故人の霊を供養するだけではなく、生きている尊者に対しても礼を尽くし、これを祝った。室町将軍家では、大友家と日にちが異なる七月十一日に「御生見玉の一献」が行われており(「年中恒例記」)、大友家での生見の祝は室町将軍家にならったものと考えられる。

◆七月十二・二十六日　大風流《だいふうりゅう》

府内では、七月十二日と二十六日に先祖を弔う行事として、大風流が行われた。風流とは、華やかな衣装で着飾ったり、仮装したりして、鉦《かね》や太鼓、笛などの囃《はや》し物を伴い、主に集団で歌い踊る中世の民間芸能である。後には、趣向を凝らした山車《だし》の行列やその周囲で踊ることも風流といった。一方、

図40　風流念仏踊り（「上杉本・洛中洛外図屏風」より）

「上杉本・洛中洛外図屏風」には念仏風流が描かれている（図40）。府内の風流は先祖の弔いの行事であり、念仏風流と同様、亡くなった人の霊を慰めるための、後世の盆踊りに通じる踊りであった。十二日と二十六日の両日行われるのも、精霊の迎えと送りに対応したものと考えられる。

京都では、十六世紀初期には盂蘭盆《うらぼん》の時期に有力住民の居住する町や街区、またそれを核とした町組を主体とした「町衆」によって風流踊が催されていた（「実隆公記」）。この風流踊を見物した公家の鷲尾隆康《わしのおたかやす》はその日記に「風流踊は天下平穏の証であろう。ただ、世の乱れの原因にもなる」と評している（「二水記」）。

さて、大友氏における風流も、十六世紀初期まで遡ることができる。十八代大友親治《ちかはる》（大永四年・一五二四没）は豊後国直入郡朽網《くたみ》郷（大分県竹田市）の武士大久保氏に宛て、「来月十四日の風流のために必ず府内に参上するように」命じている。書状の差出日は七月二十八日であるので、風流が行われるのは八月十四日となる。次に、二十代大友義鑑《よしあき》は某年の七月五日に田北氏に宛て、「来る十二日に風流の実施を申し付けたので、必ず出府するように」と命じた。ここで風流が行われるのは「作法日記」と同じく七月十二日であり、「風流之儀中付候」との表現から、実施主体が大友氏であったことがわかる。大友氏の風流は古くは八月であったが、時代が下ると七月となり、最終的に「作法日記」にみえる形に整備されたといえよう。

それでは「作法日記」にそって大友氏の大風流を具体的にみていこう。

まず、大友当主が出る屋形風流があり、これを中衆の風流といった。次に、市衆・町衆といって、大友館に勤める侍衆である殿中衆が風流を二つ出す。また本庄《ほんじょう》氏と寒田《そうだ》氏が代々一つずつ出している。府内の町衆は五つ出す。府内の町組は全部で四つであるが、風流だけは古川（大友館の北に位置し、現在の大分市長浜町付近）の者が特別に出すので五つとなった。

また、「しとろ」という囃し物を戸次《へつぎ》荘（大分市）の者たちが行う。これは、風流の後について行く。風流は、まわりに百人ばかりが、鳥甲《とりかぶと》と呼ばれる鳳凰《ほうおう》の頭に似せた被《かぶ》り物を被り、裾の口が広い袴である大口《おおぐち》に傍続《そばつぎ》という羽織着を着て、大鼓でやたらに囃したてる。まったく唄わずに囃すだけである。その中で五十人ばかりが扇獅子を舞う。このような風流は、木付家や野津院（大分県臼杵市）で始まったという。ここで登場する木付氏は二代大友親秀の六男親重を祖とする大友氏一族で、速見《はやみ》郡八坂下荘木付（大分県杵築市）を本拠とした。木付氏と野津院の関係は、まず、文明十六年（一四八四）、十六代大友政親が木付親忠に野津院内二十貫文の土地を預け、文禄元年（一五九二）朝鮮半島に出陣した大友軍を書き上げた「豊後国諸侍着到帳写」に野津衆として木付左馬助の名が確認できる。大風流が木付氏や野津院で始まったとされるのは、このような所領関係があったためであろう。ただ、木付氏領内で風流が始まったそもそもの理由は不明である。

こうして、木付家や野津院で始まった風流を臼杵安房守《あわのかみ》が稽古して覚え、近年は当主自身もするようになった。臼杵安房守は、大友義鑑代から宗麟代初期の永禄元年（一五五八）頃まで宿老であった臼杵鑑続《あきつぐ》のことである。主に対外関係を担当し、大内氏との和睦交渉や義鑑の二男・大友晴英《はるふさ》（大内義長）の大内氏家督相続交渉に手腕を発揮した。

しかし、大友義統は風流を次のように批判している。「とても見苦しく、人間のすることではない。さらに富裕な者でなくても分不相応な行いがある。豊作の時には、風流に専念してしまい、金銀で模様をつけた着物や、日本の物はいうまでもなく、「唐土《もろこし》・天竺《てんじく》・南蛮・高麗」といった異国の綾織りの羅紗布や錦で刺繡した着物で飾り立て、国に不似合いな行事となっている。あれやこれといい、風流をこのように贅沢に行うことは永久に禁止することが肝要である。風流などで多くの人が集まる国は、すべて破滅してしまう。後の代の者はよくよく分別すべきである」。

以上のように、義統は風流について述べているものの、大友氏が実際に風流を禁止した様子はみられない。一方、京都では室町幕府が永正三年（一五〇六）と天文十三年（一五四四）に風流踊の禁止令を出している。これは、先に述べたように風流が世の乱れを招くと考えたからであり、義統が風流を批判するのも同様の理由からであろう。

◆七月十四・十五日　先祖供養

七月十五日頃、先祖の霊に供物を供え、これを供養する盂蘭盆《うらぼん》、いわゆるお盆が室町将軍家や大友家でも行われていた。大友家では、代々の室町将軍や大友家の先祖、または大友家一族のみならず、各地で戦死した者たちや、大友家に忠節を尽くした者たちの名前を過去帳に書き入れており、そのすべての霊に当主自身が水を手向けていた。

また、大友家では、代々の室町将軍家と大友家先祖の霊前それぞれへお供えする物が決められていた。霊前へお供え物を行うのは、二十代大友義鑑代までは宿老をはじめ、近辺余儀無衆であり、威儀を正して立派に行っていた。室町将軍家の先祖の霊前にはかつて当主自身がお供えをしていたが、近年は地位の低い者に申し付けている。これを大友義統はもってのほかの悪しき例だとしている。また、お供え物を置くために用いる水棚《みずだな》の準備は、大友氏直轄領である鶴見村（大分県別府市）が行っていた。近年は上野という人物が役目をよく知っているので、水棚を準備している。この上野という人物は、速吸日女《はやすいひめ》神社（大分市佐賀関）に当主が社参する際、御幣《ごへい》役を務めた上野《うえの》兵部少輔《ひょうぶのしょう》と同一人物かと考えられる。

さて、お盆といえば、現代でも灯籠を灯す家もあるだろう。室町時代には、宮中へ貴族たちが趣向を凝らした灯籠を献上し、これを飾って見物させるのが恒例行事となっていた。武家も例外ではなく、室町将軍家も、十四日の昼頃、天皇に灯籠を進上した。この他に、幕府管領の細川氏と畠山氏、幕府政所執事の伊勢氏、それと門跡の上乗院が灯籠を献上した。その中でも細川氏だけが天皇に拝謁することができた（「年中恒例記」）。

大友家でも、十四・十五日の両夜に館の大門の左右と霊前に灯籠を灯している。館の大門の灯籠は、あらかじめ家臣に申し付けて献上させている。これについては、奥の番から四、五人に奉行を命じて、誰が灯籠を献上したか、その着到を付けさせていた。この灯籠は十五日の夜に灯した後、すべてを焼き捨てた。次に、霊前に飾る灯籠は二つであり、鬼頭《おにがしら》を付ける。鬼頭とは、馬の尾または黒く染めた苧《お》（麻の古名）を束ね垂らして飾りとしたものである。この灯籠は、贄殿が費用を出し、覚悟衆が準備して奥の番に渡していた。この奥の番衆は昼間からかしこまって霊前の番をした。この番は、竹田津新兵衛尉・鳥羽平兵衛尉などが務めているが、親が亡くなっている者へは容赦して申し付けなかった。

また、大友義鑑代までは、七月十四・十五日に当主が歴代当主の菩提寺にそれぞれ参って焼香をしていたが、当主が府内から臼杵に移っていた時は、名代を遣わしていた。室町将軍家でも、大友家のように十四日には鹿苑院《ろくおんいん》（三代将軍足利義満）と普広院《ふこういん》（六代将軍足利義教）へ焼香に行っている（「年中定例記」）。

◆八月朔日　八朔《はっさく》儀式

八朔儀式とは　八月朔日に家臣その他が将軍・当主に品物を献上し、また、将軍・当主から返礼の品が下賜されるという贈答儀礼である。これは室町幕府・大友家ともに重要な行事であった。

武家における八朔贈答がいつ頃より起こったのか不明であるが、元来、八月朔日頃に早稲の穂が実り、農村で初穂を恩人などに贈る風習があり、「田の実」を「憑《たのみ》」にかけ、公家や武家でも、日頃お世話になっている目上や年長者に親近の情を表し、恩を感謝する儀礼として定着したとされる。鎌倉幕府は、十三世紀半ばから、度々八朔贈答を禁止する法令を出しており、鎌倉時代中期には盛んに行われていた。室町時代になると、幕府は公式儀礼として整備し、「御憑」として将軍が天皇に品物を献上するとともに、公家・武家・「地下衆」・職人など、あらゆる階層の人々が将軍に相応の品物を贈るようになったとされる。室町幕府は、前日の七月晦日と八月朔日に「御憑の儀」として八朔儀式を行っている。将軍は表へ出座し、献上品をご覧になり、二、三種類を手元に留め置いていた（「年中恒例記」）。

十五代大友親繁《ちかしげ》（一四一一～九三）が大津留河内守に宛てた八朔返礼状が残されており、大友家における八朔儀礼は十五世紀後半までは遡ることができる。

それでは、大友家の八朔儀式を「作法日記」からみていこう。

まず、家臣に八朔儀式のため館へ参上するよう命じる惣触れの着到状が出される。これは枚数が多くなるため、七月二十日頃から書状の料紙（用紙）が調えられる。料紙は杉原紙と特別な紙の中間の紙である。そして、白紙の料紙に当主が空いた時間に先に花押を書いておく。花押は、料紙に針で印を付けたところに書くのであるが、この針目の付け方には口伝があった。この花押を書いた料紙は新しく仕立てた檀紙《だんし》櫃《ひつ》と呼ばれる蓋のある大きな箱に入れ、封がされる。以上のことを浦上長門入道・桜井加賀入道・高山久右衛門尉の三人が準備し、惣触れの着到状を書く日に表の担当の判紙《はんし》奉行に渡し、宿老がこれを受け取って文面を調え、当主に披露する。

八朔に関わる奉行　八朔儀式に関わる奉行は八朔奉行・太刀奉行・判紙奉行の三役である。ただし、惣触れの着到状には奥書があるものがあり、八朔奉行と書いたものと判紙奉行と書いたものの二通りがあった。一方、「筆法条々」によれば、惣触れの着到状の奥書には、八朔奉行・太刀奉行・判紙奉行のほか、馬披露の役を命じる旨が書かれていた。

八朔奉行は、役を命じる着到状の奥書に早朝から館に参上するようにと書かれており、八朔儀式全体の統括者であったと考えられる。

太刀奉行は、八朔祝儀として方々から進上された太刀を受け取り、その進上主と太刀の銘、それに返礼品を帳面に付けて当主へ披露するのが役目である。方々からやって来た太刀進上者の使者は館の舞台に控えており、舞台から庭に召し出して当主が対面する。この時、いずれもが太刀進上の儀式を行う。その太刀は、古くからの慣例によりそのまますぐに進上主へ遣わされた。八朔祝儀の使者は大人数であるので、太刀奉行も多めに申し付けた。

次に、返礼状に関わる判紙奉行は、宿老が調えた八朔祝儀の返礼状の数を入念に確認した勘定状、ならびに到来した書状を受け取り、二日の早朝、謹んで当主のもとに参上、直接両方の書面を確認して、結果を報告する。それが終わると、判紙奉行は勘定の結果に間違いない旨の誓紙を当主に進上する。この判紙奉行は、八朔儀式のみの臨時役であり、惣触れの着到状を準備する常任の判紙奉行とは異なる役である。

図41　大友宗麟の八朔返礼状
（「久保文書」／大分市歴史資料館）

八朔の返礼状　八朔儀式では多くの武士たちから贈り物があり、その返礼状（図41）も多量となる。膨大な八朔の返礼状は右筆だけでは作成しきれないため、花押の書かれた料紙を前もって宿老へ渡していた。宿老は自身の家臣のみならず、近辺余儀無衆や大友氏直轄領の給人たちも動員し、返礼状を作成するのであるが、この時、宿老はそれぞれ右筆を雇い、書き手を指導してもらっていた。書き手は公文書作成の素人であるから、専門家としての右筆の知識が必要とされたのである。この判紙のことは大雑把に扱う事柄ではないので、宿老自ら数え、一つずつ花押を確認して受け取る。もし判紙が残れば、当主自らが破いて捨てた。寺社への八朔の返礼状は、大友氏の寺社支配を担当する寺奉行・社奉行が宿老と同じように、判紙を受け取って調える。

馬の贈答　八朔儀式では、太刀と馬が最高の進上品であった。三好義長（長慶の嫡子）邸に十三代将軍足利義輝が御成した時、義長が進上した馬を義輝は主殿の妻戸の縁に立って御覧になった（「永禄四年三好亭御成記」）。大友当主もこれにならって、主殿の前庭に繋《つな》がれた馬を一頭ずつ妻戸の前まで引き立てて見分したと考えられる。進上馬を繋ぐ馬立所《うまたてしょ》（図42）は近年混雑し、口達者に振る舞う者がいて、いざこざが起きている。これに宿老たちが特定の者を贔屓《ひいき》するのでいっそう難しくなったが、今後は当家のしきたりどおりにすることが大切とされた。ただ、日田氏・戸次《べっき》氏・田原氏・入田《にゅうた》氏、そのほか南郡衆（豊後国大野郡・直入郡）がやって来なくなり、この後は混雑しなくなった。また、夫を亡くし、まだ家督相続が正式にできていない家の夫人より進上された馬一疋は、馬立所の一番に立てて披露する。大友当主へ馬を披露するのは日暮れ時であった。なお、進上された馬を繋ぐ泊木《はっき》は皮を削

図42　馬立所のイメージ（上賀茂神社の馬繋）

り、その準備は、どれだけであっても大友当主の馬を扱う者たちの統括責任者である厩別当《うまやべっとう》の仕事であった。田原氏、南北衆から進上された馬は返礼用の馬とする。佐伯氏より進上された馬は、そのまま佐伯氏に返礼として遣わす。高田荘・野津院《のついん》・丹生《にゅう》荘などの政所《まどころ》は、役所として馬一疋を進上する。政所の役人がいずれも家として進上したならば返礼の馬を遣わす。人によって馬二疋を進上するのは、役職としても進上するからである。昔は直轄領の諸郷荘よりも各数疋の馬が進上されていたが、宗麟代の中頃よりだんだんと途絶えてしまった。

朽網《くたみ》氏は牧場を持っているので代々三歳馬を進上する。朽網氏とは豊後国直入郡朽網郷を本拠とする国人領主（国衆）で、元亀二年（一五七一）頃から朽網宗歴が宿老となっている。宗歴は天正五年（一五七七）、「朽網郷名物の牧場の再興が肝要であり、以前のようではなくても、良い馬を育てることを怠らないように」と諭しており、朽網氏が良馬を産する牧場を持っていたことがわかる（「家訓条々」）。この朽網氏が進上する馬は「たまなわ」を結んでいた。これを日向国縣《あがた》荘（宮崎県延岡市）の土持《つちもち》氏へ毎年遣わしていた。土持氏は日向国北部、臼杵郡縣を本拠とする国人領主。豊後国との境目《さかいめ》の領主である土持氏は、豊後国海部郡南部の佐伯氏と婚姻関係を結び、さらに大友氏と友好関係を築いていた。そのため、八朔で大友氏から土持氏へ馬が贈与されていた。

先にみたように進上された馬の多くは返礼用としていたが、豊後国以外の国から進上された馬は、返礼には遣わされず多くが手元に留められる。この留められた馬のうち、一疋は御厩衆《みまやしゅう》へ昔からの慣例によって下賜された。また、役所飼といって、丹生荘・佐賀《さか》郷・高田荘・笠和郷・山香郷・野津院、戸次荘の勝光寺、戸次荘楠木生《くすぎゅう》、税所《さいしょ》氏、同慈寺《どうじじ》へ一疋ずつ預け飼わせておく。そうして立願《りゅうがん》（神仏に願をかけること）の時にその馬を寄進するか、または家臣などに拝領させた。

八朔の祝　八朔の祝では、素麺と濁り酒が出される。これはいずれも公文所が準備した。この素麺は、大野荘四か村から徴収する儀式の費用を賄うための特別税である八朔銭の一部を贄殿へ渡して準備をしていた。しかし近年、大野荘四か村を家臣へ与えたので、この素麺は公文所が準備している。なお、大野荘四か村は、上村《うえむら》・中村・下村・志賀《しが》村の四か村のことで、現在の大分県豊後大野市大野町・朝地町及び千歳《ちとせ》町の一部に比定される。

簾中方の八朔儀式　簾中方でも八朔儀式があり、簾中方衆奉行を一、二人申し付けていた。簾中の返礼状については、簾中に仕える局が簾中の意を受けて発給する奉書で出す。当主宛と一緒に届けられた進上主の夫人からの簾中宛書状は自筆である。簾中からの返礼の使者は、相手の家格をよくよく考えて申し付けている。使者を立てる場合、相手の夫人には表向きよりも数々の品々を差し遣わし、いずれの使者にも出立する前に当主が対面した。

◆八月八日　秋袷《あきあわせ》

秋の衣替　袷は裏地の付いた着物で、秋になって着ることから秋袷と呼ばれた。現代でも季節に応じて、衣服をかえる衣替があるように、当時も行われており、秋袷は着物のこととともに、秋の衣替の行事も意味した。

この日、大友家では衣替のため当主親子が着る小袖が公文所から出される。公文所付きの「女中衆」が酒や食物を準備して参上し、その他の「女中衆」も参上して綿入れをつくる格別な祝いであった。この当時、綿には屑繭《くずまゆ》を用いた真綿と木綿があったが、綿入れにどちらを用いたかは不明である。そして、晩には雑煮が出された。

室町幕府の衣替　このように格別に祝う大友家に対して、室町将軍家での秋の衣替は、「九月九日から小袖を着る」という簡潔な記述に留まる（「年中恒例記」）。小袖とは、袖口の狭い着物のことで、裏地を付けない単《ひとえ》（帷子《かたびら》）、裏地を付けた袷、表地と裏地との間に綿を入れた綿入などがある。

室町幕府の衣替については規定があった。これは主として出仕の際に着用する直垂《ひたたれ》や素襖《すおう》の下に着る肌着や間着についての規定であり、三月中は肌着や間着として袷にうす小袖を着し、四月朔日より袷のみとなる。そして、男性は五月五日の端午《たんご》の節句から八月晦日まで帷子を着るが、「女中衆」は、五月中裏地が「すずし」（生絹）の練貫《ねりぬき》、六月朔日から七月末までは帷子、八月朔日よりまた練貫を着た。九月朔日より男女ともに袷の肌着を付け、九日の重陽の節句から小袖の間着を加えた。なお、十月の亥子《いのこ》祝には男女ともに紫の小袖を着用することになっていた。その後は寒気に合わせて小袖を適宜重ね着していった。「九月九日から小袖を着る」とは、この日から袷の肌着の上に間着の小袖を着るという意味である。

また、武士が着る間着の小袖についても、決まりがあった。唐織や白綾は原則禁止で、将軍より拝領した者のみが用いた。通常は平織りの紬の藍・茶・紅梅などを用い、紫は遠慮し、白も一重《ひとえ》直垂の下に大帷《おおかたびら》を着る祝儀の時に許された。さらに、小袖には紋も付けるのが通例で、無紋の小袖は表向きには着用しなかった（『中世武家の作法』）。

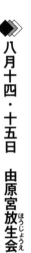

◆八月十四・十五日　由原宮放生会《ほうじょうえ》

放生会社参とお下《くだ》り　十四・十五日の両日、当主が由原宮の放生会が行われる生石《いくし》（大分市）の御《お》旅所《たびしょ》へ社参する。これに関わる政道奉行が六、七人に命じられ、社参の次第は、六月十五日の祇園会の社参行列と同様、盛大に行われた。
生石の火王《ひおう》場（現火王宮）において、浜の検校《けんぎょう》（浜殿検校）である大津留《おおつる》氏が、烏帽子・素襖姿で、新しい搔笥《かいげ》（小桶）に海水を入れ、御手巾《ごしゅきん》（手ぬぐい）を磯箱の蓋《ふた》に入れて、当主の下に持参する。近辺余儀無衆、または同朋衆などのだれか、当主の近くにいる者が柄杓《ひしゃく》を受け取って、搔笥から海水を汲み、御手水《おちょうず》として当主へ差し出し、当主はそれで輿《こし》の中からそのまま手を清める。当主の御手水が終わると、供衆のみなも海水を使い御手水を行う。その後すぐに、由原宮の一の鳥居の側に立っていた「わなれ木」に近い参道の脇に大津留氏が調えた畳《たたみ》一枚を敷き、そこに当主が座って、神《しん》

図43　由原宮神輿の神幸行列（「御神幸図」部分／柞原八幡宮）

幸《こう》する由原宮の御神体を迎える。この時、御供衆は当主の左右に分かれ、向いには宿老たちが、敷皮《しきかわ》（毛皮の敷物）にかしこまって座っていた。また、房《ぼう》の者たちが当主の左右に付いて警固した。そして、御神体が生石の御旅所へお下《くだ》りする前に、大津留氏が先ほどの出立《いでたち》で、盥《たらい》と提子《ひさげ》を持参し、御手水を当主にかける。

十四日の御幸《みゆき》の時は、由原宮の応神天皇《おうじんてんのう》・仲哀天皇《ちゅうあいてんのう》・神功皇后《じんぐうこうごう》の三神の御神体を乗せた神輿《みこし》三基が、仲哀天皇のそれを先頭に、応神天皇、神功皇后の順で御旅所へ渡った（図43）。十五日の還御《かんぎょ》の際は、これとは逆に、神功皇后の神輿が先頭に立って、応神、仲哀の順で帰っていった。また、その神輿の前後に従う随兵《ずいひょう》は、由原宮へ立願《りゅうがん》していれば、願いの内容が公私いずれの場合であっても、毎年供奉することができた。

御神体が乗る神輿をはじめとする神宝は、本来は卯《う》の年と酉《とり》の年の六年ごとに国司が由原宮へ奉納した（大神宝会《だいしんぽうえ》）。大神宝会の費用は、挾間村《はさまむら》（大分県由布市挾間町）の八百貫の年貢でまかなわれ、買物については、府内商人の一人に命じて京都で調達させた。また、費用等を負担した挾間村の給人たちに対しては、昔は、大神宝会の前後三年ずつ公役《くやく》を免除していた。そのため、高崎城普請の公役についても、所領高の多少などを考慮して申し付けている。

御旅所の座敷には、宿老・聞次・太刀持・賀来荘地頭・造営奉行の実相寺・大津留氏・伽衆、及び猿楽衆の面々が参上する。そこでまず、冷やし物（水で冷やした食べ物）が出され、その後、肴として、夕顔の汁と茗荷《みょうが》が出される。十五日には、十四日の茗荷に替わって、夕顔の汁と蒟蒻《こんにゃく》が肴として出された。その後、供衆を召し出して当主より御酒を賜わる通《とおり》を行った。

十五日、祭礼が一通り行われ、「ほうざい」（蜷《にな》）を放って、本宮へ御神体が還御する。二十代義鑑代までは、還御する前に当主が「わなれ木」のたもとで御神体を乗せた神輿を待ち受け、別れのあいさつをしていたが、近年は行っていない。また、義鑑代までは、五月五日に行われる由原宮の五月会《さつきえ》の行事にも生石の浜へ出座していた。

祭礼市　放生会の時は、生石の浜での儀式の全てを、浜の検校である大津留氏が取り仕切った。さらに、八幡神への奉納物や市での売買、津料、仮小屋への賦課銭などまでも大津留氏が差配し、由原宮の宮師《みやし》と大宮司は、これらについて何ら関与することはなかった。ただ、由原本宮への奉納物については、従来、大宮司が取り扱っていたが、天正十四年（一五八六）龍王城（大分県宇佐市安心院《あじむ》町）へ宮師を供奉させて以来、宮師へその取り扱いを申し付けている。

放生会や祇園会で喧嘩が起こり、死人などが出た際には、当事者の善悪を問わず、社家の御祓《おはら》いとして、双方より米・酒・肴を社人に渡し、清めの御祓いを行った。

大津留氏が差配した供物・賽銭《さいせん》といった拝進物や津料・仮屋銭などの諸賦課税の内容から、放生会に多くの参拝者や見物人が訪れ、また商品を載せた船が数多く来航し、参拝者などを相手にした出店や飲食店が多数設けられていたことがうかがえる。領民にとっては数少ない遊興の場であり、飲酒等の勢いに任せ、喧嘩や死人が出ることもあった。

なお、「作法日記」は、「お下りの儀式や祭礼の次第も決まっており、それらの詳細については、由原宮の宮師と大宮司がよくよく書き留めている。由原宮の大神宝会の行事についても、同じく古い記録がある」と記している。

由原宮放生会と大友氏　由原宮の起こりは、同宮の記録によると、次のようである。天長四年（八二七）延暦寺の金亀和尚《こんきおしょう》が宇佐宮に参詣し、同宮で籠って修行していたところ、同七年三月三日の寅の刻（午前四時）に八幡神が現れ、豊後へ垂迹《すいじゃく》することを告げる。同年七月七日、その験《みしるし》として八幡神の衣である八足の白幡《しらはた》が宇佐宮より現在の柞原八幡宮の地に飛来した。この出来事を和尚が朝廷に奏上すると、右大臣清原夏野《きよはらのなつの》が、天皇の命を受け、豊後国司大江宇久《おおえのいえひさ》に命じて承和三年（八三六）社殿を造営させた、というのである。

放生会は、仏教の非殺生思想に基づいて魚鳥類を放って供養する行事で、由原宮の勧請元である宇佐宮において、養老四年（七二〇）の隼人の反乱の平定に力をかした八幡神が殺生の罪を悔いて始められたという。また、一説に、反乱後に蜷《けん》が大発生し、その悪気《あっき》で病気が流行しようとするのを防ぐために始められたともいわれている。宇佐宮の重要な祭りの一つであったこの放生会は、八幡神が各地に勧請されていくとともに、由原宮をはじめ諸国の八幡社でも催されていった。

十二世紀半ば、由原宮が豊後一宮となると、それ以降、放生会をはじめとする祭祀は豊後国の国役として行われ、大神宝が国司の任命のたびに調進された。

大友氏は、鎌倉時代末期に在国司職《ざいこくしき》をはじめとする主要な国衙在庁職《こくがざいちょうしき》を手に入れ、国衙権能を吸収し行使していく中、室町時代の十五世紀半ば以降、国司に替って、豊後一宮由原宮の振興に大きく関わっていくことになる。

戦国時代になると、由原宮の放生会は、「(豊後の)全領内でもっとも著名な豪華な二つの祭典」の一つに数えられ（ルイス・フロイス『日本史』）、また、その人出の多さは府内祇園会とともに領国を代表する祭りとして紹介されるなど（天正十四年（一五八六）「大友宗滴書状写」）、大友氏の庇護の下、領国で一、二の賑わいをみせる祭礼へと発展していった。これに威儀を整えて参拝する大友氏の姿は、その公権力としての威信を広く庶衆に知らしめる大きな効果をもたらしたといえよう。


由原宮社参・速吸日女《はやすいひめ》神社社参・祇園会桟敷入の供奉

「作法日記」には、由原宮放生会社参・祇園宮社参以外に、由原本宮や佐賀関（大分市）の速吸日女神社への社参、ならびに祇園会桟敷入における供廻りについても記されている。

由原本宮への社参では、神前に、御幣《ごへい》（幣帛《へいはく》の一種で、白・金・銀、または五色の紙を段々に切り、竹や木の幣串《へいぐし》に挟んだもの）以下の供物を奉納。その後、昆布を肴に御酒が出され、この座には宮師と大宮司が陪席《ばいせき》し、給仕役を若い近辺余儀無衆が務めた。この時に当主に供奉する走衆十二人は高田衆と戸次衆の中から選び、また小人が五人、騎馬衆が烏帽子・素襖姿で馬上に弓を持って従った。御幣を持って当主に随従する御幣役を、前代は近辺余儀無衆へ申し付けていたが、その役を務めるために精進し身を清めなければならないなどたいへんであることから、近年は大宮司がこの役を務めるようになった。

速吸日女神社への社参も由原宮の社参と同じ供廻りで、御幣役については先祖代々、同社の神領代官を務めた上野兵部少輔が担当していた。

また、祇園会における桟敷入の面々は、給仕をする者たちも含めて皆が烏帽子・素襖を着し、中でも桟敷入りができる騎馬の供衆は五騎か三騎で、その装いはことのほか立派であった。

室町将軍家では、八代将軍足利義政の頃から、社参や御成などの出行・外出の際に、御供衆・御走衆・御小者らが決まって供奉するようになり、大友家の出行や外出における御供の構成もこれにならったものと思われる。

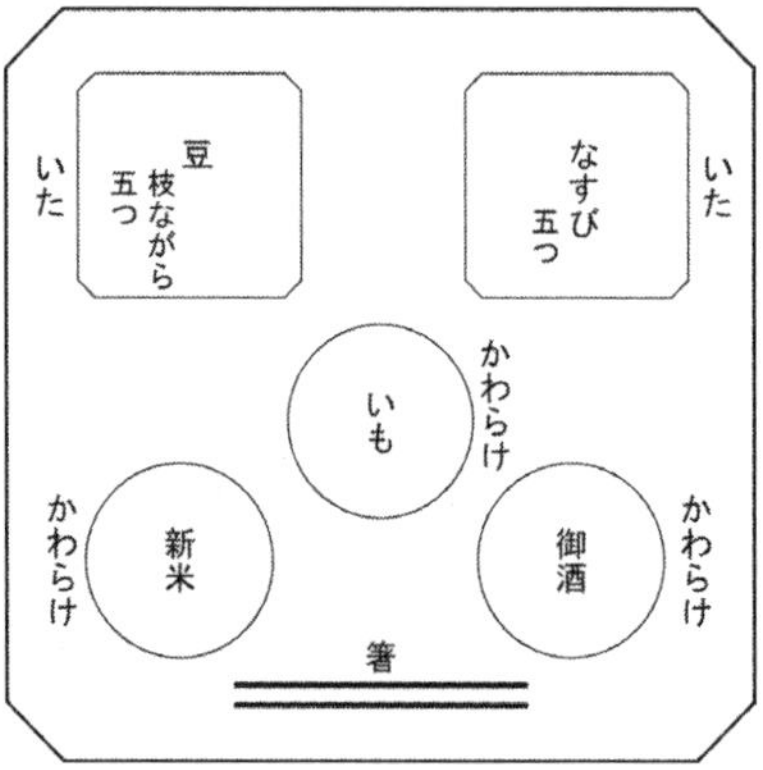

図44　名月祝での月への供膳

八月十五日　名月祝

大友家では、この日の夜、中秋の名月を祝う。まず、御月へ、美しく飾り立てた四方膳《しほう》（図44）を供える。四方は、天皇や関白・将軍などの最も高い身分が使うもので、月も同様に扱われた。膳の「いた」とは、角折敷《かくおしき》の中角（五寸四方）、または小角（三寸四方）のこと。また「豆」とは、成熟する前の青大豆（枝豆）。「いも」とは、この当時、サツマイモやジャガイモはなく、里芋のことである。今年新たに収穫した新米（早稲米）が茶碗鉢形のかわらけに入れられ、御酒はにごり酒であった。一方、当主の前には、足付折敷《あしつきおしき》の膳が出され（図45）、これで御月を祝った。なお、九月の十三夜祝も同様であった。

旧暦八月十五日夜の月を観賞し、これを祝う行事は、中国唐時代（八世紀）に始まったとされる。日本では、平安時代の九世紀半ばから、詩歌や管弦を楽しみながら酒を酌み交わす月（月見）の宴が行われるようになった。さらに室町時代になると、御酒・里芋・団子や、この時期に収穫される野菜・果物などを名月に供えるようになった。この名月を祝う行事のほかに、十三夜と呼び、旧暦九月十三日夜にも名月を祝う風習があり、日本では、どちらか一方だけ行うことを「片見月」として忌み、十五夜を祝えば、必ず十三夜も祝った。

　室町将軍家でも八月十五日と九月十三日の両日、「名月御祝」が奥向きにおいて行われており、枝大豆・柿・栗・瓜・茄《なす》が供えられている（「年中恒例記」）。大友家での名月祝の行事は、室町時代に一般化した風習やこうした将軍家の例にならって行われたものであろう。

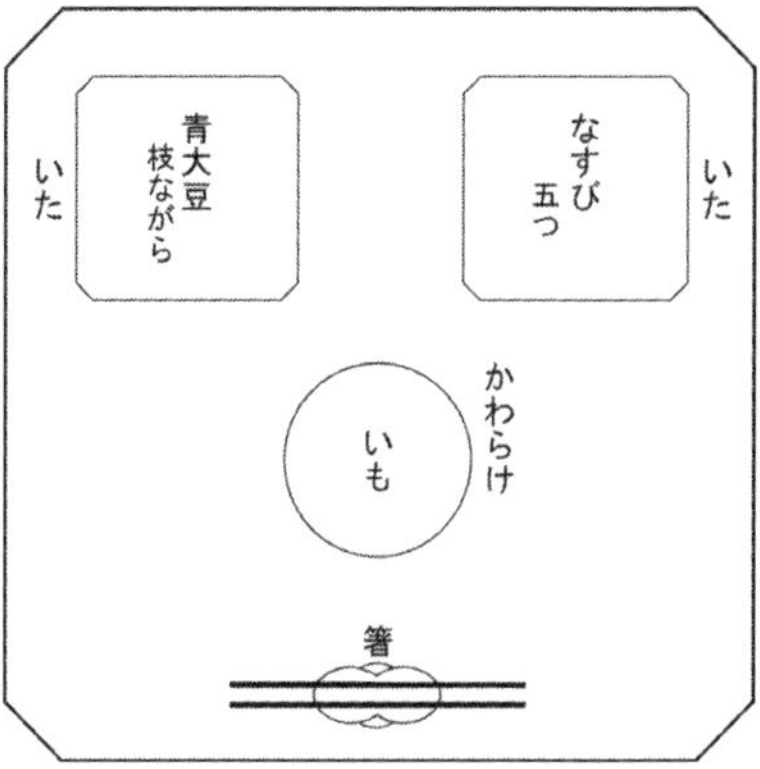

図45　名月祝での当主への膳

九月九日　重陽《ちょうよう》の節句

朝廷行事から武家行事へ　重陽の節句にあたるこの日、大友家では赤飯と菊酒が出され、藍染めの小袖を着るとされていた。重陽の節句は五節句の一つで、菊の節句とも呼ばれている。陰陽《おんよう》思想で奇数は陽の数とされ、九月九日はその極みである「九」が重なることから重陽と呼ばれる。大友家におけるこの行事の意味を考えるため、朝廷及び室町将軍家における行事の詳細を紹介しよう。
　朝廷では、平安時代前期に九日節会《ここのかせちえ》と呼ばれる宴が恒例となり、中国で菊は不老長寿の効力を持つとされていたことから、この宴で菊の花を浸した菊酒を飲み交わすようになった。また、菊の綿・菊の被綿《きせわた》といい、節句の前日に真綿《まわた》（生糸《きいと》にならない屑繭《くずまゆ》の綿）を菊の花に覆いかぶせて霜よけとし、花の香りと夜露を移し、重陽の節句にその綿で顔や体をぬぐうと寿命が延びるとされた。

その後、重陽の節句は室町将軍家の年中行事ともなり、武家社会へ広がっていった。ここで、「年中定例記」「年中恒例記」「伊勢貞助雑記《いせさだすけざっき》」により室町将軍家における重陽の節句の様子をみていくことにする。

節句当日、将軍は御対面所で管領をはじめとする在京の直臣たちと対面するが、前日の夕方にその「前の庭」に菊を植え、夜になって、五色に染めた綿を菊に被《き》せる。綿を染め、菊に被せるのは中﨟《ちゅうろう》（奥向に仕える中位の「女中衆」）の役であった。そして、この菊は十二月まで植えられていた。

節句祝では、将軍と管領や在京の直臣たち、公家衆らが対面し儀式をするが、この時、菊酒が出された。菊酒は銚子の御酒に菊の花が入れられたもので、菊の花は儀式の事前に内々にて入れられたところで、当日、将軍の朝食には粥、焼き栗九つ、一寸（約三cm）四方の昆布九切れと「いも酒」が供され、以後百日間同じメニューが続けられる。いも酒はすった山芋を混ぜた酒で、精力増強に効果があるとされていた。晩秋から冬にかけての体力増進のためであろう。また、この日から小袖（絹地の綿入れ）に衣替をしている。

大友家の祝　さて、大友家での重陽の節句は、「赤飯と菊酒が出され、藍の小袖を着る」と記されているのみで、詳細はわからない。そのため、室町将軍家の節句と比較しながら、大友家での節句について検討していこう。

まず、この節句で重要な意味を持つ「菊の被綿」のことが記されていない。この点は次の十月亥の子祝と関連するので、そこで触れることとする。次に、管領や在京の直臣らが将軍邸に出仕して儀式を行っているものの、大友家ではその記述がない。先述したが、大友家でも、上巳の節句や端午の節句では、宿老と対面し御酒を授けている。にもかかわらず、重陽の節句で家臣と対面するとの記述がないことからすれば、大友家での重陽の節句は家臣が参加しない、内々の祝であったと考えられる。

将軍家の記録にはみえず、大友家で確認できるのが赤飯である。室町将軍の弓馬《きゅうば》師範で、武家故実家でもあった小笠原政清《まさきよ》が著した「食物服用之巻」に「九月九日は赤飯である。（中略）手で食べ、箸で食べてはならない。かい敷は南天が本式である」とある。小笠原政清は、十九代大友義長《よしなが》の求めに応じ豊後国へ下向し、弓馬故実を伝授した小笠原元宗《もとむね》の伯父にあたる。また、元宗の息子・光清《みつきよ》も数々の弓馬故実を大友家に伝授し、豊後へ在国するにいたっている。したがって、重陽の節句に赤飯を供することは、小笠原元宗、または光清から伝授されたものであろう。

最後に、藍の小袖について。将軍家と同様に、大友家でも重陽の節句から小袖に衣替をしている。藍の小袖は「誰でも着るもので、九月九日には特に着る。女房衆も同様」であった（「天正年中御対面記」）。武家であれば誰もが絹地とは限らないであろうが、武家社会で一般的な習慣であったことがわかる。

以上をまとめると、大友家における重陽の節句は、室町将軍家を規範としながらも、小笠原流の武家故実を伝授され、確立したといえる。その時期は、先述したように、大友義長代の十六世紀初頭と思われる。

◆十月　亥《い》の子《こ》の祝・笠和郷椀飯調進

亥の子の祝　大友家では、十月最初の亥の日（上亥《じょうい》）に亥の子の祝を行っていた。亥の子は玄猪《げんちょ》・厳重《げんちょう》・御まいり切《きり》などともいい、陰暦十月の亥の日に新穀でついた餅を食べて祝う。この日に餅を食べると万病を除き、猪《いのしし》（中国では豚）の多産にあやかり、子孫繁栄を願うともいわれる。古代中国の俗信によるもので、日本の朝廷では、平安時代初期から行われ、武家の年中行事になるのは室町時代からといわれている。大友家における祝の様子を述べる前に、その規範となる室町将軍家での祝を各種年中行事記録から紹介しよう。

将軍家の内々の儀式　将軍家の御祝は、内々での御祝と管領《かんれい》以下在京の直臣や公家などに亥の子餅を下賜《かし》する儀式に分かれていた。まず、内々の御祝は将軍が日常使用する常御所《つねのごしょ》で行われた。将軍が着座すると、一番初めに通常の祝に出される三《み》つ盃《さかずき》（式三献の略儀）が据えられる。次に、紙に包んだ黒・赤・白三色の亥の子餅を色ごとに角折敷に積み、これをそれぞれ三つの四方《しほう》の上に据えて、並べて出される。その後、同様に四方に据えた黄と青の亥の子餅が並べて出された。

この時、それぞれの角折敷には忍《しのぶ》（シダ類）と菊を搔敷《かいしき》にして、その上に亥の子餅を十七、八から二十ばかりほど積み、菊と忍を美しく飾り付ける。そして、亥の子餅の包み紙には、上亥は菊、中亥は紅葉《もみじ》、下亥はイチョウの葉とそれぞれ忍の絵が描かれていた。

続いて、「つくつく」（臼）を据えた四方が出される。この「つくつく」の上には、黒・黄・赤・青・白五色の粉が置かれていた。これに箸を据えるように二本の「中細《なかぼそ》」（杵）を将軍の前に置いた。「つくつく」と「中細」は、金箔、銀箔で雲がたなびくようにいろどられ、餅の包み紙と同様に、亥の日によってそれぞれ菊・紅葉・イチョウの葉と忍が描かれた。

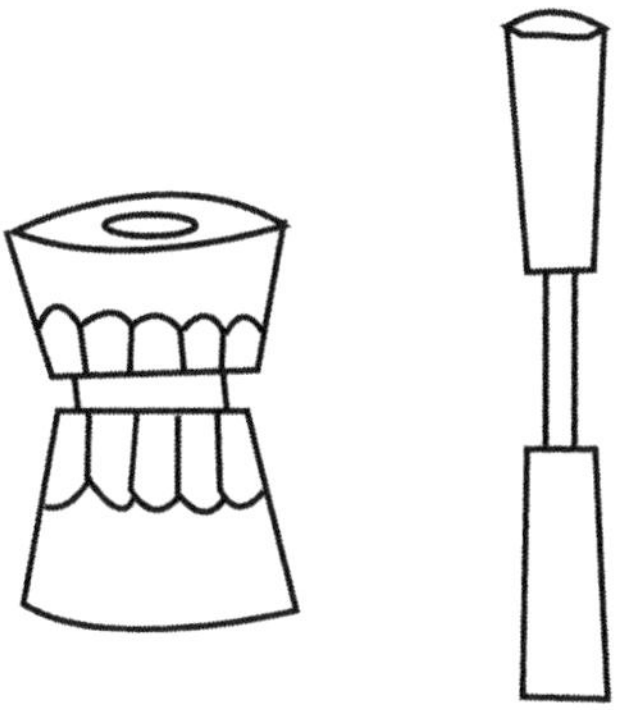

図46　「つくつく」と「中細」
（『貞丈雑記』より）

なお、「つくつく」と「中細」は禁中《きんちゅう》女房《にょうぼう》詞《ことば》である。『貞丈雑記』によると、禁裏で用いられた「つくつく」は高さ五寸七分（約一七・三cm）、直径五寸一分（約一五・五cm）。「中細」は長さ九寸八分（約二九・七cm）、木口《こぐち》一寸（切口、約三cm）とある（図46）。将軍家でもほぼ同じと思われ、この大きさでは餅をつくのは儀式として形式的であったと思われる。

餅をつく様子はわからないが、将軍家が規範とした朝廷での御祝では、「天皇がまず亥の方（北北西）に向かって餅をつかれ、ついで親王、女中も上﨟《じょうろう》から順次御前に進んで数度」ついた(『中世武家の作法』)。将軍家でも同様に、将軍と嫡子、「女中衆」が餅をついたのであろう。

餅つきが終わると、銚子が出され、三つ盃で、「女中衆」だけが御酒をいただく。その後、亥の子餅を将軍手ずから儀式に出仕した皆に下賜した。

最後に、熨斗《のし》鮑《あわび》が四方に据えられて御前に出され、銚子も出される。そして、将軍が御酒を飲み、儀式は終了となった。

将軍家の表の儀式　次に大名などへ亥の子餅を下賜する儀式の様子を紹介しよう。亥の日の夜、表にて御祝の儀式が行われる。まず、御対面所に将軍が出座すると、天皇から下賜された御厳重を伝奏《でんそう》(天皇の取次役の公家)が持参し、将軍へ渡す。将軍はこれを受け取り、すぐにいただく。

これが終わると、大名などが御対面し、亥の子餅の下賜が始められる。御対面では、まず三職《さんしき》の細川・斯波《しば》・畠山三氏をはじめ御相伴衆《おしょうばんしゅう》が同時に対面する。その後、亥の子餅を据えた二つの膳が御前に出され、三職・御相伴衆は順々に亥の子餅を頂戴して退出する。

続いて、国持と準国持の大名衆、外様衆、御供衆・御部屋衆・中次・番頭たち、節朔《せっさく》衆、医師の順に参上する。最後に、将軍と親密な特定の公家が官位に従い参上する。御前に据えられた亥の子餅は外様衆以外は全て将軍が手ずから下賜された。賜った餅は、将軍の前ですぐに食べるのがよいとも、食べずに懐中に入れて持ち帰る方がよいともいわれ、定まった作法はなかったようである。この他、在京の大名や奉公衆の被官たちにも亥の子餅が下賜されるが、一括して各代表者に渡された。

将軍から下賜される亥の子餅は紙で包まれており、その包紙は三種類あった。まず一種は、引合《ひきあわせ》紙（薄い墨色の上質紙）に、上亥・中亥・下亥ともに内々の儀式の包み紙同様の絵が描かれた。その包み方には口伝《くでん》があるとされた。そして、これを給人の名前が書かれた白い引合紙で上包みした。

二種目の包み紙は薄く糊を塗った紙の上に金銀の箔を蒔《ま》き落とした切箔紙で、絵は描かれていない。餅の包み方は一種目と同じであった。三種目は白紙の包み紙で、絵も描かれず、切箔もなく、上包みもしない。上包みがないので、名前も書かれていない。これら三種とも角折敷に、上亥、中亥、下亥の絵と同種の花や葉を敷いて、その上に紙で包んだ亥の子餅を積むのである。

亥の子餅は「碁石ほどの大きさに丸くし、押して薄く平ら」にしたもので（『貞丈雑記』）、大きさは一寸（約三㎝）ほどであった。まさに、小餅で、「子持ち」に掛けて、亥の子祝の主旨である子孫繁栄を願ったものであろう。

これまで述べてきたのは在京している者たちへの下賜の作法である。在国の守護や参上できない国持大名たちは下賜を申請し、各家の雑掌《ざっしょう》（この場合、各家の雑務を担当している者）へ預け下賜された。この時、格の高い者へは、下絵が描かれた包み紙に亥の子餅を包み、杉原紙で上包みして、中﨟《ちゅうろう》から渡される。一般的な者たちへは、切箔の包み紙で、引合紙で上包みし、「女中衆」から渡された。

大友家の亥の子祝　それでは、「作法日記」に記された大友家での亥の子祝をみていこう。

まず、御祝の儀式に使う臼と杵には金箔・銀箔を貼り、鶴亀松竹が描かれていた。この祝は将軍家での内々の儀式にあたり、恐らく常御殿《つねごてん》で、将軍家と同様の儀式を行ったことであろう。また、臼と杵に、将軍家とは異なり、鶴亀松竹のめでたい図柄を描くのは、後述のように、大友家では上亥の祝のみを行うためと思われる。

そして、「まいりきり」(亥の子餅)を宿老をはじめ、みなの者へ当主手ずから拝領させた。また、簾中方からは、引合紙に美しく装飾を施し、三色の亥の子餅を包み、折った杉原紙の間に入れて上包みをして拝領させ、これには菊が添えられた。なお、この包み様を書き表すことは難しいとされている。大友家では、将軍家の表の儀式と同様に、亥の子餅を当主手ずから家臣たちに拝領させる一方で、簾中方からも、それぞれ菊が添えられた亥の子餅が渡されている。これは将軍家とは異なる、大友家での特徴である。

この簾中方からの亥の子餅に添えられた菊には五色の綿帽子がかぶせられており、広く天下に定まった風習であるとされている。しかし、天下に定まった風習であれば、当然、規範となる将軍家でも行われていたはずであるが、前述のように将軍家にはみられない。菊に五色の綿をかぶせるのは、先述した九月九日重陽の節句で行われる「菊の被綿」そのものである。「作法日記」は重陽の節句の菊と亥の子餅の菊を混同して記述していると考えざるを得ない。「作法日記」の重陽の節句条には「菊の被綿」の記述はないが、大友家でも重陽の節句において必須ともいえる「菊の被綿」をしていたと考えられる。

「作法日記」には亥の子餅の大きさの記述はないが、『大友興廃記』に「三寸（約九㎝）廻り程の餅」とある。「廻り」＝円周三寸なので、直径一寸であった将軍家の餅とほぼ同じ大きさであった。

将軍家では、亥の子の祝は上亥・中亥・下亥の三回行っていた。山口の大内家も同様で、「作法日記」は、「大内家では上亥は菊、中亥は紅葉、下亥はイチョウの葉を用いていた」とする一方で、「大友家は菊を用いる上亥のみである」と記している。大友家でなぜ上亥の一回しか行っていなかったのか理由はわからない。

また、大友家では昔より雑掌の宝勝院《ほうしょういん》を通じて将軍家からの「御なりきり」（亥の子餅）を拝領していた。前述のように、将軍家では在国の守護などに亥の子餅を各家の雑掌に預け、下賜していた。大友家でもこの作法に従い、毎年拝領していたのである。雑掌の宝勝院とは、京都五山の一つ、東福《とうふく》寺《じ》の塔頭《たっちゅう》である。

なお、大友家へ下賜される亥の子餅は、永禄六年（一五六三）に大友宗麟が名目的とはいえ、将軍家の御相伴衆に任じられて以降、格の高い者へ下賜される、亥の子餅を下絵が描かれた紙で包み、杉原紙で上包みした形態になったと思われる。

笠和郷椀飯調進　十月上亥の日、笠和郷から椀飯が調進された。まず、茶碗鉢に入った熱い餅が大友当主へ出される。室町将軍家でも、十月亥の日、朝廷と同様に、丹波国野瀬《たんばのくにのせ》（兵庫県丹波市）から餅が進上されていた。ただし、朝廷へは野瀬の里が進上し、将軍家へは野瀬を領する石清水八幡宮の善法寺《ぜんぽうじ》が餅三十合を進上している（『中世武家の作法』）。大友家でもこれにならい、笠和郷から餅を進上させたものであろうか。

この椀飯には赤飯があり、進上されてすぐに当主へ出された。赤飯は縁《ふち》の高さが六寸（約一八㎝）程の供饗《くぎょう》に盛って出され、箸が添えられた。この場合、箸で食べてはならず、箸ですくって左手に入れて、右手の指で食べるのが作法であった。赤飯に合わせて雉の汁が出され、これには組み合わせの肴があった。

朝廷では、進上された餅を朝食に食べているので、将軍家も同様であろうし、大友家でも、この椀飯の餅は朝食に、赤飯と肴は夕食に食べたものと考えられる。

◆十二月十三日　評定納

この日は評定納であった。この日を過ぎれば、当主への表向きの報告や上申はしなかった。しかし、これは無益なことであるとして義統代ではこの日以降も、豊後国内とそれ以外の大友氏領国内からの歳暮の披露がなされていた。

◆十二月二十七日　煤払《すすはらい》

年の瀬に家の中に溜まった一年の煤を払い新年を迎える煤払は、現在でも年末のお寺や神社で見られる風景であるが、大友家では十二月二十七日に宿老をはじめ、みなが館に参上して煤払を行った。室町将軍家でも同日に「煤掃《すすはき》」が行われ、一人一つ「柄刺箒の拭布」（煤を払うために柄の先に布を付けたもの）を用いて煤を払った。そして、煤掃では、雑煮が出され酒が振る舞われた（「年中恒例記」）。

また、この日に出仕した者たちは、到来付《とうらいづけ》を提出し、特別に召出《めしいだし》を受けた。召出では、はかた樽に注ぎ口を差して、樽のまま酌をする。このように酒を振る舞うのは、この日までであった。なお、「筆法条々」に、「各々の番衆は到来付を御番奉行へ持参して交替する。一年間の到来付は年末に計算して、無欠勤の者へは当主の感状が与えられ、欠勤の多い者は館に呼び寄せて厳しく叱責する」とある。これから考えれば、「到来付」とは命じられた館での役をどれだけ勤めたかを示す、いわば出勤簿のような文書であった。

大友家では、煤払に合わせ、畳が新調されたようで、近辺余儀無衆の若い者たち五、六人に畳奉行を申し付けた。その畳は大友氏直轄領（図47）の郷荘から納められ、細工所が取り扱う。公文所や奥の番もこのことを知っており、畳の表と縁《へり》などは公文所より出し、畳床の裏に張るあらく織った筵《むしろ》である裏菰《うらこも》、糸などや差し賃は郷荘が負担した。

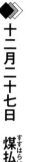

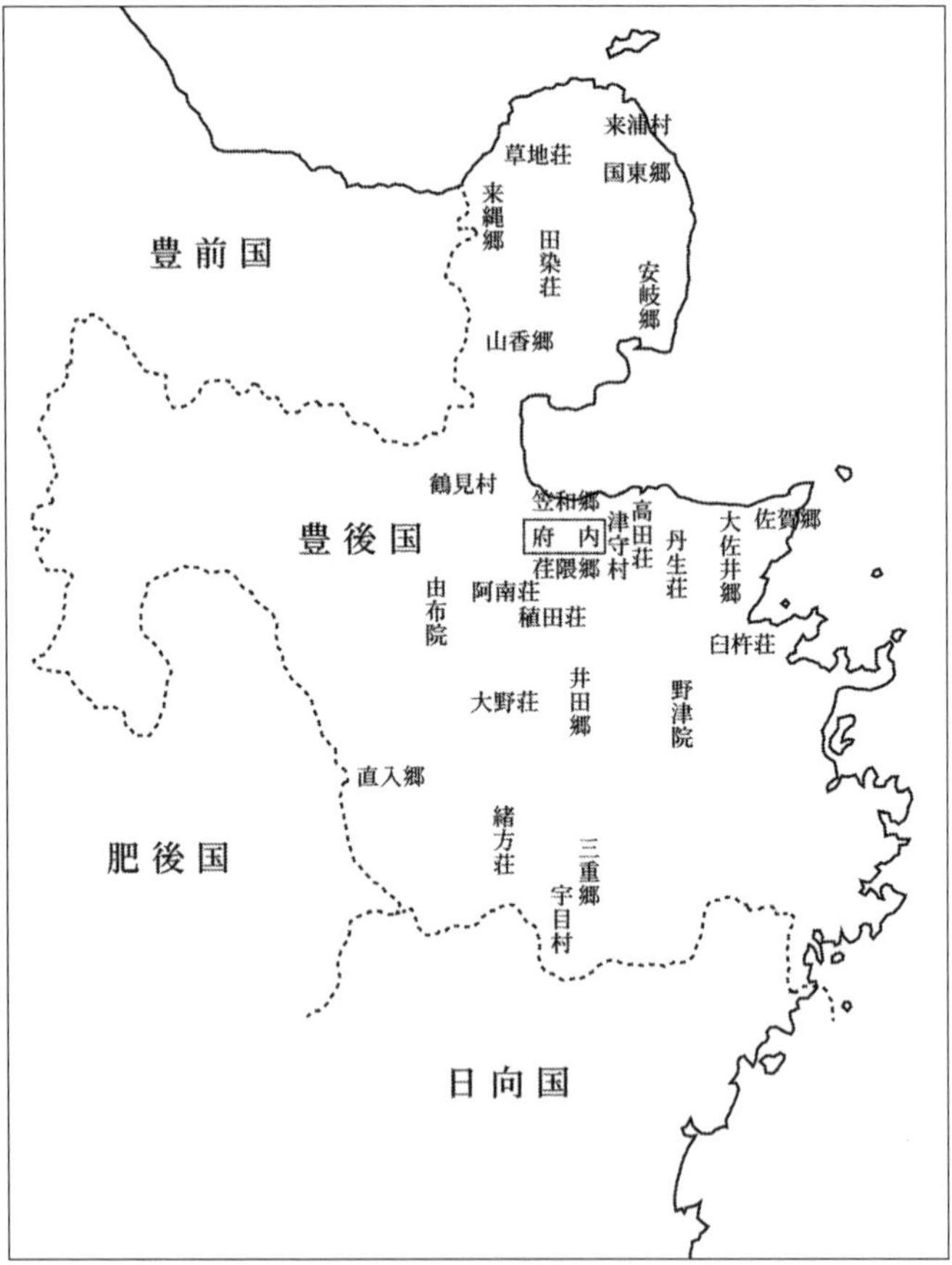

図47　戦国期、豊後国内の主な大友氏直轄領

十二月二十八日　日常道具新調

大友館ではこの日、普段使われる道具を新調する。新調する日常道具には、食器・膳、寝る時に使う敷物と畳のほか、女房衆から雑用担当の女性までが使う茣蓙《ござ》・盥《たらい》・提子《ひさげ》・若水桶《わかみずおけ》（立春の早朝に汲む若水を入れる手桶）・合器《ごき》（碗）・供饗《くぎょう》・はんつい・平折敷《ひらおしき》などがあり、これらを細工所が調えた。細工所は、調度品や小道具類に関わる部署であり、これらを制作する職人衆を管轄した。なお、正月用の小袖は八月八日の秋給と同じく公文所が準備した。

年末勘定・年中諸事

年末勘定　十二月末に御台番衆が中間衆の一年間の館への出仕日数を数えて奉公の深浅を判断し、大友当主から中間衆に対して「扶持銭《ふちせん》」が与えられた。館へ規定通りに勤めた者へは銭三百疋を遣わし、そうでない者へも、それぞれの勤務状況にしたがって扶持銭が与えられた。さらに、各地からの進物を記録した目録である折紙が館勤めの家臣に遣わされた。折紙を受け取った者は進上者の所を回り、折紙に記された金品を受け取った。

年中諸事　一方、折紙方が一人申し付けられ、料紙や蠟燭などを調え、その他、館の造作や屋根の修理なども行った。年間を通し灯明に使う油に関しては、公文所から山崎へ費用を渡し置いて、必要に応じて納めさせた。また、進上された馬代《うましろ》については、厩別当が受け取った。馬代とは本物の馬の代わりに贈る金銭のことである。厩別当は、大友当主の馬を扱う御厩衆の統括者であり、馬具一式や他方へ遣わす馬代も調えた。

ところで、小人衆には、館に出勤した日、朝・夕に出された当主の御膳の残りを食べさせた。侍衆へも知行を持たない無足の時は、当主の御膳の残りを与えることもあった。その様子を贄殿衆が見ており、これは一角《ひとかど》の人物になると判断すれば当主へ報告し、宿老や聞次、その他色々な役職を申し付けることもあった。台所で無足の侍の性格や能力を見極めることが多々あったのである。「作法日記」は、その昔、小原右並、臼杵長景なども、贄殿で御膳の残りを与えられた身であったが、後に国務を取り扱ったと記している。実際、小原右並と臼杵長景は、大友義鑑代に宿老として登用され活躍した。

以上、これらのことは当大友家における年中規式であり、近代の作法である。後代のためにここに書き記す。

文禄四年乙未十月吉日　宗巌《そうげん》（花押）

「作法日記」は左記の記述と「宗巌」（大友義統）の署名と花押で結ばれている。その文言には、父祖伝来の領国豊後を失い、遠く常陸《ひたち》国水戸に移された大友義統が大友家の盛時を偲びつつ、その復興を期す強い意志が込められている。

第二部

遺跡からみる戦国末の大友館

——その発掘から復元まで

◆大友館の変遷

大友館各時期の規模　大友館が十六世紀後期の姿を描く「戦国府内絵図」の中の位置に置かれるのは、これまでの発掘調査成果によると十四世紀末頃であり、十代大友親世《ちかよ》の時期に相当する。その契機は、十四世紀を通じて大友氏が国衙在庁職を掌握し、さらに南朝方の勢力衰退に伴い、防御性を考慮した立地にあった高国府《たかごう》（大分市・上野台地）から、物資の集積と流通の優位性を重視した陸上・水上交通の要衝である大分川下流域の平地へ移転を図ったことによる。

平成十年（一九九八）から本格化した館跡の発掘調査の結果は、十四世紀末頃から天正十四年（一五八六）の島津氏侵攻による廃絶までほぼ同一の場所において、外郭の範囲や規模、建物構造などを変えながら豊後国の守護館として機能していたことを示している（図1　参照）。この間、主に館外郭の位置と範囲、建物軸の方位、基準となる柱の間隔の変化により5段階の変遷が認められる。

1期は十四世紀末から十五世紀前期にあたる。館は南北一町、東西半町の規模が想定される。建物遺構をはじめとする1期の建物軸は真南北方向であり、柱の間隔は七尺（約二・一二m）である。東外郭と推定される位置に門の遺構が確認されている。

2期は十五世紀前期から十五世紀中期に相当する。1期と同じく南北一町、東西半町の規模と考えられる。しかしこの時期の建物軸は北から東へ四度振る点が大きな特徴である。これ以降、戦国時代

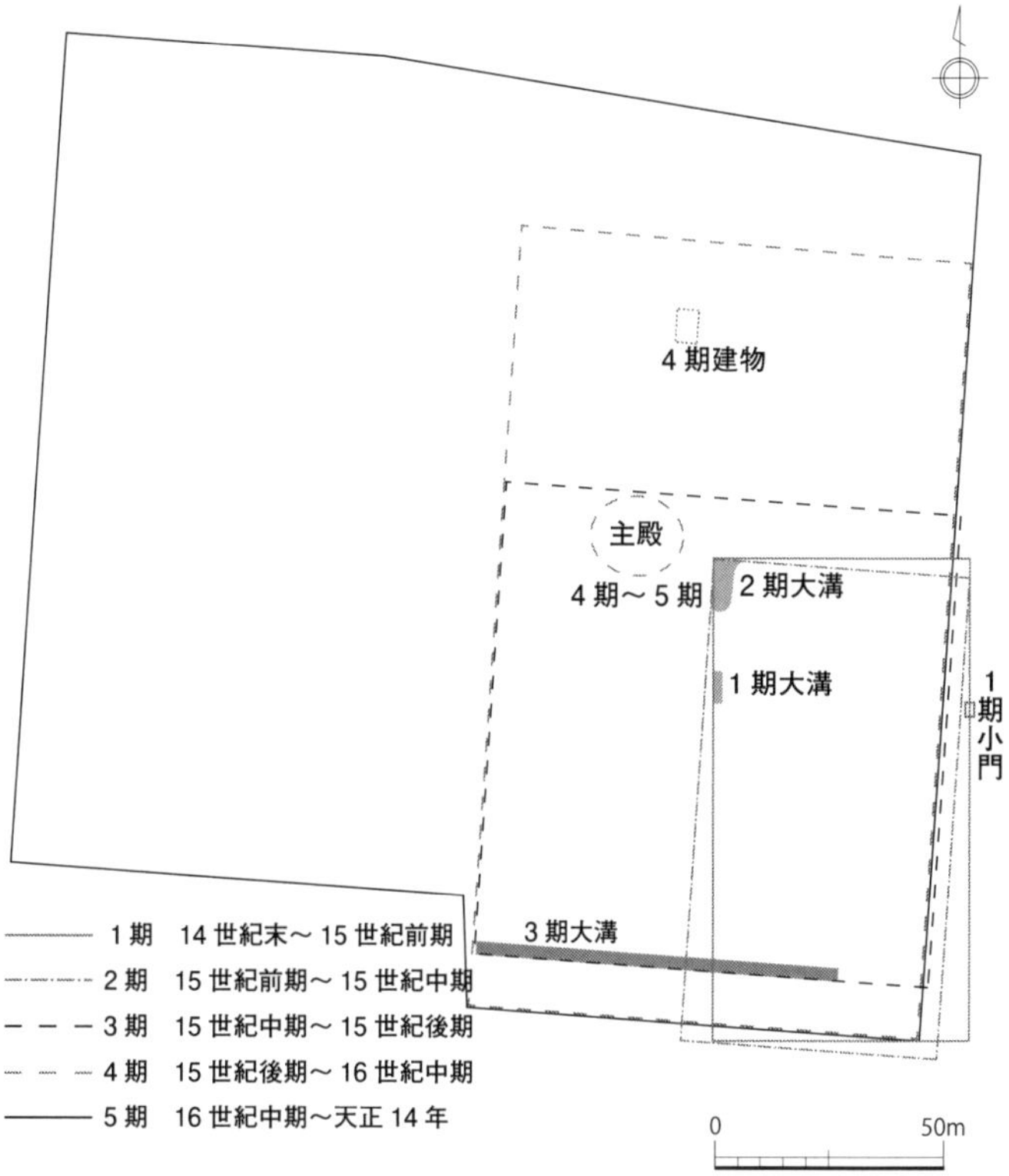
4 期建物
主殿
4 期～ 5 期
2 期大溝
1 期大溝
1 期小門
3 期大溝
1 期　14 世紀末～ 15 世紀前期
2 期　15 世紀前期～ 15 世紀中期
3 期　15 世紀中期～ 15 世紀後期
4 期　15 世紀後期～ 16 世紀中期
5 期　16 世紀中期～天正 14 年
0
50m

図１　館外郭変遷概念図

末期の5期までこの方位軸が踏襲される。柱の間隔は1期と同じく七尺である。

3期は十五世紀中期から十五世紀後期である。この時期の館の規模は南北一町、東西一町の正方形に近い方形の館となる。この時期の建物の大きな特徴は柱の間隔が六尺五寸（約一・九七m）となる点であり、これ以降、館建物の柱の間隔は六尺五寸が基準となる。

4期は十五世紀後期から十六世紀中期である。この時期には、館全体の規模・形状にそれまでと大きく異なる変化が認められる。すなわち北方向への拡張である。東西は一町規模のままだが、南北の長さが約一七〇mとなる。この変化に伴い、館の広範囲に整地を施し、中でも主殿と考えられる中心の建物は中央西寄りに位置している。ではなぜ西寄りに主殿を移したのであろうか。まず主殿などの重要な建物は大友館の立地が河川下流域のため洪水などに対応する必要があった。そして自然地形の高い場所を地ならしして土台とした上に地面を掘り込み、その中に土を入れ築き固め、高まりを築いたと考えられる。つまり、館敷地の大規模な拡張に伴い1期から3期とは全く異なる場所に中心となる建物を移しているのである。主殿はこれ以降、最終段階である5期まで同じ場所に置かれていたことが判明している。また、館内の南辺近くには、この時期から巨石を使用した景石を伴う庭園が造営される点も特筆される。この4期の館の西隣には、天文九年（一五四〇）頃に建造された二十代義鑑の嫡子塩法師（後の義鎮）が元服後に住むための堀に囲まれた内側南北九〇m、東西六五mの「乾《いぬい》屋敷」が配置された。さらに、この南側には、盛土整地を伴う屋敷が造営されている。

5期は十六世紀中期から館の終焉である天正十四年（一五八六）に相当する。最も顕著な変化は館規模が南北二町、東西二町となる点である。発掘調査では、最終段階の庭園跡が館の東半分の南部で発見され、東西六七m、南北三〇mの池を伴う広大な庭園であったことが明らかになっている。館中央部には4期に造られた掘り込み整地を伴う高まりが引き続き維持される。この上部に十六世紀前期以降、大型の礎石建物の存在が推定される。また、館の東側（正面）には築地が築かれ、北辺・西辺・南辺の西側には、新旧二時期の大溝に伴う外郭施設が造られる。旧の外郭施設が造られた時、館が方二町になったと考えられる。

この館は、当時の河口から約一km上流、東側の川までは約四〇〇mの位置に造られ、沖積地上に位置する。この大分川の下流域に形成された、自然堤防の微高地を利用した館である。満潮の時は、潮が入る汽水域である。特に高潮と洪水が重なると、館内の大半が浸水する問題を抱えている。したがって、排水対策が重要な課題であった。また沖積地という立地上、軟弱地盤であるため、礎石建物を建てるには対策が必要な場所でもあった。

方二町への館拡大時期　館の方二町の拡大は、出土する土器《かわらけ》の年代から、一五五〇年代から一五七〇年代初頭に行われたと判断され、大友氏二十一代義鎮《よししげ》（以後、宗麟とする）から二十二代義統《よしむね》初期の治世にあたる。では具体的には何時頃に相当するのだろうか。宗麟の政治的な出来事の画期からその時期を探ってみよう。

宗麟は永禄二年（一五五九）六月に豊前・筑前の守護職を獲得し、豊後・筑後・肥前・肥後に加え、ついに六か国守護となる。同年には九州探題に補任されるとともに、大内家の家督をも一任される。翌永禄三年には、将軍足利義輝から桐紋の使用を認められ、さらに左衛門督《さえもんのかみ》に補任、従四位下に任命される。左衛門督は従来、管領の畠山氏が補任されるのが慣例だった官職であり、大友家が代々賜っていた修理《しゅり》大夫の官職を超えるまさに破格の処遇であった。このことは、永禄三年三月十六日の足利義輝御内書の将軍重臣の添状にこの内容が記されている。このような武家に対する官職・官位の補任は将軍を通して朝廷が出している。将軍を通さなければ官職・官位はもらえない。このルールにより将軍の権威を維持していたのである。その見返りは多額の献金であった。特に大きいものでは、義輝の御殿の造営料の拠出がある。その経緯はどうあれ、歴代の大友家の中でも突出した最高位の官職となったことには違いなく、館の方二町への拡張の契機はこの絶頂期をおいてほかにはないのではあるまいか。

それでは天正初期（一五七三〜七五）頃の大友館の復元案を提示し、具体的にみていくことにする。

◆築地《ついじ》・土囲《どい》廻塀《まわりべい》と門

概要　発掘調査で判明した館の規模は東西約二一五m、南北約二〇〇mで、外郭の方位軸は、大きくみると館内の建物軸と同じで一部を除いて北から東へ四度振れるのを基本としている。しかし、北外郭の東側は真東西から南へ九度振れる。これは館が拡張された4期（図1　参照）に、すでに館の北東にある称名寺南側を通る東西道路の延長線上にあたる。したがって、この道路による規制を受けたためである。もう一辺は、南外郭のほぼ中央を南北に貫く堀が北から西へ二度振れている。これは、堀の北東側にある重要な建物を避けるための造りにしたのであろう。外郭の形状は、大観すると正方形に近い形状を示すが、南外郭東半分（庭園側）がやや南へ張り出している。

外郭の構造は、正面（東外郭）は築地《ついじ》である。一方で、北外郭、西外郭と南外郭西半分は、最終段階においては内と外に大溝を伴い、土居の上に塀が建つ土囲《どい》廻塀《まわりべい》であるが、その前段階は内と外の大溝を伴うが土居のない塀で囲まれる「長囲塀《ながかこいべい》」が想定される。また庭園側の南外郭・西外郭は、築地が想定される。館へ出入する門は正面に大門、小門、上使門の三つが考えられ、そのほかに南外郭（西側）、西外郭、北外郭にもそれぞれ一つずつあると想定される（図2　参照）。

館正面の築地　ではここから大友館の最終段階の外郭構造などを詳細にみていこう。館の正面である東外郭は、天正三年（一五七五）から同六年の間に、二十二代大友義統《よしむね》が発給した税所《さいしょ》氏宛て文書に「東之築地」とあり、築地であったことがわかる。

発掘調査では、築地の基部が、図2の②地点で、幅約三mのL字状に検出されている。図2の③地点では、標高五・五mを境に築地の築き固められた白っぽい版築土の一部とその下部に積土《つみど》（砂混じりの土と粘性のある土を交互についた積土）が検出されている。さらに図2の①地点では、築地の基部

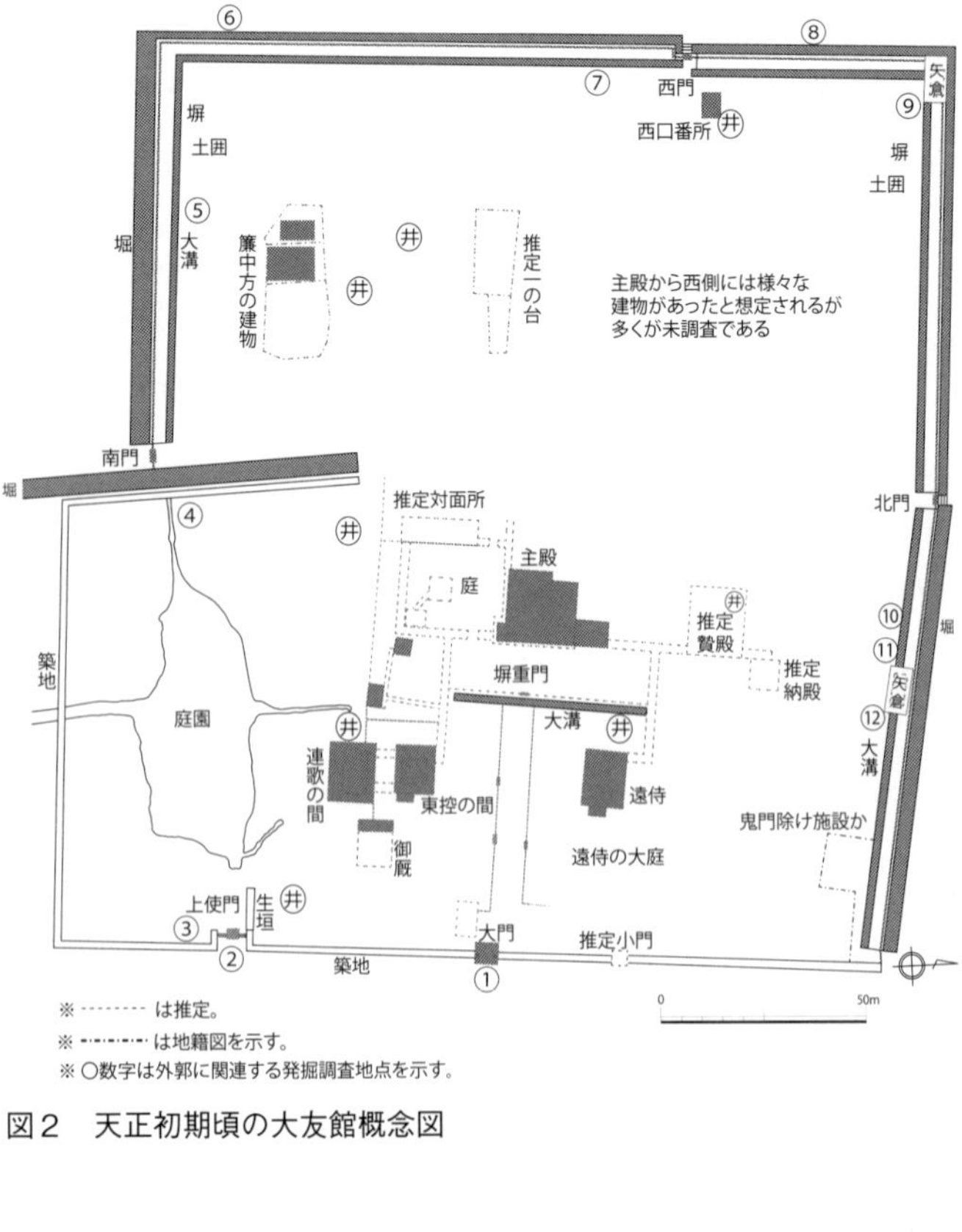

※ -------- は推定。

※ -·-·-·-·- は地籍図を示す。

※ ○数字は外郭に関連する発掘調査地点を示す。

図２　天正初期頃の大友館概念図

が途切れる箇所が検出され、主殿などとの位置関係から「大門」と推定される開口部が検出されている。

「東之築地」の意味を考えると、築地が東外郭だけであれば、「東之」と断る必要はなく、東外郭以外にも築地があることを示しているといえよう。

では東外郭以外の築地はどこに推定できるであろうか。北外郭と西外郭、南外郭の西半分は、発掘調査により、土囲廻塀ということが判明している。したがって、残る南外郭の庭園南側が、築地であると想定される。また庭園の西側については、図2の④地点の発掘調査で池の西端から延びる排水路が西の堀に接続している。この排水路は狭くなっていき、西の堀までの約三mの間は幅約三〇cmとなることが確認されている。排水路は上部が削られ、断面形状は凹形となっている。これは木樋が敷設されていた痕跡と考えられる。土囲廻塀の基底幅は四mを超えることが判明しているため、この庭園西側の外郭構造も築地であった可能性がある。次に東の築地の復元を試みることにする。

図2の①・②・③地点の発掘調査成果及び、現存する古い寺社にある築地の壁面角度や高さなどの簡易計測（表1　参照）、さらに西宮神社（兵庫県西宮市）の練塀修理報告書をもとに作図したものが、図3の東之築地模式断面図である。基底幅は図2の②地点の遺構を参考にし、幅十尺、築地の高さは十二尺（外側）、築地の角度八三度、築地の下部（L＝五・五mより下）の基部は、版築状の積土で、築地の基礎としては構造的に弱いため、両側は切石を積んでいたと考えた。築地本体は、前掲の西宮

表1　築地の簡易計測（単位cm）

寺社名	高さ	屋根軒まで（瓦下の横木下部）	築地幅	傾斜角度
西宮神社 表大門北外側	380	263.5 （69.3％）		82°～83°
南外側	390		下部146	
東寺 北大門東内側	348 （駐車場付近）	274 （78.7％）	下部110	83°
今宮神社 東門の南外側	377	264 （70.0％）	下部143	83° （内外とも）
天龍寺 惣門西外側	367	272 （74.1％）	160下部より約120上	83°
妙心寺 勅使門西の内側	377	257 （68.2％）		83°
南禅寺 勅使門北の内側	346 （勅使門の脇）	236 （68.2％）	128築地下部（礎石除く）より156上	83°
大方丈西の外側	332	240 （72.3％）		83°
河合神社 表門の東外側	295	220 （74.6％）		83°

神社報告書によると、コンクリート標準規格の三・五分の一（約二八・六％）の硬度が認められており、非常に硬いことがわかる。そして基部の積み土も周辺の地ならしの整地よりも約四倍硬いことがわかっている。

また発掘調査において、館廃絶後この築地の近くに、廃棄した瓦を積んだ遺構が出土している。この瓦は出土した位置などから、築地に葺かれていたものと判断される。したがって、築地の屋根は、瓦葺とした。

ところで東の築地とその前面を通る南北街路との間には幅約一〇mの空閑地が認められる。「上杉本・洛中洛外図屏風」の将軍邸や細川管領

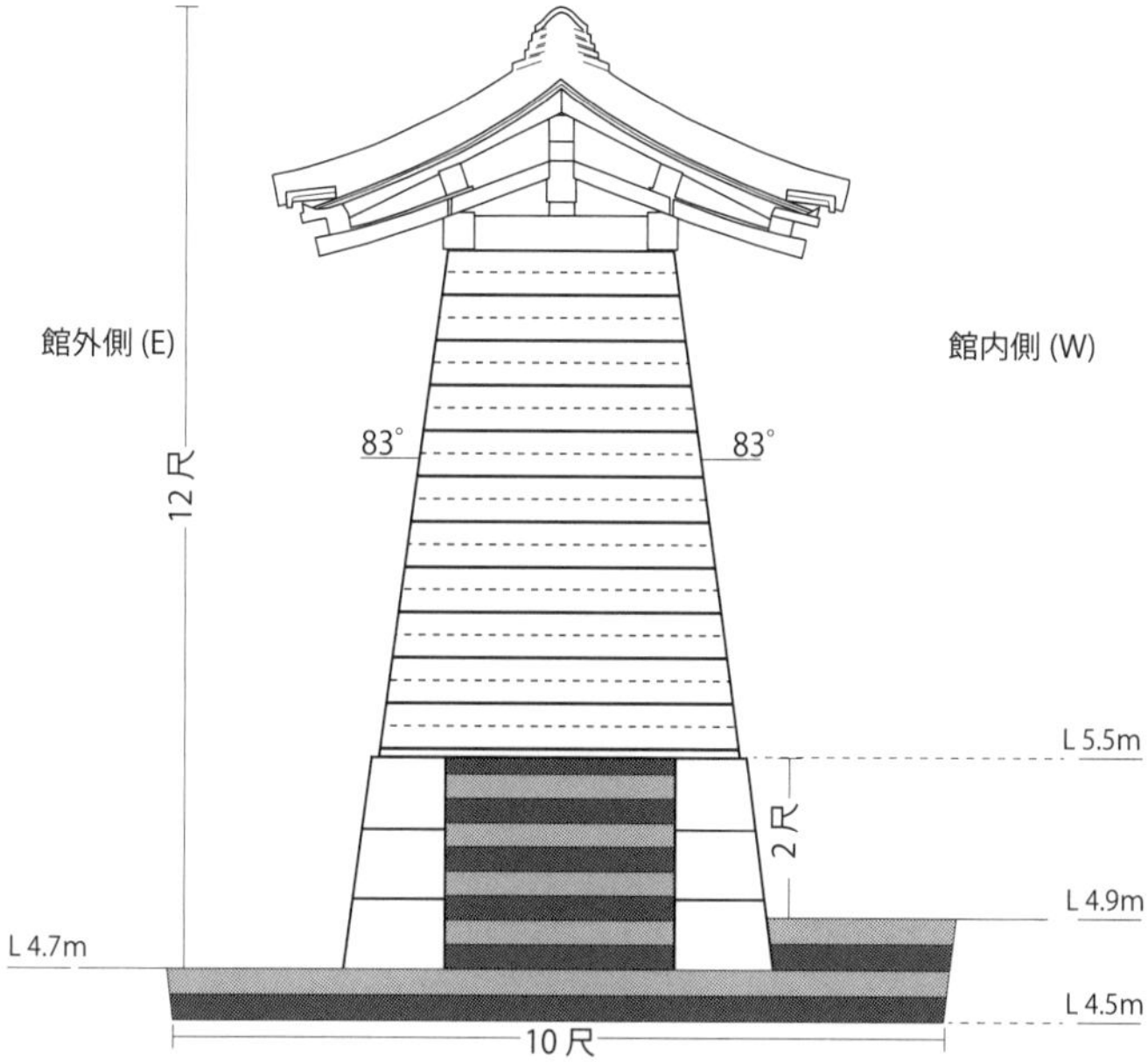

図３　東之築地模式断面図

邸などの門前には、控えの従者や馬が留め置かれている様子が描かれている。大友館のこの空閑地もこうした従者の控えや馬を留め置く場所として造られたのであろう。この空閑地が造られた時期は、判然としないが、少なくとも築地が造られた時に整備されたと考えられる。

大門《だいもん》　東の築地には、発掘成果などから大門・上使門があったことがわかる。

大門は「作法日記」によると（表2参照）、出帰陣する時や、輿に乗って館を出入りする際に通る門である。一方、『大友興廃記』には、「大手門（大門）の内より、志賀・佐伯・田村・臼

表2　「作法日記」にみえる大門の記述

月　日	内　容
正月七日	由原宮の宮師が大友館の大門の前まで塗輿に乗り、参上する。
正月七日	夜、一年の邪気を祓うとされる白馬（あおめ）が大門から館内に引き入れられる。
正月十四日	由原宮から届けられる作物豊穣を予祝すると考えられる花は大門から館に入れられる。
六月十二日	早朝、同月十五日の祇園会で使用される「笠」を披露のため、館の大門の前に持ってこられた。
七月十四・十五日	大友家では先祖供養が行われ、家臣に灯籠を献上させる。その献上された灯籠は十四・十五日の両夜、大門の左右に灯された。

杵四家の外、輿・騎馬に乗ること堅くこれを禁ず」とあり、重臣の中でも輿や馬に乗って大門から館の中に入れるのはこの四氏に限られていた。その四氏の中でも輿に乗れるのは、元室町幕府奉公衆の田村氏のみで、大友氏と室町将軍家との外交交渉の窓口の大役を果たしたことから、永禄三年（一五六〇）に将軍から輿を免許されている。ほかには限られた重臣や賓客、また毛利氏や島津氏などの他国の大名の使者もこの門から出入りしたと考えられる。

大門は図2の①地点の発掘において、築地基部が途切れている開口部がみつかり、後述する主殿と白玉砂利敷の通路との位置関係からこの開口部は大門とした。発掘では門の礎石は残っていなかったが、本柱の礎石を抜き取った痕跡が北側で一基検出されている。これは一辺約九〇㎝の四角形で、もう一方の南側は攪乱により確認できない。しかし北側の礎石痕跡の南側には南北約三m×東西約四mの掘り込んだ整地が確認できることから、南側の礎石位置を推

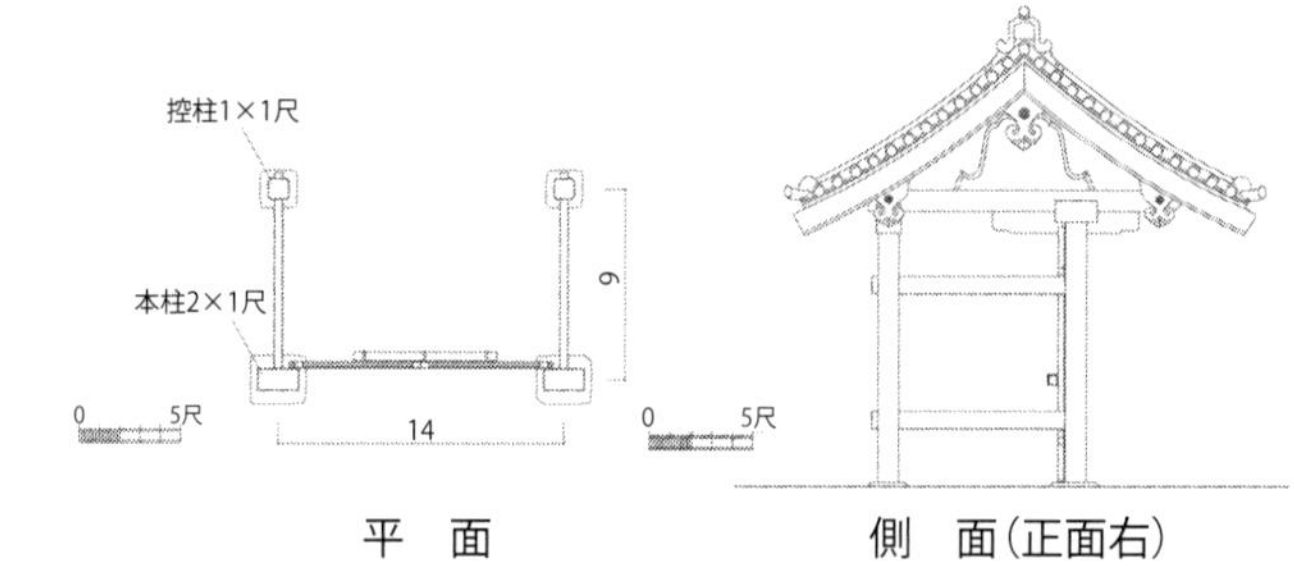

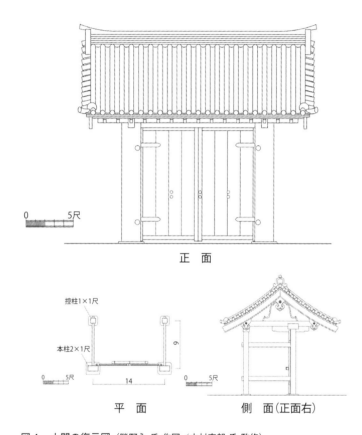

図4　大門の復元図（勝野永 氏 作図／中村泰朗 氏 監修）

定することができた。これらの成果から大門を復元すると、図4のようになる。この当時の館の表門は、二本の本柱の前後にそれぞれ二本の副柱がある四脚門《しきゃくもん》。二本の本柱と後側に控柱があり、屋根は切妻である薬医門《やくいもん》。二本の本柱と屋根は切妻の棟門がある。四脚門は将軍邸の表門に使われる以外、多くの大名の表門は薬医門である。このように、門も身分によって建てられる形式が決まっていた。したがって、大友館の表門（大門）も薬医門とした。

まず本柱の中心幅を復元すると十四尺（約四・二四m）となる。開口部は幅・高さ共に十一尺五寸（約三・四八m）、礎石上面から棟までの高さ二十一・三尺（約六・四五m）となる。また、本柱と屋根も支える控柱は本柱より九尺（約二・七二m）後側に位置する。屋根は前述した築地と同様に瓦葺とした。

小門は大門より北側の遠侍の大庭に面した築地の一部を開口した箇所にあったと推定されるが、未発掘のため確認されていない。この門は大門を利用できない通常一般の家臣などの出入り口として使用されたと考えられる。

上使門《じょうしもん》　大門の中心から約五七m南に築地に伴う掘り込んだ整地が途切れ、庭園側に約六m折れ曲がる構造がある（図2の②地点）。この折れ曲がった整地の南端の中に柱の礎石痕跡が一基確認されている。さらに折れ曲がる地点より南に直線上約一〇mのところに築地本体が一部確認されている（図2の③地点）。このようなことから築地がL字状に入り込み、門の存在が推定される。そしてこの門は、大門とその北に推定される小門と並び第三の門となる。

図５　上使門のイメージ（合成写真　姫野公徳 佐藤功 作図）

ではこの第三の門は誰が通ったのであろうか。それを文献史料から想定すると、将軍の名代として下向してきた上使である久我《こが》大納言がいる。久我氏は村上源氏の一流中院流の正統で、清華家《せいがけ》と呼ばれた公家の名門である。特に久我宗入（晴通）は永禄二年（一五五九）以降、十二年間に、公用・私用で四度も豊後へ下向しており、当然大友宗麟とも懇意になったと思われ、宗入の子三休は宗麟の二女（義統妹）と結婚した。久我宗入は久我家当主で、元は摂関家の一つ近衛家出身であり、長兄は関白職、次兄は幕府による大友・毛利の和睦調停で毛利氏との交渉を担当した聖《しょう》護院門跡《ごいんもんぜき》道増、妹は十二代将軍足利義晴の室である。

そのほか、聖護院門跡や、豊後へ下向したことを示す確実な史料はないが、『木砕之注文』に飛鳥井《あすかい》大納言の輿の寸法が記されていることから、大友宗麟に蹴鞠を伝授した同大納言などが考えられる。これらの上使は輿に乗ったまま、この第三の門から館内に入り、門から続く生垣《いけがき》沿いに進み、遣水《やりみず》を渡って庭園の池の脇を通り、連歌の間の建物南側広縁に乗り付けたと思われる。したがって、この門は将軍が御成するのと同じ意味を持つ将軍の名代が通る特別な門であるので上使門とした（図5 参照）。

次に図2の②発掘成果をみてみよう。門の北側の本柱にあたる箇所には礎石痕跡が二基確認された。一基は築地基部の上から掘り込まれ、もう一基の重複関係は不明である。この二基は時期差があると考えられるが、門は短期間で建て替えを行う可能性は低いと推定されることから、古い時代の門は築地が造られるよりも以前の表門の痕跡かもしれない。門の南側の本柱にあたる箇所では礎石痕跡は確認できない。これは門の北側と南側に続く築地基礎の底レベルに差があり、南側は北側よりも底レベルが約三〇㎝高い。また北側の自然堆積物は砂地で、南側は砂質シルト（砂と泥が混じったもの）であるため、南側は北側よりも安定しているといえる。したがって門の北側と南側では礎石の規模が違うと推定され、北側は南側よりも不安定な砂地のため礎石に伴う穴が深掘りされたため遺跡として残ったと推定される。門の規模はこの上使門を出入りする者は前述のように輿に乗ったまま通るため、開口部の幅は最低でも十尺（三・〇三m）はあると考えられる。

「長囲塀《ながかこいべい》」 館の北外郭、西外郭と南外郭西半分の新旧の遺構についてみてみよう。まず旧の遺構は、図2の⑧～⑫地点で確認されている。後述する新しい方の遺構と重複していることから残りは良くない。その中でも比較的残りの良い図2の⑨地点では内溝と外溝の二条の溝と、両溝の間には版築状の

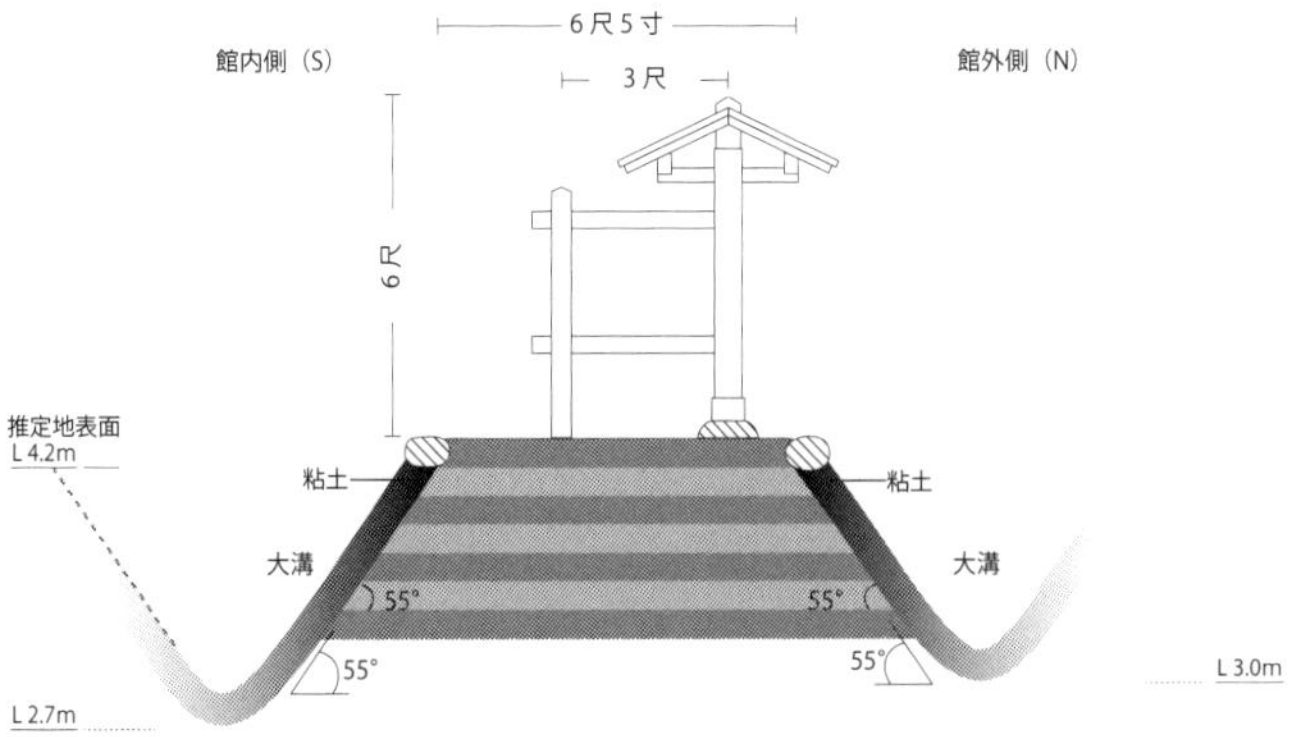

図6　「長囲塀」模式図

積土《つみど》が確認されている。

ではこの二条の溝と積土から復元を試みることにする（図6参照）。まず内側の大溝と外側の大溝の角度から両溝間の積土の高さを割り出す。図2の⑨地点の両溝から積土の立ち上がり角度は検出データが少ないため、後述の土囲廻塀の角度五五度を適用した。五五度は築き締めた積土のほぼ限界角度である。積土の上には塀と控柱があることが想定され、積土の上面幅は最低限必要な六尺五寸（約一・九七m）とした。以上のことから積土の上面レベルを読み解くと、館内のこの付近の標高四・二m（後述の西口番所参照）から約二〇cmしか高くならない。これは人頭大の河原石一つ分程度で、到底土居とはいえない。

次にこの遺構の特徴を示す史料がある。笠和郷《かさわごう》に課された「御長囲塀」の役に対し、大友氏奉行人が連署で向井刑部に勤仕《きんし》することを命じた文書である。これは年不詳であるが、向井刑部の関連する文書から元亀元年（一五七〇）

とされている。この「御長囲塀」は「御」の字がつくので、大友館か丹生島城（大分県臼杵市）のどちらかであろう。府内に隣接する笠和郷に課した役であるので、大友館のことでも否定できない。また長囲塀とは、広大な館周りを囲む塀が、低い土台の上に建つ構造である。この構造は、大友館と丹生島城のどちらでも可能性がある。しかし建設を命じた年が元亀元年とされることから、後述の土囲廻塀の建設を命じた年とわずか二、三年しか離れていない。これからすると大友館とするには疑問が残るが、後述する発掘成果を踏まえると、土囲廻塀の前段階の外郭構造は、史料に登場する長囲塀のイメージに類似していると考え、長囲塀とした。そしてこの長囲塀が造られた時に館が方二町に拡張されたと考えられる。またこの時、東外郭は大溝などが全く確認できないため、築地であったと推定される。

土囲《どい》廻塀《まわりべい》の史料と遺構　土囲廻塀に関する史料として、大友宗麟と義統が豊後国内の諸郷荘宛てに土囲廻塀の建設を命じ、諸郷荘の中に領地を持つものに、負担を命じた文書が四通残っている。これは元亀三年（一五七二）か天正元年（一五七三）の九月から十二月の間に、それぞれ約一か月単位で発給している。土囲廻塀の完成は天正元年か翌年の天正二年となり、土囲廻塀の建設の際は旧の長囲塀を崩して造っている。また義統の家督相続は八木直樹氏によると、元亀元年（一五七〇）から同二年七月の間とされていることから、義統が家督を相続した直後に土囲廻塀の整備を行っていることがいえる。この土囲廻塀の言葉から土居の上に塀が建つ構造がイメージされる。

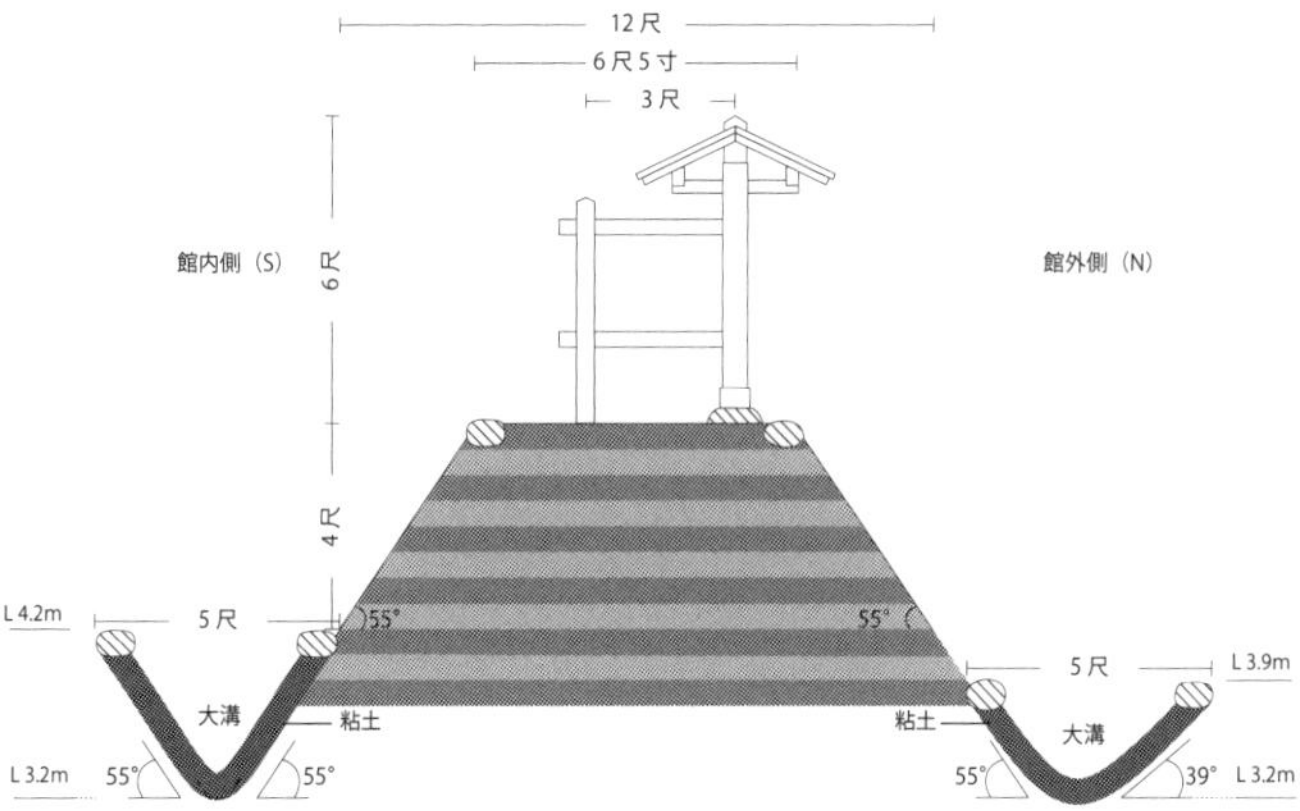

図7　土囲廻塀模式図

それでは土囲廻塀の遺構についてみていこう。その遺構は北外郭・西外郭、南外郭西半分の図2の⑤～⑫の発掘調査地点で確認されている。西外郭と北外郭の西半分は館の内側と外側に大溝、北外郭の東半分及び南外郭西半分は、内側が大溝で外側は堀となっている。いずれもその間には、版築状の積土が認められる。北外郭の全体の長さは約二一二mで、西外郭は約一八七mである。また内側の大溝からは直径二〇cm程度の河原石や、焼けた壁土の破片が多く出土している。瓦の破片は認められない。特に河原石は北外郭の調査した内溝から全般的に出土しており、これは溝の肩などの崩れやすい部分に河原石を据え並べていたものと考えられる。また北外郭東側の図2の⑪地点で確認された外側の大溝は、検出幅約四m、深さ一・二m以上の規模で、大溝というよりは「堀」であることがわかった。さらにこの地点の堀の壁面には約三〇cmの厚さで粘土が塗り込まれており、内側の大溝も同様である。このような堀や大溝の壁面はほかに、図2の⑧地点で一部確認されている。

西外郭の図2の⑦地点では、天正十四年（一五八六）島津氏侵攻時と考えられる火災の処理をするための穴が出土しており、その中には炭化した木片や焼けた壁土の破片が多数入っている。これらのことから、この外郭の遺構は、内側と外側に大溝または堀。内、外の大溝の間に版築状に積土した土居。そして、その土居の上に屋根が板葺で土壁の塀という構造が推定される。

その構造を北外郭西側の図2の⑨地点の発掘データを基に具体的に復元すると、図7のようになる。図中の数値は、ほかの調査地点のデータも加え、土居の傾斜角度、土居幅、高さ、大溝の幅・傾斜角度、大溝底の標高などの計測値から極端な数値を除いた平均値を割り出し、図化したものである（詳細は『大友館と府内の研究』を参照）。また土居の上面幅は、塀と控柱の間の三尺（約〇・九一m）と、塀と土居の肩の間の犬走り、控柱と土居の肩との間（人が通れる程度が最低必要）を合わせて、最低六尺五寸（約一・九七m）必要とし、塀の高さは、一般的に標準とされる六尺（約一・八二m）とした。

また前述のように図2の⑪地点の堀と大溝の壁面には粘土を塗り込んだ状況が非常に良く残っていたので、北外郭西側も大溝壁面は粘土塗り込みとした。なお、周囲に配された大溝や堀は、防御のためでもあろうが、特に内側の大溝や北外郭東側、南外郭西半分を堀にしていることを考えると、沖積平野に造られた館であるため、排水の機能を重視して調整池の役割も担ったのであろう。

以上のことを整理すると、この外郭の遺構はその年代と土居の上に塀が建つ構造が、前述した土囲廻塀の史料の年代と構造のイメージとが合致することから、史料の土囲廻塀であると判断される。

外郭の方位軸　北外郭、西外郭、南外郭西半分の方位軸は、まず北外郭の東部分の内側の大溝、外側の堀とも、方位軸が真東西から約九度南に振れる。これは東に続く名ケ小路の道路軸と同じである。北外郭の西半分は、図2の⑨地点で調査され、内・外の大溝とも方位軸は真東西から約四度南に振れる。この北外郭の東側と西側では方位軸が異なっている。この異なる方位軸をそれぞれ延長すると、北外郭の真中からやや西側で食い違い状になる。そしてこの場所には門が想定される。また陰陽道《おんみょうどう》で、東北角は艮《うしとら》にあたり、ここは鬼が出入りするといって、忌み嫌う方角で鬼門《きもん》といわれる。そうしたことから館などの東北角は鬼門除けとして枡形にカットする、もしくは社《やしろ》を置くことが多いが、大友館の場合は北外郭の東端と東之築地の北端に接するように、図2のような特異な地割りが認められる。この場所は鬼門にあたり、鬼門除けに何らかの施設があった可能性がある。

次に西外郭の土囲廻塀は図2の⑥〜⑧地点で調査され、方位軸は真南北から四度東に振れる。さらに西外郭の外側の大溝をみると、北西隅から約五〇m南の図2の⑧地点で外側の大溝が確認された。この大溝は西外郭南側の図2の⑥地点で検出された外側の大溝ラインよりも約二m館内になる。このことは、西外郭の土囲廻塀がどこかで食い違い状になっていると考えられる。西外郭の約三・五m内側に図8に示すように、東西六尺五寸×三（約五・九一m）、南北八尺×二（約四・八五m）の規模の掘立柱建物跡が検出されている。この建物の方位軸は主殿などと同様で、入口は東辺に六尺五寸の間

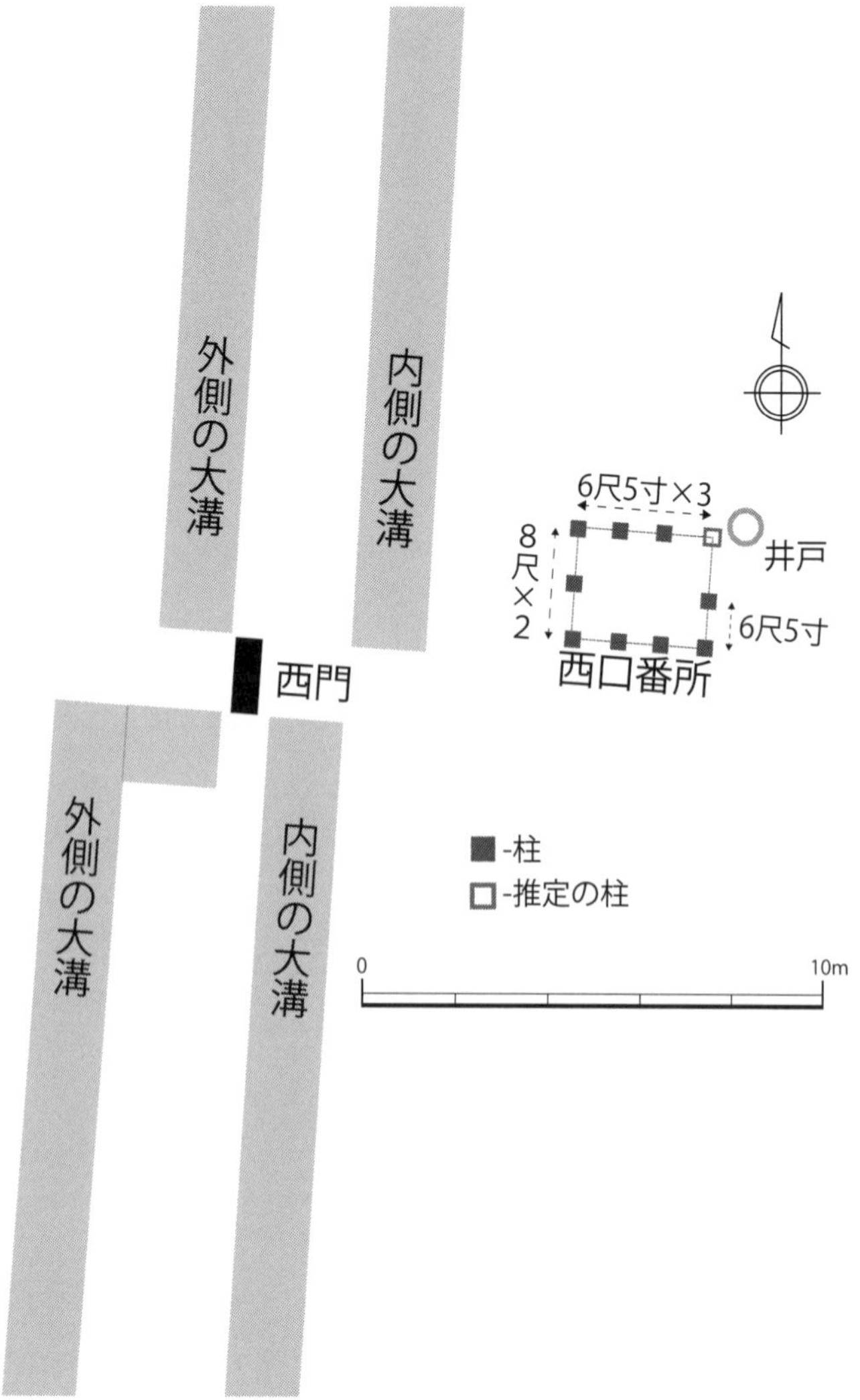

図８　西口番所と推定西門

口があり、南側を向いた建物と推定される。これはその構造と立地からすると、「番所」であろう。そしてこの番所の西側に西外郭の食い違いと門が推定される。したがって、この番所は西口番所とした。なお西口番所の地表面標高について求めてみると、建物跡検出面標高が三・七m、柱穴の平均の深さが約〇・四mで、地盤が軟弱な沖積層のため三尺（約〇・九m）の深さに柱を埋めたとした時に、標高三・七mから柱穴の深さ〇・四mを引くと柱の底のレベルとなる。これに本来の柱を埋めた深さ〇・九mを足すと四・二mとなる。これがこの西口番所の地表面標高と考えられる。

最後に南外郭の西半分の方位軸は図2の⑤地点で検出された内側の大溝と外側の堀（推定幅約四・八m、深さ約一・五m）から、真東西から南に四度振れているものとした。さらに南外郭西半分の東端の外側には南北の道路跡が確認されており、この道路を館側に延長するところに南門が想定される。

矢倉　図2の⑨地点の調査成果によると、外郭北西隅において、北外郭の内側の大溝が、推定西外郭の外側の大溝の内側から約一〇mのところで途切れている。これに対して、北外郭の外側の大溝は、西外郭の外側の大溝に繋がっていると推定される。このような構造から、出入口または矢倉が想定されるが、外郭のコーナーにあたる位置に出入口は想定しにくく、近くの西外郭には、西門が推定されている。したがって、この北西隅は北外郭に沿って東西に長い長方形の矢倉が想定され、この矢倉からは北外郭の西半分周辺と西外郭の周辺が見通せる。

さらに北外郭東側の図2の⑪と⑫地点において、内側の大溝が一〇m幅で途切れる箇所が認められる。ここには土囲廻塀の積土とは異なる固く締まった整地が確認されており、門としては広すぎる。このことから、北西隅と同様に北外郭に沿って東西に長い長方形の矢倉が推定される。この矢倉は北外郭の角度が九度に変わる箇所から東側や北側の周辺を見通すことができる。

あくまでも想定であるが、このほかにも前述の二つの矢倉では見通せない南側と東側を見通せる矢倉が考えられる。一つは館の南西の角で、ここは西外郭と南外郭の西側（庭園西側の堀まで）を見通せる矢倉。また庭園南側と東の築地の外側を見通せる箇所は庭園の南東隅である。しかしここは陰陽道では東南角の巽《たつみ》にあたり、良い気が入ってくるとされる。そのため、この角に矢倉を造ると良い気を断つことになる。そうすると、館南東角の外側の空閑地に番所を想定すれば、館東外郭と南外郭の庭園の外側を見通すことが可能となり、これで館の四周すべてを監視することができる。このような矢倉や番所は、不審者の侵入や襲撃などを妨ぐためのもので、鉄砲や弓矢などの武器を備え、番衆も詰めているであろう。

ところで発掘成果から北外郭・西外郭、南外郭の西半分は土囲廻塀の構造としたが、二点補足する。まず土囲廻塀を設けた場所であるが、文献史料には明確に大友館とは記されていない。丹生島城ではないかという指摘もあるだろう。ただし丹生島城は四方を海で囲まれ、高い崖の上にあるため、四周に塀はいるが、土居までは必要ない。二点目に、二条の溝や積土の存在から「道路」遺構という見解もある。しかし館内は内側の大溝まで整地土があり、大溝周辺には構造物などは確認されない。また前述のように北外郭や西外郭では食い違う箇所があり、さらに府内のまちで確認されている道路側溝よりも溝の規模がかなり大きく、堀も伴う。また矢倉が推定される箇所もある。したがって「道路」遺構とは似ても似つかない遺構であり、この発掘で確認された遺構は大友館の土囲廻塀と判断される。

◆大表《おおおもて》と呼ばれた主殿《しゅでん》

大表と主殿　大友家では毎年大晦日の夜、神への供物として七種の正月祝物を館の「大おもて」に飾っていた。また、正月二十九日、当主が家臣ら約五〇〇人を館に招き、料理と酒を振る舞う饗膳と酒宴が組み合わされた饗宴が開かれたが、大友義統代にこの行事は「大おもて節」と呼ばれていた。「大おもて」の漢字表記は「大表」と考えられる。正月祝物が飾られ、大友家最大の饗宴や、それ以外の各種儀式、行事も行われた「大表」は大友館の中心建物であった。

一方、時代は遡るが、十六代大友政親《まさちか》以前と政親が当主であった文明八年（一四七六）に館内に「主殿」があった（『木砕之注文』）。また、永禄元年（一五五八）頃、大友氏は国東郡《くにさきぐん》田染荘《たしぶのしょう》（大分県豊後高田市）に対し「御主殿」の上葺を命じている（「永弘文書」）。この工事は公役免除の所領であっても務めるべきとされ、「御」が使われている点からも、この主殿は大友当主に関わるものであったといえる。

文明年間（一四六九～八七）の武家故実書に、出陣・帰陣の儀式は主殿で行うとあり、その主殿には中門廊（中門）が付設されていた（「中原高忠軍陣聞書」）。また、室町将軍が家臣の屋敷に御成した時は主殿で式三献の儀式を行い、その後、会所に移動して肴で酒を飲むとされた（「伊勢守貞親以来伝書」）。これらの事例から、一定程度の階層の武士屋敷において、主要な儀式を行う中心建物は主殿と呼ばれ、中門廊が付設されることもあったといえる。

大友館で各種儀式や行事が行われる中心建物も主殿であり、大友義統代には大表と呼ばれ、会所機能を包摂していた。

寝殿《しんでん》から主殿へ　ところで、鎌倉時代から室町時代後期の将軍邸などは平安時代の上級貴族の邸宅様式であった寝殿造を基本とし、将軍邸で公的儀式や行事が行われる中心建物は寝殿であった。そして、これを中心に常御所《つねのごしょ》や会所、対面所など時代に即したさまざまな建物が配置されるようになり、新たな建物様式へと変貌しつつあった。

さらに、建物配置のみならず中心となる寝殿そのものも変化していった。本来の寝殿は屋根を支える構造上、間仕切りのない広い母屋《もや》（主室）に庇《ひさし》（下屋《げや》）が付随し、母屋を几帳《きちょう》・屏風《びょうぶ》・衝立《ついたて》などの移動家具で仕切った。しかし、建築技術の進展を受け、屋根構造と室内構成が切り離され、平安時代後期から母屋の一部がいくつかの小部屋に区画されるようになる。鎌倉時代以降、特に室町時代、院《いんの》御所《ごしょ》（上皇邸宅）や摂関家邸、室町将軍邸などの大規模邸宅の寝殿では約半分は母屋と庇の構造を残していたものの、下級貴族などの小規模邸宅の寝殿では母屋・庇を持たなくなり、本来的な寝殿造とは別の建築へと変化した。

文明八年（一四七六）、応仁・文明の乱（一四六七〜七七）の戦火で室町将軍邸が焼失し、本来的な寝殿造は姿を消したとされる。その後、桃山時代に新たな邸宅様式として書院造が確立するまで、過渡期の中心建物が寝殿から派生し、いくつもの部屋に区画された主殿であった。

寝殿・主殿と中門廊　本来的な寝殿造による大規模邸宅には中門があり、中門から寝殿へ向かう中門廊が付随していた。ただし、寝殿造であれば必ず中門・中門廊が付随するわけではなく、小規模邸宅の寝殿造では中門・中門廊を持たないこともあった。この傾向は中心建物が主殿となっても同様で、規模によって中門廊を持つ主殿もあれば、持たない主殿もあった。前述した中門廊が付随する主殿の武家屋敷はある程度の規模の屋敷であったと考えられる。

邸宅の規模は屋敷地の広狭に左右され、それは家格による差異でもある。家格が高ければ広い屋敷地を持つことができ、邸宅の規模も大きくなり、中門や中門廊を持つ寝殿や主殿が建てられた。この点からすれば、中門・中門廊の有無は家格に左右されるといえるが、直接的には邸宅の規模によるものであった。

主殿を建てるための掘り込み整地　十五世紀後期から最終期までの主殿などの地盤は最下部に整地1期が造成され、その上に掘り込み整地2期・3期が確認されている（図9　参照）。まず整地1期は河川の自然堆積土砂を整地し、その上に高く築いた盛土を行っている。整地1期の中には、土器《かわらけ》が

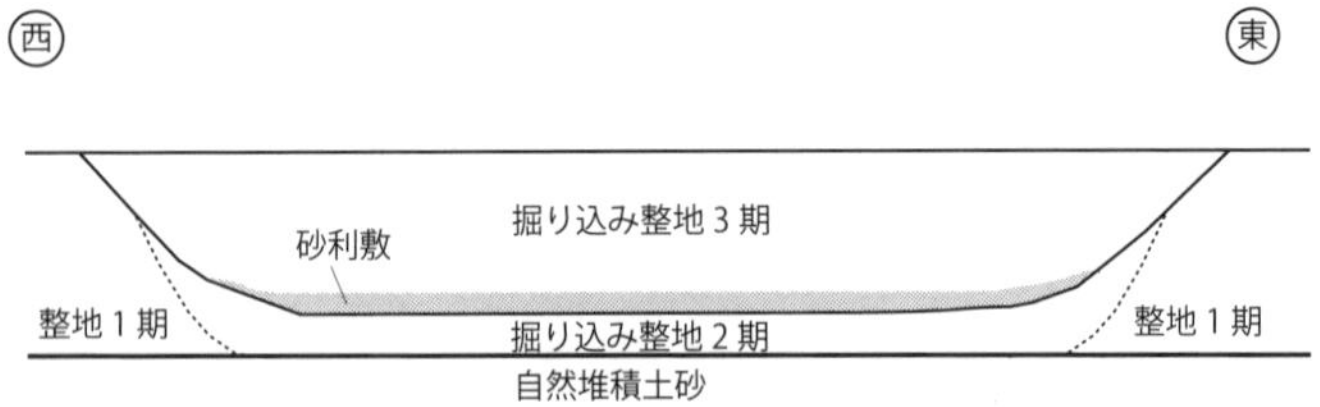

図９　15世紀後期からの主殿などの整地断面模式図

封入されている。この土器は一四七〇年代に比定される京都産土器である。このことから整地1期は、一四七〇年代頃に造られたと考えられる。『木砕之注文』には十六代大友政親《まさちか》代の文明八年（一四七六）に、主殿の棟上が記されており、この整地1期が造られた時代と合う。

次に、整地1期を掘り込んで、掘り込み整地2期が造られている。掘り込み整地を行う理由として、大友館が立地するところは大分川下流域の河川堆積物の土砂をベースとした軟弱地盤で、この上に大きな建物を造るには地盤を強化する必要があった。掘り込み整地2期は混入している土器の破片から、十六世紀初頭から掘り込み整地3期までの間に造られたと考えられる。この掘り込み整地2期の築き固められた整地土の中には、細かい土器の破片や炭が大量に混入されている。これは意図的に混入したものである。さらに土器・炭は床下の湿気を抑えるための効果がある。また何か思想的な理由があるとも考えられる。

最後に掘り込み整地3期が造られる。この掘り込み整地3期の平面の大きさは、南北幅は約二六m、東西幅は、東辺は確認できるが、西辺は近世以降の水田耕作で削られており不明である。確認できる範囲は二四mである。深さは遺構が検出する面から最深の底部まで約六〇cmである。方位軸は北から東におおむね四度振っている。掘り込み整地3期の中からは、一五二〇年代に豊後で生産が始められた豊後産京都系土器1期が出土しており、掘り込み整地3期はこの頃の造成であろう。またこの掘り込み整地3期にも掘り込み整地2期と同様に、土器・炭の破片が多く意図的に混入されており、同じ効果を狙ったものであろう。さらに掘り込み整地3期の底には、親指大の円礫を厚さ約一〇cm充塡した砂利敷がある。

技術士（難関国家資格）によると、これは上の整地層の荷重を均等に吸収して下に分散させる。つまり上の整地層の強度が増すことにより、建物の歪みを防ぐ。またしみ込んだ水を排水する機能もあると考えられる。この砂利敷の東端から東の大溝に向けて、何本かの樋《ひ》を通して、砂利敷に溜まった水を排水したのであろう。

この掘り込み整地3期の建物直下には主殿を建てるための築き固めた盛土がある。発掘では礎石を据えた痕跡だけが確認された。礎石の据え方は、まず礎石の大きさに合わせて盛土上面から掘り込み、その穴に礎石の根固めとして砂利と土を築き固めながら充塡し、礎石を据えている。

これらの礎石痕跡を基に主殿建物の復元を試みると、主殿建物は最終期の大表と呼ばれるまでの5期が確認されている。これらはすべて礎石建物である。この5期に該当する当主別の内訳は、義鑑代が二期、宗麟代が二期、最後に大表と呼ばれた義統代の一期である。まず義鑑代の主殿1期は一五二〇年代頃の掘り込み整地3期の造成に伴い主殿が建てられたと推定される。義鑑代の主殿2期は『木砕之注文』によると、天文十年（一五四一）に対面所、続いて同十五年（一五四六）に主殿の棟上が記されているので、この頃に建てられたのであろう。主殿3期は宗麟の代替わりの時で、天文十九年（一五五〇）の家督相続の頃に建てられたと推定される。主殿4期は前述した永禄三年（一五六〇）頃に館が方二町になった時に合わせて建てられたと推定される。そして主殿5期の大表は、後述するように、義統が家督相続し、元亀三年（一五七二）〜翌、天正元年頃に完成したと推定される。

そして掘り込み整地3期の上面に建てられた主殿1〜5期の建物復元から、各時期の主殿建物の正面の方位を考えると、主殿1・2期は中門が主殿建物の南東から東側に張り出している。そうすると、この主殿1・2期の建物は南向きになる。主殿3〜5期の中門は主殿建物の南東から南に張り出しており、主殿3期以降の正面は東向きになったことがわかる。

以上、一四七〇年代からの主殿に伴う整地や掘り込み整地の概要を述べてきたが、それでは本題である大表と呼ばれた義統代の主殿についてみていくことにする。

大表の平面復元　大表（主殿）は東側の塀重門（鎧門）から一〇・六ｍの空閑地をとって位置し、建物正面は東向きである。発掘では建物に伴う礎石はみつかっていないが、礎石痕跡が確認される。しかし大表の北東、遠侍の裏に井戸跡が検出されており（図2　参照）、その中から平坦面の直径七〇cm前後の大きな石が三つ出土した。これらの石は柱を据える平坦面があることや規模などから大表の礎石と考えられ、それら礎石の中の一つに、約九寸（約二七cm）の柱痕跡が確認されている。この大きい柱を伴う礎石は大きな建物の場合、広縁の端にある側柱《がわばしら》（梁《はり》と桁《けた》を支える）や図10の③と④、⑤と⑥の柱の間隔が広い箇所などで使用されたと考えられる。

大表の建物は、検出された礎石痕跡のほか、礎石痕跡が後世の攪乱や、土層観察のためにベルト状に掘り残した箇所に該当する可能性もあるものを考慮し復元した。その結果、大表の規模は、南北方向の梁間が六尺五寸×八間半（約一六・七五m）、東西方向の桁行は六尺五寸×七間半（約一四・七八m）の規模である（図10 参照）。南側と北側には幅六尺五寸×一間（約一・九七m）の広縁が付き、この一間幅の広縁は前述した建物規模の中に含まれる。西側は図10のA・B間及び北縁との交点にあたるAにも礎石痕跡が確認されない。そうすると、西側は図10のB・C間は庇《ひさし》（下屋《げや》）となろう。図10のB・C間は六尺五寸×五間（約九・八五m）、幅六尺五寸×一間の縁となっている。

中門は南東から南へ張り出しており、六尺五寸の二間×二間の大きさである。中門は本来、家臣らが主殿に出入りするところであるが、この時代は形骸化しており、後述する北側と南側の渡廊から出入りする。さらに北東側には梁間六尺五寸×三間（約五・九一m）、桁行六尺五寸×四間（約七・八八m）の色代《しきだい》が付く。大表の建物直下には前述のとおり盛土が推定される。これは礎石痕跡の検出標高が高い箇所で約五・二mを測り、大表南西に近接する後述の対面所と推定される縁の東柱の礎石上面標高が約五・〇mであるので、約二〇cmの築き固められた盛土があったと考えられる。

大表と周辺建物を結ぶ渡廊は三か所推定される。まず色代の北東に幅六尺五寸×一間の渡廊が取り

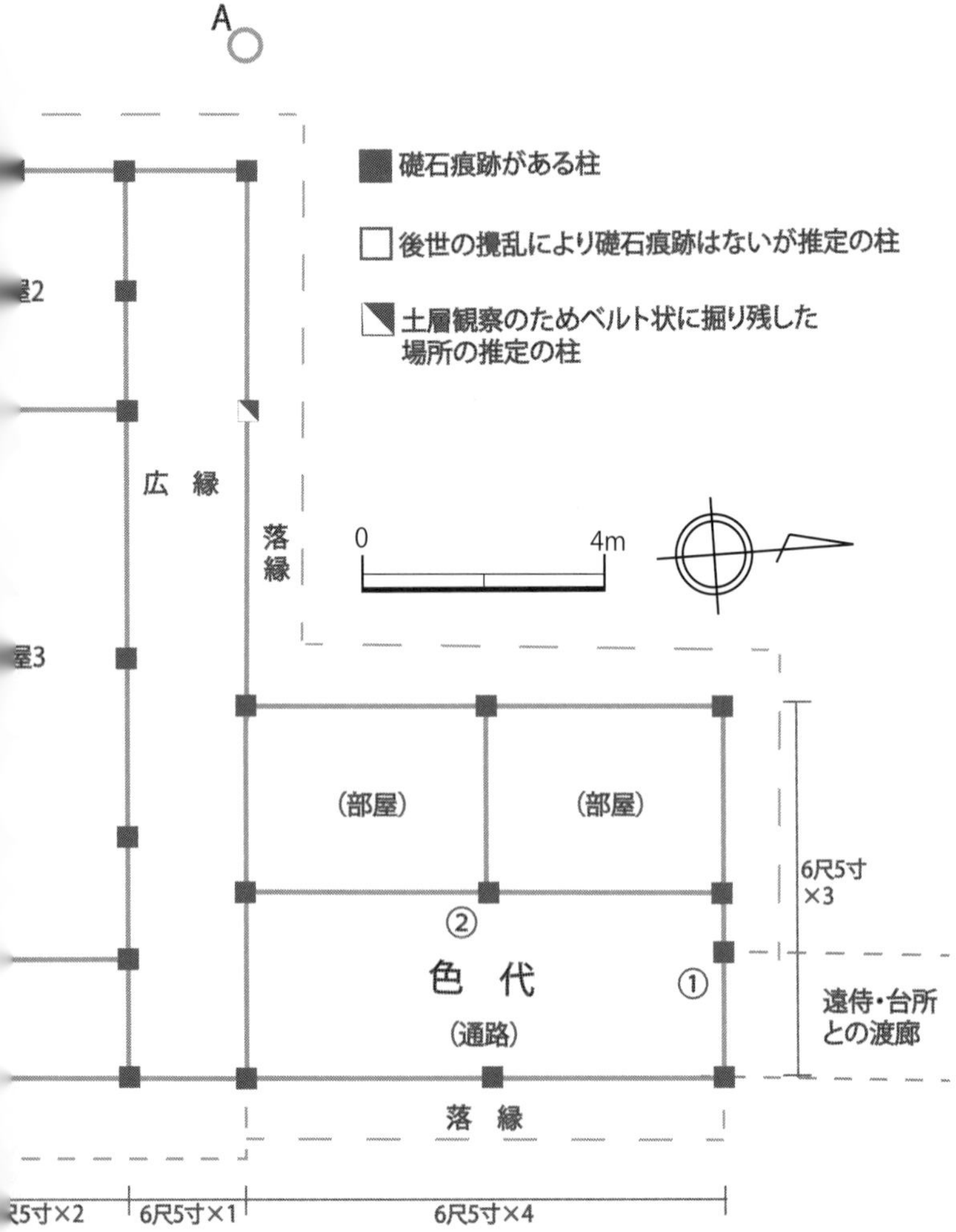
A
磁石痕跡がある柱
後世の攪乱により礎石痕跡はないが推定の柱
土層観察のためベルト状に掘り残した場所の推定の柱
屋2
屋3
広　縁
落縁
0
4m
（部屋）
（部屋）
6尺5寸×3
②
色　代
（通路）
①
遠侍・台所との渡廊
落　縁
尺5寸×2
6尺5寸×1
6尺5寸×4

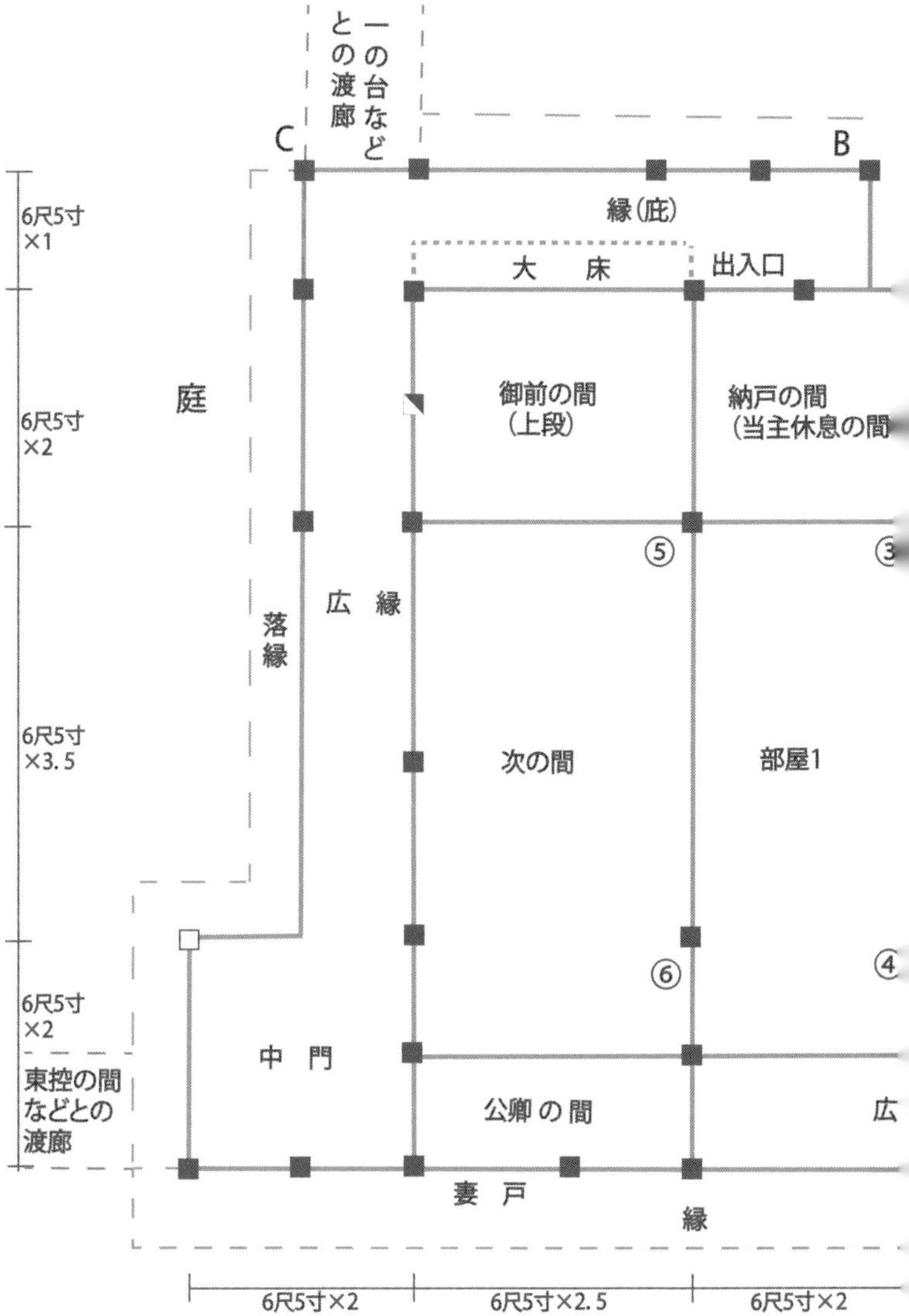

図10　大表＝主殿平面復元図

付き（図10の①）、台所や遠侍を結ぶ（図2　参照）。二つ目は、中門から「連歌の間」建物、「東控の間」建物を結び、途中から推定対面所にも延びる渡廊（図12　参照）。そして三つ目の渡廊は主殿の南西から西に延び、推定される一の台などと結んでいることが想定される（図12　参照）。

では次に大表の間取りをみていこう。まず図10をみると、大きく東西方向に南・中・北の三列の部屋割り構成となっている。中でも一番中心となる部屋列は舞台が設けられる庭に面した南の列である。大表の正面は東側なので、この列の一番西側の部屋が上座となる。この部屋は南北六尺五寸×二間半、東西六尺五寸×二間の十畳敷（京間、以下同）となる。この部屋は「作法日記」に記される御前の間に相当し、西側の縁に大床《おおどこ》が張り出していたと考えられる。

また『木砕之注文』によると、大友政親代の主殿について、「二間床の高さは、敷居の面より框《かまち》の上まで六寸」と記されている。この時代、「二間床」とは二間×一間の広さの上段の間のことである。つまり、この主殿にはすでに、六寸（約一八cm）の高さをもつ上段の間があったといえる。したがって、後継である大表にも上段の間があるものと推定でき、この御前の間こそ上段の間であったと考えられる。

一方、「作法日記」によると、正月二十九日大表節では、「宴たけなわになると、御前の間、次の間は入り乱れて乱酒となり、大酒を飲みあうこと限りない。今日はどのようなことも許されるので、当然のように皆々酔いつぶれてしまう」とある。上段の間には通常、家臣は上がれない。しかし大表節の時だけは、無礼講で酔った家臣たちが入り乱れることも許されるので、御前の間は上段の間であってもよい。

御前の間に続く東側の部屋は南北六尺五寸×二間半、東西は六尺五寸×四間半の二十二・五畳となる。しかし半間四方の畳があるとは考えにくい。したがって、上段の間の下は二間半を二枚とした大《おお》畳《だたみ》が横に敷かれていたと考えられ、二十二畳敷にしていると思われる。御前の間よりも大きいこの部屋は、「作法日記」の大表節に記されているとおり、御前の間の続きとなっており、家臣などが座る次の間といえよう。

次の間に続いて東側の部屋は南北六尺五寸×二間半、東西六尺五寸×一間の五畳敷となる。この部屋は園城寺《おんじょうじ》勧学院客殿（滋賀県大津市）と同様の造りと思われ、公卿《くぎょう》の間が推定される。東面には両開きの妻戸が柱の間隔六尺五寸×一間半の中に設置されている。妻戸は当主が出帰陣する時や、公の行事の時に出入りしたと考えられる（図11　参照）。

次に中の部屋列をみていこう。一番西側の部屋は、南北六尺五寸×二間、東西六尺五寸×二間の八畳敷となる。この部屋はその配置から、納戸《なんど》の間であろう。この頃の用途としては、当主が西側の縁を通って、この納戸の間に入り、御前の間に出座する前の控えや、御前の間から一旦出て、休息する部屋と考えられる。

続く東側の図10の部屋1は南北六尺五寸×二間、東西六尺五寸×四間半の十八畳敷となる。部屋の

図11　妻戸と中門のイメージ（合成写真　姫野公徳　佐藤 功 作図）

用途は断定できないが、「筆法条々」によると、「御《ご》評定《ひょうじょう》の間」があったことを記している。御評定の間には、壁書《へきしょ》と、評定の式日を一紙に書いているとある。壁書とは定《さだめ》などを板に書いた掲示板である。「作法日記」にも評定始や評定納の記述がある。評定は領国の政《まつりごと》を決める最も重要な会議である。そうすると、この評定の間は主殿の中にあると考えるのが妥当であろう。したがって、この部屋を評定の間と推定した。また評定の間と納戸の間の仕切は壁と考えられるので、ここに壁書を掛け、評定の式日を貼っていたのであろう。

評定の間の東側は六尺五寸×一間幅であり、その北側から続く広縁となる。

最後に北の部屋列をみると、西側の図10の部屋2は南北六尺五寸×二間、東西六尺五寸×二間の八畳敷で、続いて図10の部屋3は南北六尺五寸×二間、東西六尺五寸×四間半の十八畳と推定される。この北の部屋列の用途としては当主が対面を行った可能性が考えられる。川本重雄氏は室町将軍邸での対面について、御供衆・御部屋衆などとの内輪の対面やそのほかの武家・公家衆との対面を御便所《びんしょ》と対面所で分けて行ったとしている（『日本美術全集一六』）。このことからすると、公的な対面と内向きの対面は同じ建物、同じ部屋では行っていないことがいえる。大友館の場合、別に公的な対面が行われた推定対面所がある。

したがって、この北の列の一番西側の図10の部屋2を上座、東側の図10の部屋3を下座として考えると、当主が館に勤めている武士たちと内向きの対面をしていた可能性が考えられよう。また対面の時は上座の畳の上に当主が座る御座《ござ》を据える。御座とは織田信長などの肖像画にみられるような厚い畳状のものである。また御座は常時据えているわけではなく、対面以外の、例えば大表節などの行事で北の列の部屋も含めて広く使用することができたと思われる。

一方、遠侍から推定対面所に行くには、公卿の間を通ることはできない。したがって、東広縁・公卿の間・中門の外側に幅五尺（一・五二m）程度の縁を想定した。これを通って中門に入り、南の渡廊を経て、推定対面所に向かうと考えられる。

色代は、東西の梁間は三間で、北辺の東端から一間の箇所にも図10の①の柱がある。これは北側の渡廊が取り付く柱と考えられる。色代の中央には図10の②に柱があるので、まず東西に二分割される。その東側は渡廊からの取り付きを考えると、主殿などへ向かう通路となる。

西側は南北二つの部屋に分けられる。これらの部屋の用途は判然としないが、主殿などに入る前の控えの間とも考えられる。

ところで大表の部屋は、「作法日記」十二月二十七日煤払《すすはらい》の条に、「畳奉行」「郷荘から納められる畳」との記述があるので、大表の部屋や、ほかの主要な建物には畳が敷かれていたと思われる。ただし色代は板敷であろう。

大表の屋根構造については入母屋《いりもや》造りで、屋根素材は柿葺《こけらぶき》とは異なり、「上杉本・洛中洛外図屏風」の細川邸や「聚楽第図屏風」の大手門を入って右側の豊臣秀長の屋敷にみられるように、屋根板の一枚が大きい「長柿葺《ながこけら》」といわれるものであろう。また『木砕之注文』によると、天文十年（一五四一）に造られた対面所の記述に「棟瓦納申候」とあり棟は瓦であった。したがって後継である大表も棟は瓦葺と考えられる。

大表建造と狩野永徳の豊後下向　元亀元年（一五七〇）秋、その前から病んでいた毛利元就は、病床につき、翌二年六月、ついに七十五歳の生涯を閉じた。これらの情報は、当然大友宗麟の耳にも届いていたであろう。宗麟にとって、当時最大の脅威がなくなったのである。元就の病状と死に合わせるかのように、ちょうどこの頃、宗麟は義統に家督を相続させている。義統、十三か十四歳である。

当主となった義統は、若年でもあり、まだ家臣や領民の信頼や威信も薄い。後見人である宗麟は、新当主義統のため、大友家の威信を示す必要があった。そのために、六か国の領国支配の中心地、「府」

大友館に、これまでにない大きな主殿＝大表を造ったと考えられる。この大事業も家督相続の一環として進めていったのである。この大表建造に関わる最大の華ともいえるのが、次の史料のように、狩野永徳の豊後下向である。

それは、宗固という人物が中江周琳に宛てた書状（『薩藩旧記雑録後編二』）で、「今度豊後に到り、久我殿様御下向に候、紫野和堂様、薬師《くすし》牧庵、狩野源四郎、民部子にて候、後藤源四郎、三郎四郎子にて候、名人そろえ下り申し候」とある。久我《こが》殿様とは、村上源氏の一流中院流の正統で、清華家と呼ばれた公家の名門・久我氏の当主宗入（晴通）のことである。また、宗入は摂関家の一つ近衛家出身で久我家の養子となった人物である。この宗入は永禄二年（一五五九）から元亀二年（一五七一）までの十二年間に計四回豊後へ下向しており、宗固書状にみえる宗入の下向は最後の下向となった元亀二年のことである。

この時、宗入は紫野和堂らを同行しているのであるが、「名人そろえ」とあるように、超一流の人物ばかりである。紫野和堂とは京都・大徳寺住持である怡雲宗悦《いうんそうえつ》。怡雲宗悦は宗麟が臼杵に創建した寿林寺の開山であり、宗麟が剃髪した際に戒師となった。また、宗麟死後に描かれた「大友宗麟画像」（大徳寺瑞峯院蔵）に賛を書いた禅僧である。牧庵は室町将軍家の侍医であった吉田氏出身の医者と思われる。そして、狩野源四郎、民部の子と説明されるこの人物こそ、織田信長と豊臣秀吉に仕え、安土城や聚楽第、大坂城の障壁画を描いた桃山美術の巨匠狩野永徳である。最後の後藤源四郎とは金工師の名門後藤家第五代当主後藤徳乗のことである。

彼ら名人が久我宗入に同行し豊後へ下向してきた理由はそれぞれであったろう。その中でも、狩野永徳と後藤徳乗は絵師と金工師というそれぞれの職能から、大友氏から何らかの仕事を受注し、下向したと考えるのは自然なことであろう。

元亀二年（一五七一）五月頃、宗麟が戻っていた府内に絵師狩野永徳と金工師後藤徳乗が下向してきた。家督が宗麟から義統へ譲られ、宗麟と義統により、大友館の土囲廻塀建設が元亀三年か翌天正元年（一五七三）に大友氏直轄領に命じられた。この状況を踏まえれば、狩野永徳と後藤徳乗の下向は大友館の主殿＝大表の建替えに関わるもの、すなわち、大表の障壁画と飾り細工制作のための下向と考えるべきである。

この下向は、大表の間取りや大友側の意向などを聞き、図柄などの打合わせのためであると思われる。その後、京都の工房で制作し、納入するまでの期間を考えると、大表の完成は元亀三年から天正元年頃になるであろう。

主殿南側の庭

白洲の庭　主殿南側の発掘調査では、南は庭園との境目、西は南北に礎石や礎石痕跡、東は後述する推定井楼櫓《せいろうやぐら》まで建物遺構のない空間が広がっている。この主殿南側に広がる空間の中には、大友義統が家督相続をした頃に、宗麟代の東西方向の大溝を埋めて掘り込み整地が行われている。この掘り込み整地に伴って、後述する施設が整備されたと考えられる。

「作法日記」には、正月朔日の対面儀式で、中間衆以下は庭から参上するとあり、正月二日の馬乗《うまのり》始《はじめ》では、秘蔵の馬に当主が乗り、舞台の前で披露し、別当《べっとう》は庭でかしこまって控えているとある。また、正月二十九日の大表節では、兄部《このこうべ》や力《りき》たちは節の始まる前から酒宴が終わるまで庭に控えているとある。以上のように、主殿南側の空間は庭であったことがうかがえる。

室町幕府において、武家故実の権威であった伊勢氏の一族、伊勢貞知が天正八年（一五八〇）に「天正年中御対面記」を書き残している。これは、十三代足利義輝までと考えられる将軍家の儀礼をまとめたものである。その中に、「御成の時、走衆は舞台と座敷の間の白洲に祗候《しこう》」また、「乱酒になり、縁に控える場がない時、加《くわえ》（銚子に提子《ひさげ》で酒を加える者）は白洲に堪忍」とある。座敷と縁、その前には白洲の庭があり、舞台も設けられている。

これらの記述は、大友館主殿南側の庭を彷彿《ほうふつ》させる。では、この庭も白洲であろうか。発掘調査では、この庭が広がる主殿外側の南東には、米粒大の白砂が再利用するためか集めて埋められていた。この白砂は、かつての庭に敷かれていたと思われる。したがって、主殿南側の庭も白洲の庭であったと推定される。この白洲の庭は、北が主殿の落縁、東は主殿と「東控の間・連歌の間」建物を結ぶ渡《わた》廊《ろう》（建物と建物を結ぶ屋根付きの廊下）①と②、西は後述する推定対面所と渡廊③、南は渡廊②に囲まれていると推定した（図12　参照）。庭の規模は、南北が南の渡廊②から主殿南の落縁まで六尺五寸×十二間半（約二四・六m）、東西は推定対面所の広縁から渡廊①と②まで六尺五寸×九間半（約一八・七m）である。

舞台と楽屋　「作法日記」によると、この庭には、舞台と楽屋が設置されていたことがわかる。舞台と楽屋の位置は、前述した東西方向の掘り込み整地の中に収まると想定し、主殿の御前の間・次の間に面して舞台、その後方に楽屋があり、それらを繋ぐ橋掛《はしがかり》も推定される。舞台の広さは、はっきりとしないが、三間四方の中に収まる広さと思われる。また、当時の橋掛は、「大内問答」と、永禄四年（一五六一）に十三代将軍足利義輝が三好義長邸に御成したことを記した「三好筑前守義長朝臣亭江御成之記」を参考に、主殿からみて舞台の後面左隅から斜めに楽屋へ繋がっていたものと推定した。楽屋については、先述のように「作法日記」にも記されており、大表節では猿楽衆に楽屋で食事を出していることから、食事をする一定の広さがいる。当然、楽屋には衣装や舞台道具を置く場所も必要である。よって、図12のように、楽屋の位置は、渡廊の規制や、舞台を前面と左右の三方から見ることができるようにすることも踏まえると、舞台の後面よりも後ろになる。その規模は、南北六尺五寸×二間半、東西六尺五寸×二間程度のものが考えられる。

また、「寛正五年（一四六四）紏河原《ただすかわら》勧進猿楽図」によると、八代将軍足利義政の頃の仮設の舞台には屋根が描かれており、「大内問答」にもこの頃、橋掛に屋根を置いたとある。大友館の舞台と楽

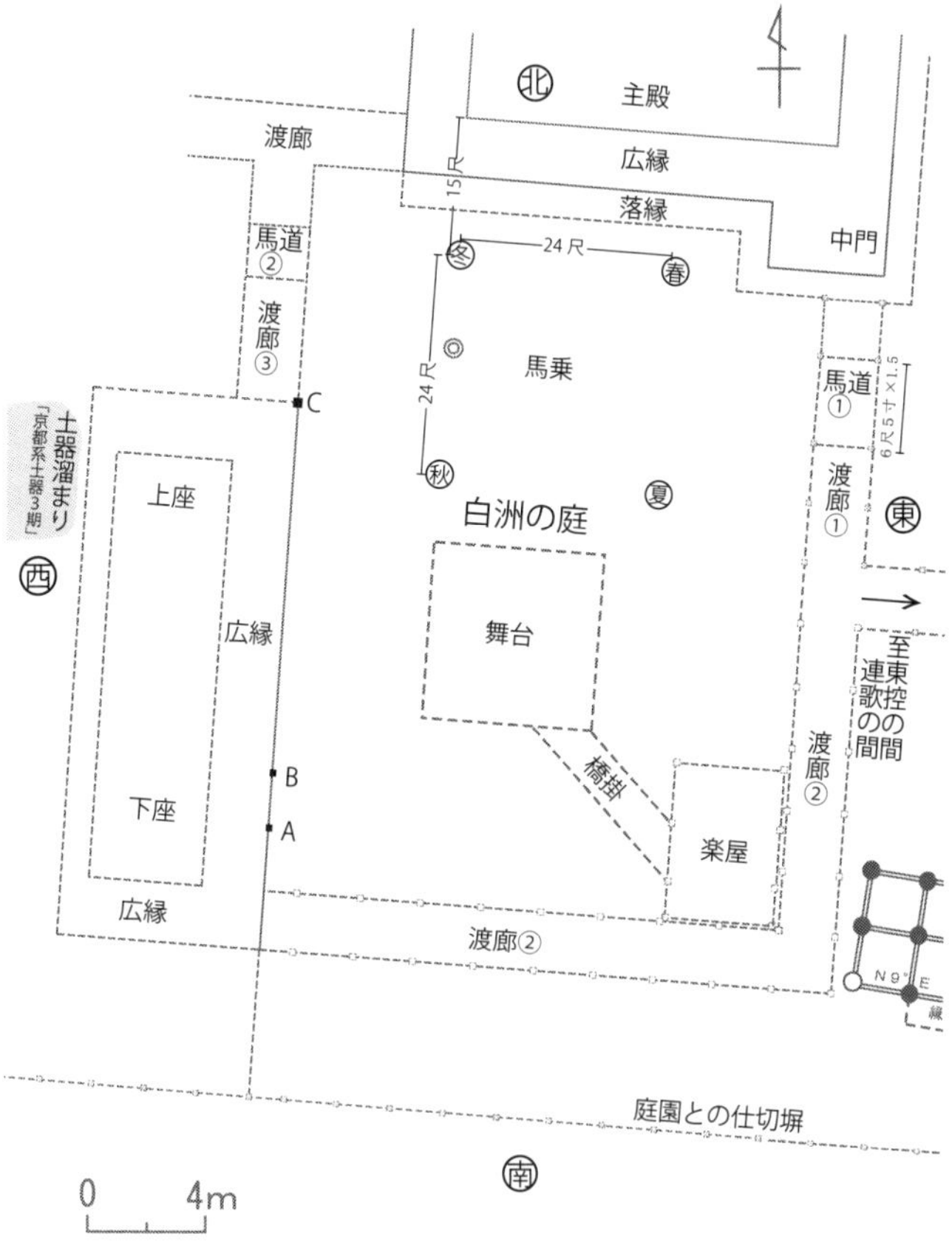

図12　主殿南側の庭配置図

屋は、足利義政の頃から約百年経っており、当然舞台や橋掛、楽屋には屋根が置かれていたと推定できる。

なお、この時代の舞台や楽屋は常設ではなく、仮設と考えられる。舞台には脇座や後座もなく、常設された能舞台の後座の後背に見られるような松が描かれた鏡板もない。大友館の舞台について、「作法日記」では、正月は舞台のことが延べ五日記されているが、その後は八月一日の八朔儀式まで登場しない。また、据えられた礎石の痕跡が全くないことから、正月の一か月は仮設の舞台を設置したまま と考えられるが、ほかの期間は臨時的にその都度設置したのであろう。仮設の場合、屋根は板で根太木を直接地面に据えた組み立て式の建物であろう。

馬乗の庭　「作法日記」によると正月二日の馬乗始《うまのりはじめ》に当主は秘蔵の馬に乗り舞台の前で披露するとあり、白洲の庭の舞台と主殿との間に馬乗を行う庭を設けていたことがわかる。『貞丈雑記』によると、馬乗の元は蹴鞠《けまり》の四本懸《しほんがかり》を使って乗り始めたことによる。四本懸とは、庭に春夏秋冬を表した、春＝桜、夏＝柳、秋＝楓、冬＝松、それぞれの木を四角《よすみ》に植えたものである。植え方も座敷が庭に面する方向によって異なる。大友館の場合、馬乗の庭は主殿の南向きにあるので、図12のように、北東の隅は春、南東の隅は夏、南西の隅は秋、北西の隅は冬というようになる。

また、松ばかりを植える場合もあり、四本懸の木を定植していない庭の場合は、一時的に木を切って立てる「切立《きったて》」をする場合もある。切立の時、木の高さは一丈五尺（約四・五ｍ）に定まっているという。大友館では、主殿南側の庭には植栽や松を立てるための穴の痕跡がないため、杭を打ち、門松などに利用されるような枝のはらない若松をくくりつけた切立であったと思われる。

次に、『貞丈雑記』には、主殿の座敷と縁の境の柱と切立の間は庭が狭い場合、一丈五尺、広ければ二丈三〜四尺にもするとある。大友館の庭は十分な広さがとれるため、二丈四尺（約七・三m）とした。また、図12の◎印の箇所には、数個の石の中に動物の骨が意図的に埋められており、これは馬乗をするための何らかの目印と推定される。馬は後述する図19の御厩《みまや》から当主秘蔵の馬を曳き出して、主殿と大門を結ぶ中仕切り塀の通路から鎧門を通り、図12の馬道《めどう》①から馬乗の庭に曳き入れたものと考えられる。

推定対面所　図12のように白洲の庭の西側には、礎石A・Bと礎石痕跡Cがある。A・Bは、礎石を据える掘り込みの直径が約五〇cmで、その中に礎石が据えられていた。広縁を支える束柱《つかばしら》の礎石である。礎石痕跡Cは、礎石Bから六間北に位置し、掘り込みの直径はA・Bより一・五倍程の大きさである。AからCを結ぶ南北のラインは主殿と同じ北から東へ四度振れる。A・Bは、ちょうど東西の大溝を埋めた肩にあたるため、しっかりとした造りであったため礎石が残っている。しかし、BからCの間にかけて礎石や礎石痕跡が確認できないのは、広縁を支える束柱なので、掘り込みも浅く、据え置く程度の礎石であったため痕跡が残っていないものと思われる。

Cについては、A・Bに比べて掘り込みの規模から、大きな礎石が推定される。これは、東の広縁と北の広縁のコーナーの屋根下の長い隅木《すみぎ》を支える側柱《がわばしら》の礎石痕跡であろう。そうすると、この西側に妻が入母屋の建物が想定される。しかし、北の広縁は広くある必要はない。上座から、この縁に床《とこ》が付き出している造りであろう。

この建物のほかの礎石や礎石痕跡は、近世の水田化によって削られているため不明であるが、ある程度の建物規模は想定できる。東側の礎石A・Bと礎石痕跡Cのラインから約八m西には図12で示したように、この建物が存在する時期と重なる一五七〇年代前半に生産されだす豊後産の京都系土器《かわらけ》3期が出土する土器溜《かわらけだ》まりがある。この土器溜まりは上部が削られているため、本来はもう少し広がるものと考えられる。

このことを踏まえ、建物の西辺を考証すると、建物の西辺は図12で示す土器溜まりの約三m東側に推定される。また、南辺と北辺は、掘り込み整地の広がりの形状から図12で示したような南北に長い建物が考えられる。そうすると、この建物は、南北約一七・七m、東西約六・九mの規模が想定される。また、この建物は、北に上座があり、当主が南向きに座る配置が考えられる。

以上を整理すると、①白洲の庭に沿い、屋根が入母屋の格式高い建物が推定される。②建物は、南北に長い大きな規模で、当主が南面する上座に下座が縦に続く造りである。③「作法日記」には、「対面所」の存在が記されている。これら三点のことから、この建物は対面所と推定した。

建物と建物を結ぶ渡廊《わたろう》　渡廊とは、建物と建物を結ぶ廊下である（図13　参照）。その構造は、板

図13　渡廊（南禅寺・京都市）

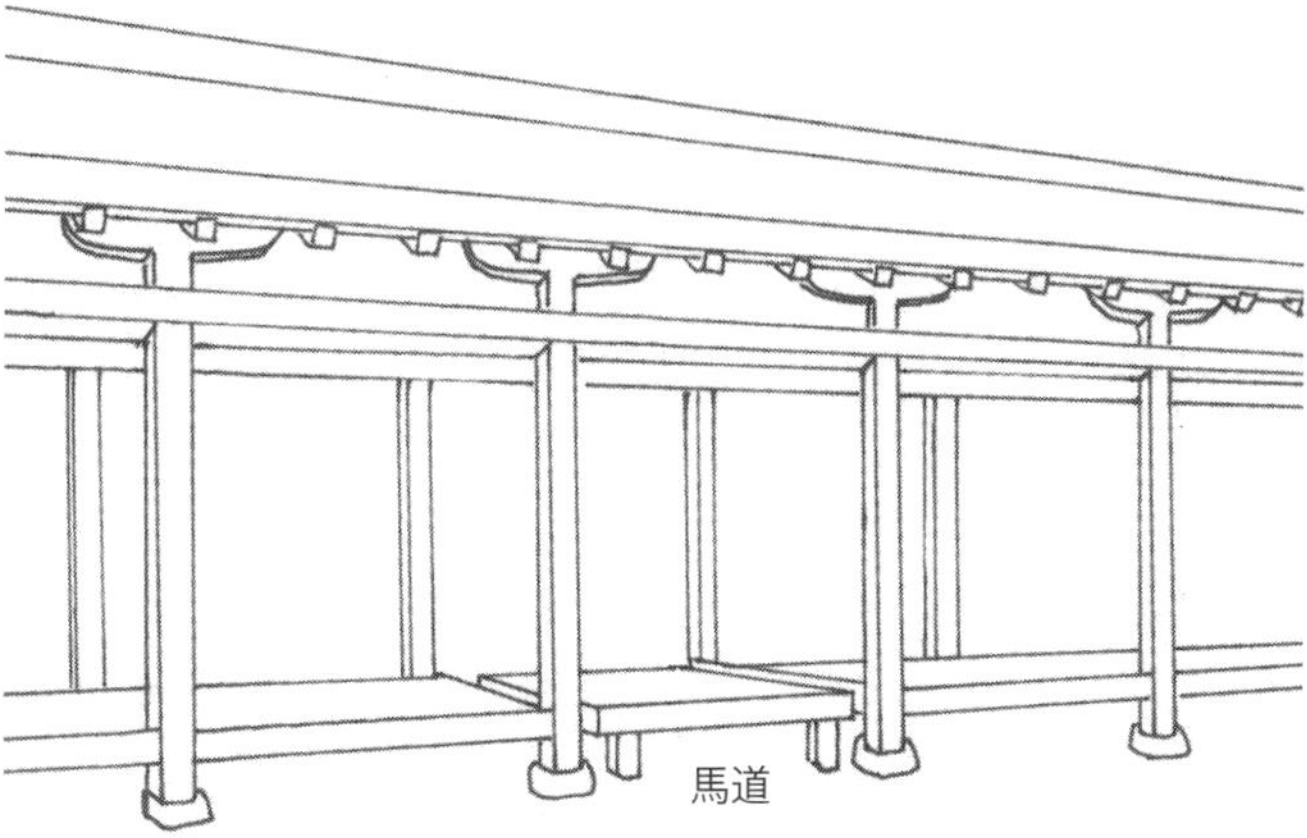

図14　渡廊に開けられた馬道

屋根はあるが、壁のない開放的な構造である。柱の礎石も、大きな荷重がかからないため、地面を浅く掘り、据えている程度である。大友館の場合は、本来の地表面が削られており、礎石が残っている箇所はほぼみられない。

渡廊の柱の間隔は六尺五寸（約一・九七m）、床の幅は人がすれ違う時、着物の袖などが触れないように六尺五寸と推定した。

主殿の中門から「東控の間・連歌の間」建物を結ぶ渡廊（図12の①）は途中L型に東へ曲がり、主殿前にある南北の大溝の南端から約二尺（約六〇㎝）の間をとって延びると推定した（図21参照）。また、「作法日記」では、正月対面儀式で、庭から参上する中間以下の者たちや・町人・職人たちが庭から参上するとあり、特に町人・職人は館の西門もしくは北門から出入りすると考えられ、この庭に入るには図12の渡廊③を横切らないといけない。したがって、この渡廊③には、馬道②を推定した。馬道とは、渡廊の中に人や馬が通り抜けるために開けられた通路であり、通常は図14のように踏み台が置かれている。

一方、推定対面所は、前述のように、北に上座があり、当主は南向きに座る。その場合、当主や近習の者などが通る渡廊③を、当主に対面する家臣などが利用し、当主の脇の東の広縁を通り、方向転換して下座に座る動線は考えられない。したがって主殿と「東控の間・連歌の間」建物を結ぶ渡廊①から、南に進んで西にL型に曲がり、推定対面所の南端（下座側）に推定される南の広縁の東側に取り付く渡廊②が想定される（図12　参照）。

以上述べてきた、推定対面所・渡廊・舞台などの建物は、主殿と同じ、北から東へ四度振れて建てられている。

主殿と大門を結ぶ白玉砂利敷

主殿正面の鎧門と大溝　主殿と大門の間の発掘調査成果によると、主殿東側に南北の大溝、掘立柱列などが確認されている。以下これらの遺構について述べていく。

最終期主殿（大表）の正面の落縁端から南北大溝の西肩までは東西約一一・五m、南北は主殿と遠侍を結ぶ渡廊と、主殿と「東控の間」建物を結ぶ渡廊の間が約四八mである（図2　参照）。この空間（前庭）は当主が出帰陣の時や寺社の行事などに参る時に騎乗または輿に乗ったりするところであり、また八朔の進上の馬を繋ぐ馬立所《うまたてしょ》にもなっていた。大友家当主は、室町将軍家に習い、主殿の妻戸前の縁に立ち、馬立所に繋がれた馬を一頭ずつ当主の前まで引き立てられて見分したと思われる。

前庭の南北大溝との際には、新・旧二時期の門跡が認められる（図15　参照）。双方とも主殿と同様に北から東へ四度振れる軸で、柱の間隔は六尺五寸（約一・九七m）である。この門は掘立柱で、礎石建ちに比べて頑丈であり、幅が狭いのは主殿への突入に対する防御上のことであろう。また二期の門は、北側の門の柱穴に、島津氏が府内に侵攻した時の火災による天正十四年（一五八六）と想定

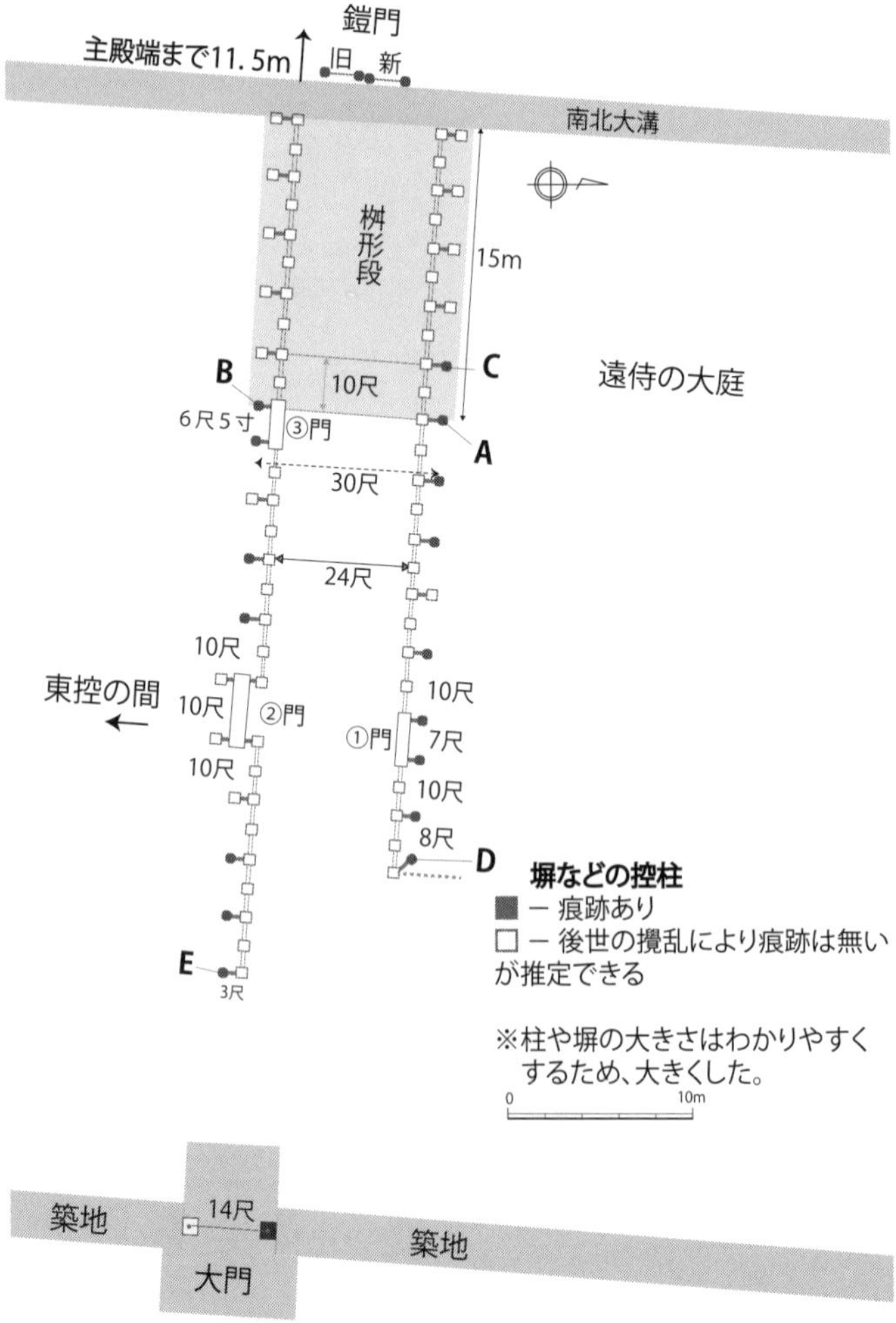

図15　主殿と大門間の通路概念図

図16　鎧門と塀のイメージ（写真合成　姫野公徳 佐藤功 作図）

される焼土が多量に入っている。したがって、主殿最終期に対応するのが北側の門、その前期が南側の門と考えられる。これらの門の両脇には、前述した渡廊まで南北の塀が南北大溝と平行して取り付くと考えられ、造りは後述する中仕切塀と同様であろう。しかし、その痕跡は近世の水田化により大きく削られているため確認できない。

この門は、当主の出帰陣で通る場合、当主や当主の護衛である馬廻衆《うままわりしゅう》が鎧《よろい》を着用し騎乗して通る。そのため、この門の造りは柱の間隔が六尺五寸と狭く、屋根や上に渡す横木を取り付けると騎乗して通れない。よって扉は二枚開きの塀重門《へいじゅうもん》と推定される（図16　参照）。鎧武者が通るので、作法日記にある「鎧門」とはこの門のことである。この門前には大溝を渡る木橋が架けられていたと推定される。

一方、南北大溝は、掘り返しなどを含み、四期確認される。一期は二十代大友義鑑《よしあき》の初期（一五二〇年代頃）まで遡ることが推定される。四期目の大溝の復元規模は幅約一・八m、深さ約一・〇mと推定される。このことから、防御という側面もあるが主殿周辺の排水が主な目的であろう。

白玉砂利敷と中仕切塀　塀重門（鎧門）から南北大溝を渡ると、大門にかけて北側と南側に掘立柱列が確認される。一部は後世の遺構や攪乱により確認できないものもあるが、この掘立柱列の間隔は十尺（約三ｍ）単位で並んでいる。南側と北側の掘立柱列の間は三十尺（約九ｍ）で、当時の柱穴の深さは発掘成果などから約二尺（約六〇㎝）と推定されるが、手掘りであるため、底レベルは若干のばらつきが生じる。この掘立柱列は塀本体を支える控柱《ひかえばしら》と考えられ、この控柱の三尺前（内側）に、礎石建ちの塀本体が想定される。控柱は塀本体を支えるため、頑丈な掘立柱にしたのであろう。南側塀本体と北側塀本体の間は二十四尺（約七・三ｍ）であり、鎧門から大門の間の通路となる。また、この南側と北側の塀は館の中を仕切る中仕切塀となる。

掘立柱列は一期のみ確認されているが、通路幅の中に前述した新旧の鎧門が入る。したがって、この中仕切塀と通路は最終期の主殿（大表）とその前期の主殿に存在していた。この通路にあたる場所には、白い玉砂利が集中して散見されることから、この通路は白い玉砂利敷であったと考えられる。塀本体は五尺単位で柱が立ち、この柱を十尺単位で控柱が支えていることになる。塀の造りは、板屋根付きの土壁構造と考えられ、塀の高さは一般的に標準とされる六尺であろう（図17　参照）。この当時、板壁は厚い板を使うため高級であり、「上杉本・洛中洛外図屏風」の中でも、将軍邸でしか使われていない。

しかし、この控柱列は、南北大溝を渡って約一五ｍの間には両側ともに後世の水田化により削られ、

図17　中仕切塀のイメージ　左は表、右は裏の控柱
（写真合成　姫野公徳 佐藤功 作図）

痕跡はほとんど確認できない。遺構の検出レベルを勘案してもほぼ残っていないのは、当時この箇所を枡形状に高くしており（図15 参照）、主殿前庭のレベル（推定標高約五・〇m）に合わせていたと考えられる。この段は、図15のA・Bから図15のCまで一段（約一五cm）高くし、図15のCから南北大溝までをさらに一段（約一五cm）高くしていたと想定される。この広い枡形を設けた理由として、「作法日記」にある当主が社参などをする時に、当主と警固する者が鎧門から出てくるのを供奉《ぐぶ》する

者たちが整列し待機する場所と想定される。ここから行列を整え、大門から出ていくことになる。

枡形から大門に向かって控柱が続くが、北側は図15のAから一八・五m東のところに、塀本体の控柱の位置と並んで図15の①門とした幅七尺の掘立柱がある。これは鎧門の柱痕よりも小さいため、遠侍の大庭に通じる門の柱を支える控柱と考えられる。この門は塀本体と並行し、礎石建ちで二本の本柱と屋根が切妻の棟門と推定される。門は通路を挟んで反対側の南側にも二か所ある。まず図15の②門は、塀本体から四尺下がって凹型になるところにやや大きな礎石の痕跡が一基認められるが、対になる東側の礎石の痕跡は後世の攪乱により確認できない。しかし中仕切塀の控柱列が十尺単位で続くことから、この門の幅は十尺と考えられる。この門は礎石建ちの薬医門とも考えられることから、門の本柱と屋根を支える控柱が必要であるが、これも後世の攪乱により確認できない。②門は大門から入ってきた賓客などが「東控の間」建物へ出入りするため、輿や騎乗のまま通過できるようにしていると考えられる。②門から南側に直進すると「東控の間」建物の玄関の前に至る（図2　参照）。この間には建物などの遺構は認められず、遠侍の大庭と同様に、黒っぽい玉砂利敷が展開している。

次に枡形の東端に図15のBとその東の間に幅六尺五寸の掘立柱がある。これは通路と南側を出入りする図15の③門の控柱と考えられ、この門は図15の①門と同様に塀本体と並行し、礎石建ちの棟門と推定される。

一方、南側と北側の中仕切塀の東端の状況はどちらも大門や築地に接する状況は確認できない。北側の中仕切塀の図15のDの控柱は、十尺間隔からここだけが八尺である。控柱は塀本体の柱に直交させ支える。しかし八尺間隔にした控柱は塀本体の柱の角にあてていると考えれば説明がつく。ここから塀は北側へL形に曲がると推定されるが未調査区であり不明である。

また南側の中仕切塀は、大門の本柱から約一三mの位置にある図15のEの控柱から先は確認できない。大門に直線で延ばすと、大門開口部の南側にあたる。したがって、この間に南へL字形に曲がり、一段高くした上に番所の建物も想定されるが、遺構が確認できず不明である。

いずれにしても南側と北側の中仕切塀がここで途絶え、大門を入って左右が空閑地とは考えにくく、何らかの形で築地まで仕切られていると考えた方が妥当であろう。もし空閑地であれば、南側と北側の中仕切塀にある門の必要性がなくなる。

したがって南側と北側の中仕切塀に門があるということは、大門と通路は閉まった空間であったと考えられる。

以上のことを大門から鎧門まで俯瞰すると、まず大門から中仕切塀で区切られた通路は、意図的に北側にずらしている。そして新期の鎧門は通路の中心から北側にずらし、旧期は南側にずらしていることがわかる。これは主殿への侵入に対する防御であろう。

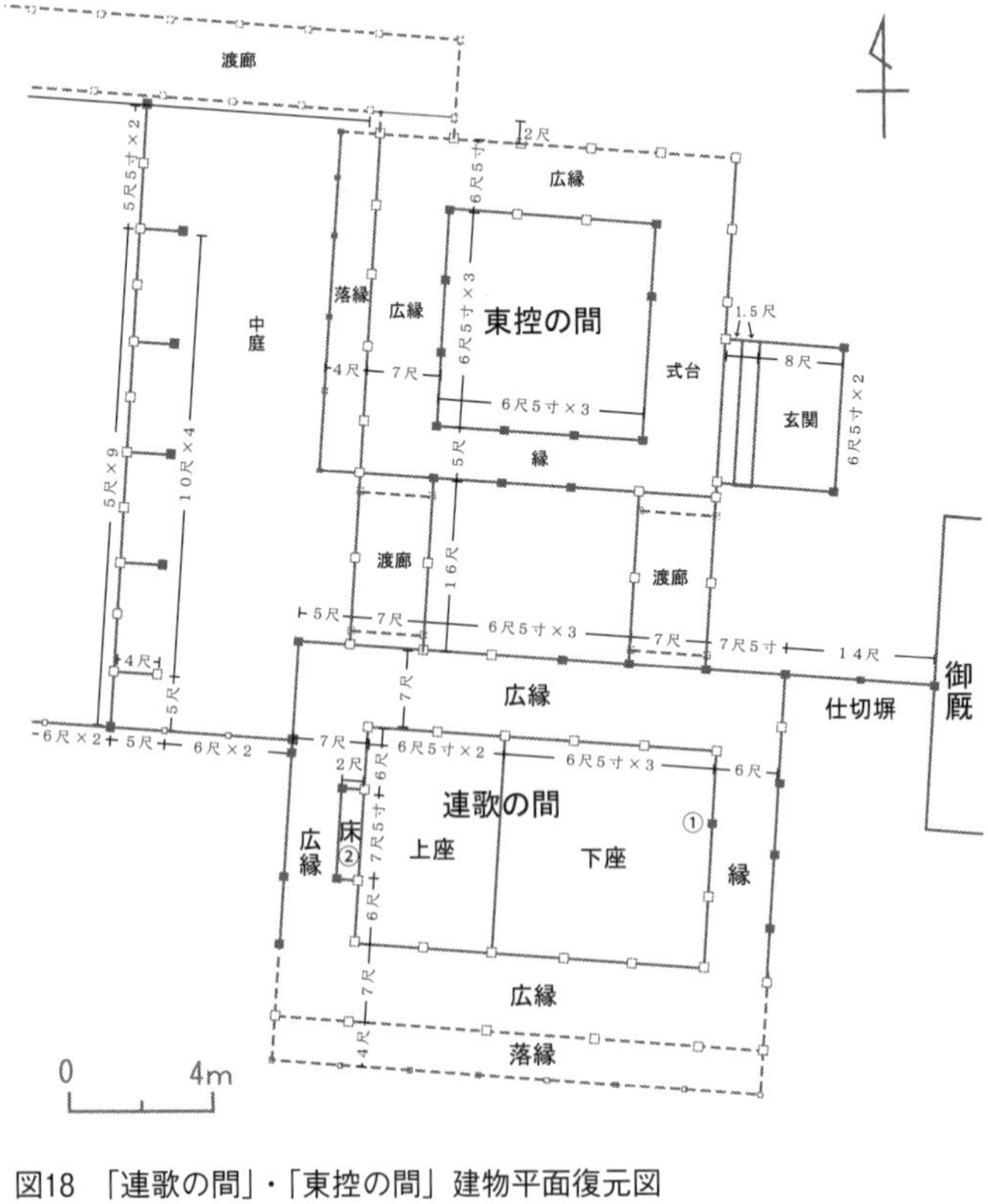

図18 「連歌の間」・「東控の間」建物平面復元図

◆上使や賓客を迎える建物

「東控の間」建物　大門から、館内へ約三〇ｍ入り、図15の②門から南へ約二〇ｍの位置で確認された建物である。その位置関係から大門から館内へ入ることが許された田村氏などの重臣や賓客が、主殿や「連歌の間」建物に入る前に控え、太刀などを置く場所で、十八畳（京間 以下同）の部屋であったと想定し、「東控の間」建物とした。

それでは検出された遺構から復元を試みることにする（図18 参照）。建物の南北方向の梁間は、六尺五寸（約一・九七ｍ）間隔の三間の部屋に、西側に幅七尺（約二・一二ｍ）の広縁が付き、さらにその西側には建物に軸を合わせた礎石列が確認でき、幅四尺（約一・二一ｍ）の落縁を復元できる。東西方向の桁行は梁間と同じく部屋部分は六尺五寸間隔の三間、この北側に幅六尺五寸の広縁、南側に幅五尺（約一・五二ｍ）の縁が付く構造を復元できる。建物主軸は主殿をはじめとするほかの建物と同じである。また、東側には式台が復元でき、これに幅六尺五寸間隔の二間、東西幅が十一尺（約三・三ｍ）の玄関が取り付く。十一尺の間には礎石痕がないため壁無しであろう。この奥には、建物に上がるための階段が幅一尺五寸（約四五・五㎝）で二段付くものと想定される。建物の格式などを考慮すると玄関部分には切石による敷石が設置されていたのであろう。

西側の幅四尺の落縁は、主殿からの導線を考慮すると、当主が常御殿、あるいは主殿から「東控の間」建物へ渡る場合や、「連歌の間」建物に通された上使などが主殿へ渡る通路にあたることから、あえて格式の高い造りにしたと想定される。また、この建物の外周部には、雨落ち溝の痕跡が全く認められないことから、建物の周りについては砂利敷であったと考えられる。発掘調査では、黒味を帯びた玉砂利の出土が認められている。さらに、「東控の間・連歌の間」建物の西側には、西側との空間を仕切る南北方向の仕切塀が復元できる。方位軸は「東控の間」建物と同じで、控柱の柱穴が十尺（約三m）間隔で四基並ぶ。この控柱から四尺西側に塀の本体が北側の曲り角を除き、柱の間隔五尺で想定できる。塀本体は柱穴が確認されないので、細長い切石の礎石建ちであった可能性が考えられる。この仕切塀は、南から四十五尺（約一三・六四m）の地点の十一尺先に塀本体に伴う柱穴が認められることから、主殿から続く渡廊まで延びると想定した。塀の高さは渡廊の軒下に入る高さの六尺であろう。

「連歌の間」建物　「東控の間」建物の南側に位置している建物である。上使門から入ると東西の生垣沿いを一四m進み、生垣西端から北西方向に二八mでこの建物の推定される上座の広縁にたどりつく。建物の南側は、後世の水田化により削られており全体規模や構造は明らかではないが、北側部分の復元を基に、「東控の間」建物や庭園、諸施設との関係性を踏まえ、検討した（図18　参照）。

北辺と東西辺に主殿をはじめとする主要建物の基準軸である北から四度東に傾く軸線に沿った小規模な礎石痕跡の列を確認できる。こうした状況に対し、遺構の検出された標高にあまり違いがないにもかかわらず、礎石痕跡内部の空間には礎石痕跡は部屋部分に相当すると考えられる東辺の一基（図18の①）しか確認することができない。それも極めて残りが悪い。これはほかの建物とは際立って異なる特徴であり、想定される状況として、部屋部分の建物下に築き固めた盛り土がなされ、それが後世に削られて滅失したことに起因することが考えられよう。このような想定に立てば、この建物はかなり格式の高い建物であったことになる。この場所は庭園から段差をもって一段高い位置にあり、庭園に張り出すような立地となっている。

縁に伴うと考えられる西側の柱列の内側には七尺五寸（約二・二七ｍ）幅の床《とこ》に伴うと推定される礎石痕跡（図18の②）が認められており、前述の盛り土の西辺がこの場所まで及んでいないことを示している。さらに盛り土の東辺は部屋に伴う残りの悪い礎石痕跡（図18の①）と、縁の柱列の間にあることは明らかである。

部屋に相当する部分の東辺は、礎石痕跡（図18の①）から想定することができる。このラインから西へ六尺五寸（約一・九七ｍ）間隔で割り付けていくと、先述の床に伴う柱までの間に五間を求めることができ、二尺余ることから、推定した床は幅七尺五寸、奥行き二尺となる。南北方向の梁間は六尺五寸間隔の三間の部屋に北側は幅七尺（約二・一二ｍ）の広縁、南側にも幅七尺の広縁が付くと推定した。東西方向の桁行は同じく六尺五寸の五間の部屋に西側は幅七尺の広縁、東側は幅六尺（約一・八二ｍ）の縁が復元できる。また部屋の西辺中央部の床の両脇には正面間口六尺の壁が復元できる。

この建物の部屋は、床のある西側が三間×二間の十二畳敷の上座、東側が三間×三間の十八畳敷の下座の二間と推定した。

この復元にあたって、北側の広縁と部屋の梁間の長さについては次のようにして求めた。北側の東西列の礎石痕跡のラインから南側へ六尺五寸または七尺幅の北側の広縁、六尺五寸×二間半または三間の部屋をそれぞれ組み合わせて、床の両側の壁の正面間口が分《ぶ》の端数が生じる二間半とする部屋をまず除いた。部屋を三間とした場合、北側の広縁を幅六尺五寸にすると、床の北脇の壁は六尺五寸、南脇の壁は六尺となる。北側の広縁を七尺とすると、床の両脇の壁の正面間口は同じ六尺となる。両脇の壁の正面間口がわずか五寸（約一五㎝）の差しかない場合も除き、七尺の広縁と床の両脇の壁が六尺の左右対称となる六尺五寸×三間の部屋とした。

また、残存している礎石痕跡からこの建物と「東控の間」建物は、東側と西側にそれぞれ幅七尺、長さ十六尺（約四・八五m）の渡廊の存在が推定される。後世に削られて遺構を確認できない南側は、この場所が庭園に張り出した立地になっていることから、上使の輿を乗り付けることや庭園の座観も意図していたことを考慮し、格調高い幅七尺の広縁に、幅四尺（約一・二一m）の落縁の存在を想定した。

この建物は、上座の真中に床があり、左右の壁が同じ幅に造られている。こうした事例は、広島県の厳島《いつくしま》神社摂社天神社本殿（旧連歌堂）、大阪府の杭全《くまた》神社連歌所にあることからこの建物を「連歌の間」建物とした。
こうした復元案に基づき「連歌の間」建物としたこの建物の機能を推定してみよう。上使門から館内へ入った室町将軍の名代である上使は、この建物の南広縁に輿を乗り付け、上座に据えた御座に座ったであろう。もちろんこの時、大友当主たちは下座であった。ここから主殿などへ向かうことになる。したがって、北の広縁が幅七尺と広いのは上使が通ることを想定したためであり、「東控の間」建物の西の広縁も同様であるのは、上使の導線となるためと考えた。「連歌の間」建物の西広縁も幅七尺となっているが、ここには床が張り出すため、この部分の実質的な幅は五尺となる。この広縁は上使を出迎えるためのものと想定され、大友当主が南広縁を経て上使門の前で上使を出迎えるために通ったのであろう。上使門の前まで出迎え、見送るという行為は最高の者に対する中世の武家作法であった。

ただ、上使はそう滅多に下向するものではないことから、通常、「連歌の間」建物は当主や賓客が連歌などを行う遊びの場にもなっていたのではないだろうか。

御厩《みまや》　遺構は「東控の間」建物と「連歌の間」建物のすぐ東側にあり、建物の北に位置する主殿と大門を結ぶ通路の南中仕切塀の十尺（約三m）の門から二二mの距離にある。遺構の検出面は後世に削られ、東側が西側に比べ、約四cm低く、東側の遺構は残念ながら残っていない。そのため建物の東西方向の桁行の長さは不明である。西側に残る南北方向の柱列の間隔から、「東控の間」建物に入る

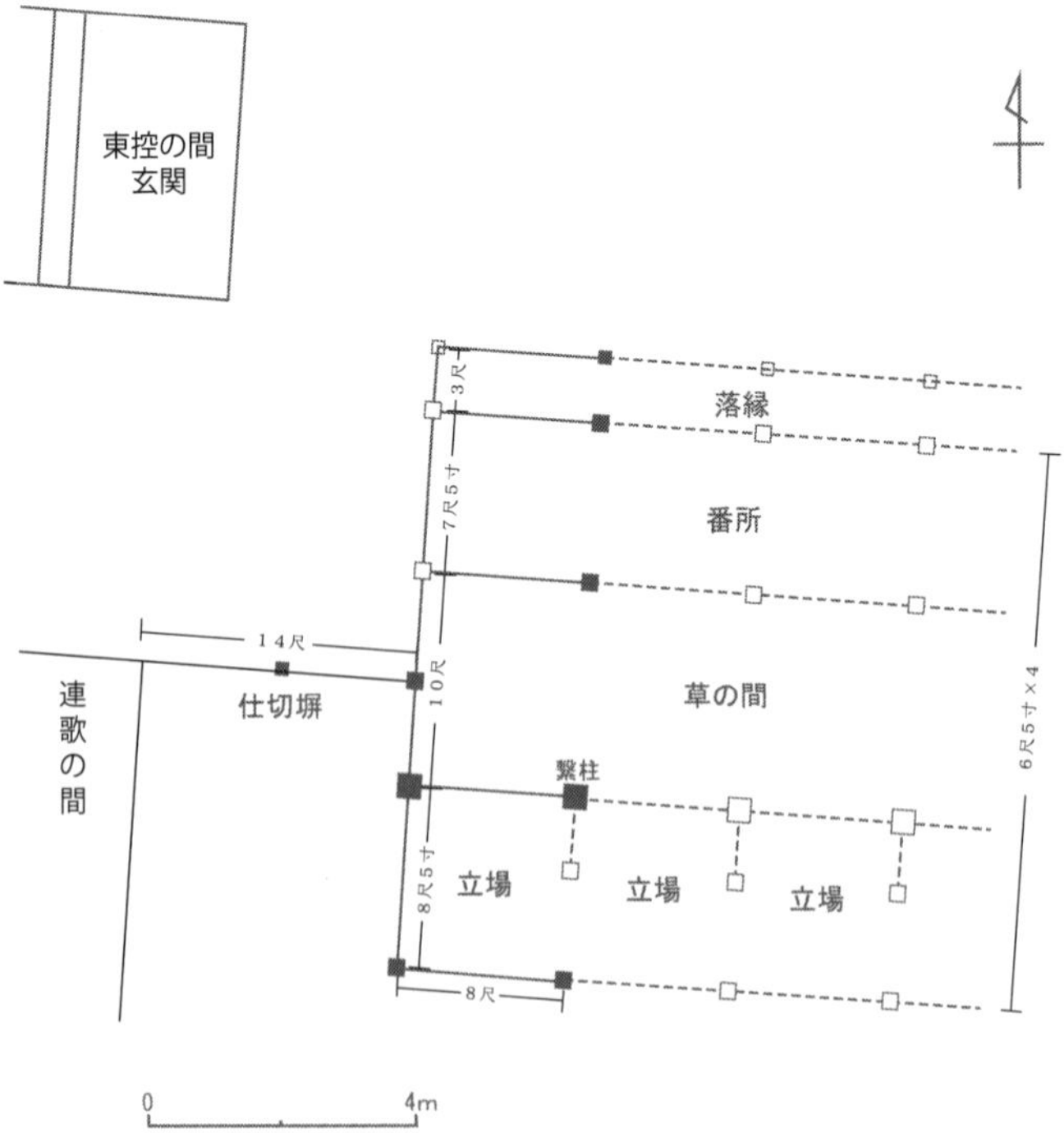
東控の間
玄関
落縁
番所
草の間
繋柱
立場
立場
立場
仕切塀
連歌の間
3尺
7尺5寸
10尺
8尺5寸
14尺
8尺
6尺5寸×4
0
4m

図19　御厩平面復元図

者たちを監視する番所を前面に置く構造であると推定される（図19　参照）。

遺構の残っている南北方向の梁間をみると、六尺五寸×四間分（約七・八八ｍ）の長さの建物となり、その北側に幅三尺（九〇・九㎝）の落縁が付くと推定される。建物の内部の構成は、馬を繋ぐ「立場《たてば》」と考えられる四隅には三基の礎石、一基の礎石痕跡が残る。これを基に復元すると、幅八尺（約二・四二ｍ）、奥行八尺五寸（約二・五八ｍ）となる。つまり「立場」一つの幅は八尺となり、その前にあたる馬に飼葉を与えたり馬を出入りさせる通路である「草の間」は、南北幅が十尺となる。さらにその前面に想定される番所は、幅七尺五寸（約二・二七ｍ）に復元できる。建物の主軸は「東控の間」建物、「連歌の間」建物と同じである。草の間の西側壁の真ん中に礎石があり、この場所から建物主軸に沿って延長すると「連歌の間」建物の北縁と東縁の角の礎石痕跡に接続する。したがって、ここには厩と「連歌の間」建物にあった東西方向の仕切塀の存在が推定される（図19　参照）。

館内には厩は一つとは限らない。そうした中でこの厩は、設置された場所が賓客などを迎える「東控の間」建物の入口に面しており、賓客たちに厩の馬を見せる場所にあたる。つまり当主秘蔵の馬を披露することができる位置にある。

また大友家総大工の記録『木砕之注文』にある十六代正親代（一四七七〜）から二十代義鑑代（〜一五五〇）のいずれかの時期に比定される「御屋形御家ノ三疋厩ノ寸ヲ凡与直候」に番所の幅が史料では六尺五寸であるが、この厩は七尺五寸に広くなっている。立場の広さと草の間の幅は同じ寸法である。これらのことから当主の馬を繋いでおく御厩とした。

この御厩に何頭入るかは、東側を後世に削られているため不明であるが、大友氏の領国はこの当時六か国であり、当主の御厩の頭数は領国の数に比例して増えるとされる（『中世武家の作法』）ことから数頭はいたと考えられる。

ちなみに、史料には天正九年（一五八一）に織田信長から大友義統に上方において類なき「鬼葦《おにあし》毛《げ》」と「大鴾毛《おおつきげ》」の馬二頭が贈られたことが確認できる。この御厩で飼育・管理されたのであろう。

馬は一頭ずつ立場に繋がれ、馬の出入りは草の間の東端の大戸《おおど》から行った。一方、馬の頭数が多い場合には厩の真中に「馬ノ道」という出入りさせる空間を設ける事例もある。馬の飼育や世話をするのは御厩衆《みまや》であり、御厩の管理は御厩御番衆《みまやごばん》によったが、「筆法条々」に御厩御番衆に関する記載がある。これによると番衆には格の高い家臣（所領の多い分限衆）が命じられ、当主の馬の番と「東控の間」建物に入ってくる者たちの監視を担っていた。

戦国期最大級の大名庭園

館主殿から「連歌の間」建物の南には池をもつ庭園がある（図2　参照）。発掘の結果、最初の造園は十五世紀後葉に始まり、一度の改修を挟んで、最後の大規模な庭園が造られている。その規模は南北約七五ｍ、東西約一〇〇ｍ、庭園の中にある池の大きさは南北約三〇ｍ、東西約六七ｍにも及ぶ。

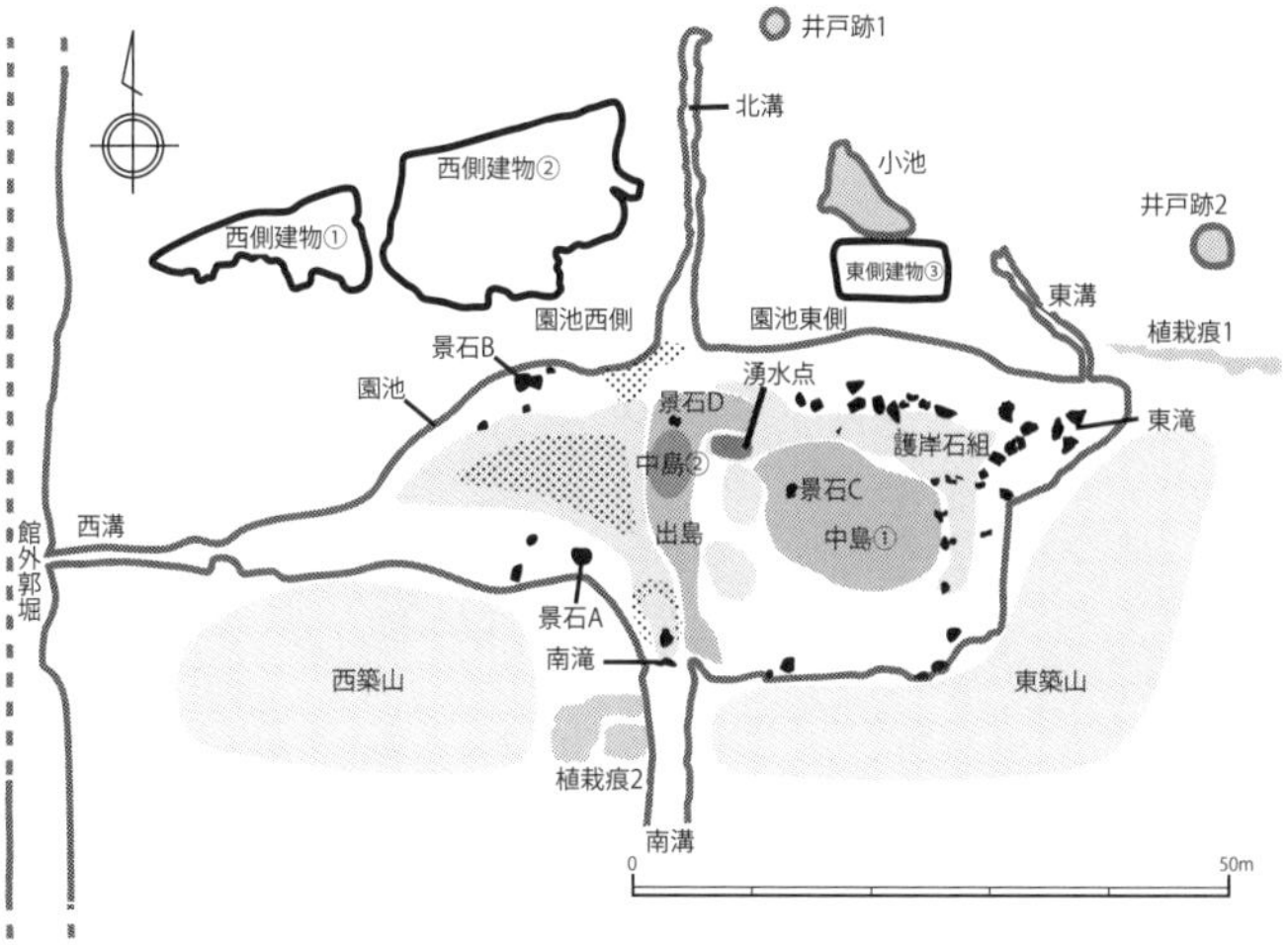

図20　庭園遺構図

戦国大名の館に造られた庭園の中では最大級である。

　庭園には池のほか、小池、建物に伴う整地、井戸跡などが確認されている（図20　参照）。池内の構造は中央部に中島②を含む出島がある。この出島の東側と西側で景色は異なる。東側は中島①や大きな景石を多数配置して、ダイナミックに山や川などを表現する一方、西側は全体的にシンプルであり、池の底には円礫を敷いている。東西の池の南側には築山《つきやま》があり、クロマツやヤマザクラなどが植えられていた。

　また池には水を張っていたことが分析から証明されており、発掘によると掘り込まれた池全体には粘土を厚く塗っている状況が確認されている。これはこの庭園が河川堆積物の砂地の上に造られたことから、池水の漏水防止のためと考えられる。

表3　庭園観賞のメインポイント

西側建物①（北から一五度西に振れる）	・図20の形状に白玉砂利が散乱していた。この部分の南側に白玉砂利が敷かれ、建物は掘り込み整地が深い北東側にあったと推定される。建物は南北約三m、東西約八mの中にあると想定される。 ・真正面に西築山を見ることができ、中島①・②と園池東側景石群を見ることができる。
西側建物②（北から一五度西に振れる） **口絵左下**	・建物①と同様に、図20の形状に白玉砂利が散乱していた。建物は掘り込み整地が深い北西側にあったと推定される。建物は南北約四・五m、東西約九mの中にあると想定される。 ・南滝を中心に捉え、東築山から西築山まで一望できる。中島①の東側景石から中島②付近まで見ることができる。
東側建物③（真東西） **口絵右上**	・建物は掘り込み整地の範囲、南北約四・六m、東西約九・四mの中にあると想定される。 ・東滝から中島②までの景石群を見ることができる。
中島①（景石Cより） **口絵左上**	・東滝から護岸石組を見ることができ、特に護岸石組の景観がすばらしい。
中島②（北を望む） **口絵右下**	・真正面に北溝を臨むことができ、水を流すと谷川を蛇行して流れ下り、園池の州浜に至る景観を楽しむことができる。 ・園池西側や景石Bを見ることができる。 ・中島②と北岸を結ぶ仮設の板橋があったと想定される。

またこの塗られた粘土の底の数か所から、完全な形をした豊後産京都系土器《かわらけ》の2期にあたるものが出土している。これらの土器は造園時に何らかの意図をもって置かれたものと考えられる。したがって、

最後の庭園が造られた時期は一五五〇年代～七〇年代初頭となる。

池水の主な水源は雨水と地下水（図20の湧水点）である。池の東西南北には四本の溝が接続し、観賞時のみ、北溝と東溝、南溝に水を流していた。北溝と東溝の水源は井戸水である。北溝の頭から四m東に井戸があるが、珪藻分析の結果から、井戸と北溝の間に水槽などの装置があり、観賞時に水を流していた。南溝は館の外から水を引いているが詳細は不明である。西溝は館外郭の堀に繋がっており、大雨時の緊急排水用である。

この庭園はさまざまな方向から見て楽しむように造られている。表3のようにそれぞれのメインポイントから一幅の絵のように観ることができる。

したがって大友館庭園の特徴は、一般的に座敷から観賞する比較的小規模な戦国大名庭園から、城外に大規模に造られ、建物からの観賞や回遊して楽しむ近世大名庭園への過渡的な造りともいえる。

庭園の周囲は、東・西・南は築地が巡るが、北側の建物群とは違和感がないように竹垣で仕切られていたと考えられる。

以上のように大友館の庭園では中島や石を張った州浜、滝などの意匠が確認されているが、造園に関する記録は残っていない。しかしながら、これらの意匠は京都の醍醐寺三宝院や仙洞御所などにある古い庭園にも垣間みることができる。同時代ではないにしても、このような意匠のあり方をみると、大友館の庭園は全くの独自の発想で造られたとは考えにくく、先進地の京都から技術者を呼んで、京都の古い庭園と類似する基本的な造園の思想を取り入れ、作庭した可能性があろう。

◆特異な建物

推定「井楼櫓《せいろうやぐら》」　この建物と後述する推定番所は、東は「連歌の間」建物と西は主殿南側の庭の中間にあり、南は庭園との境目に位置する（図21　参照）。主殿南側の東西方向の大溝を埋めてこれらの建物から西の庭にかけて、館内では最も新しい整地が行われている。この整地の上に建てられた施設は、整地に伴って造られている。時期は周囲の状況から天正元年（一五七三）頃と思われる。館内の建物の方位軸が北から東へ四度振れるのを基本とするのに対して、これらの建物は北から東に九度振れており特異な様相を呈す。これは何か特別な意味を持つ建物と考えられる。

推定井楼櫓の規模は、六尺五寸（約一・九七m）の一間単位で田の字形に礎石痕跡を確認することができる。南西と南東の隅は近世の水田化によって削られ確認できないが、二間四方の建物を復元することができる。礎石痕跡の北西隅は擂鉢《すりばち》状に推定地表面から約四〇cm掘り込み、底には約二〇cm程度の河原石が複数据えられ、頑丈に造られている。さらに、河原石の上部には二〜三cm程度の小石を詰めており、この中に礎石を据えたものと考えられる。この礎石痕跡が位置する場所は、宗麟代の東西方向の大溝を埋めた肩にあたり、地盤が弱いため、石を入れることで礎石にかかる荷重に対して強化している。ほかの礎石痕跡は、鍋形状に推定地表面から約二〇cm掘り込み、拳《こぶし》大程度の円礫を入

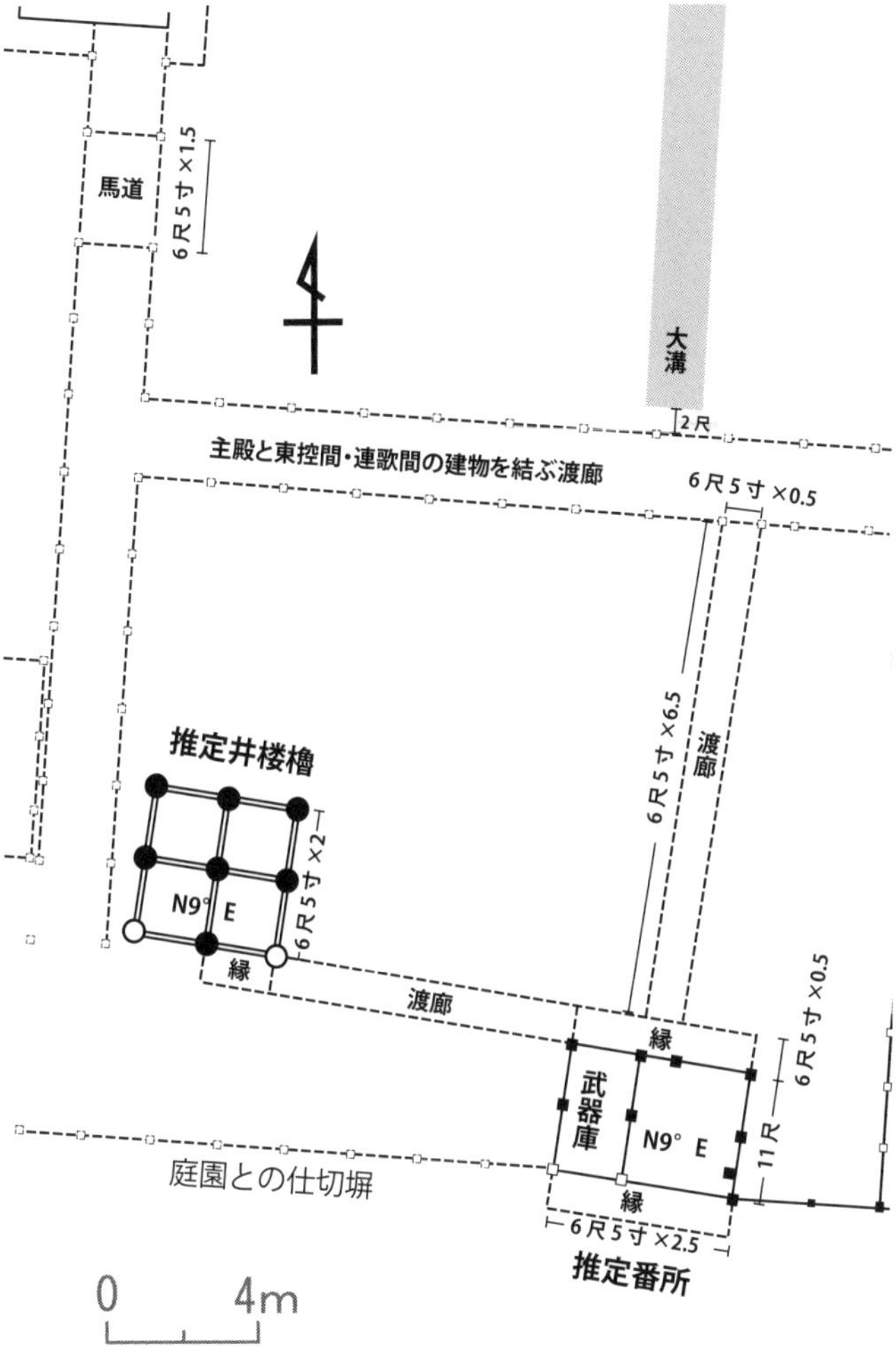
馬道
6尺5寸×1.5
大溝
2尺
主殿と東控間・連歌間の建物を結ぶ渡廊
6尺5寸×0.5
6尺5寸×6.5
渡廊
推定井楼櫓
6尺5寸×2
N9° E
縁
渡廊
縁
武器庫
N9° E
6尺5寸×0.5
11尺
縁
庭園との仕切塀
6尺5寸×2.5
推定番所
0 4m

図21　特異な建物

れることで荷重に対して強化している。礎石痕跡の規模は一番大きいもので長軸一・八m、短軸が〇・九m、一番小さいもので長軸一・〇m、短軸が〇・八mである。通常、この程度の建物の礎石痕跡としては約四倍もある。

このようなことから、礎石を推定すると通常の建物とは異なり、二間四方の建物にしては極めて大きな礎石が考えられ、そこに建つ柱も相当太いものが推定される。そうすると、この建物は通常の建物ではないといえる。想定される建物としては、塔、高床の庫《くら》や櫓などが考えられる。塔の場合は基《き》壇《だん》が必要であるがその痕跡はない。高床の庫の場合、南側が水田化により削られており、南に六尺五寸×二間分のスペースがある。しかし、南側の自然堆積物は砂地であり、後述する推定番所の北縁との整合性からも、この建物が南に延びる可能性は低い。また、高床の庫であれば、あえて建物軸を北から東に九度振る理由がない。ほかの建物と同様に北から東に四度振ってもよい。この建物を北から東に九度振っているのは、何か理由があるはずである。では、櫓はどうであろうか。

このような特異な二間四方の建物の痕跡は、日本各地で十六世紀中頃から確認されている。具体的な事例としては、高根《たかね》城（静岡県浜松市）、能島《のしま》城（愛媛県今治市）、小倉山《おぐらやま》城（広島県北広島町）、御《お》飯ノ山《いのやま》城（福岡市）などで同様の平面構造が認められる。このような構造は井楼櫓《せいろうやぐら》とされている（図22参照）。これらの事例はいずれも山城に造られたものであり掘立柱である。平地の館に造られた事例はこれまで確認できていない。推定井楼櫓の平面構造は、山城の井楼櫓と極めて似ているが、礎

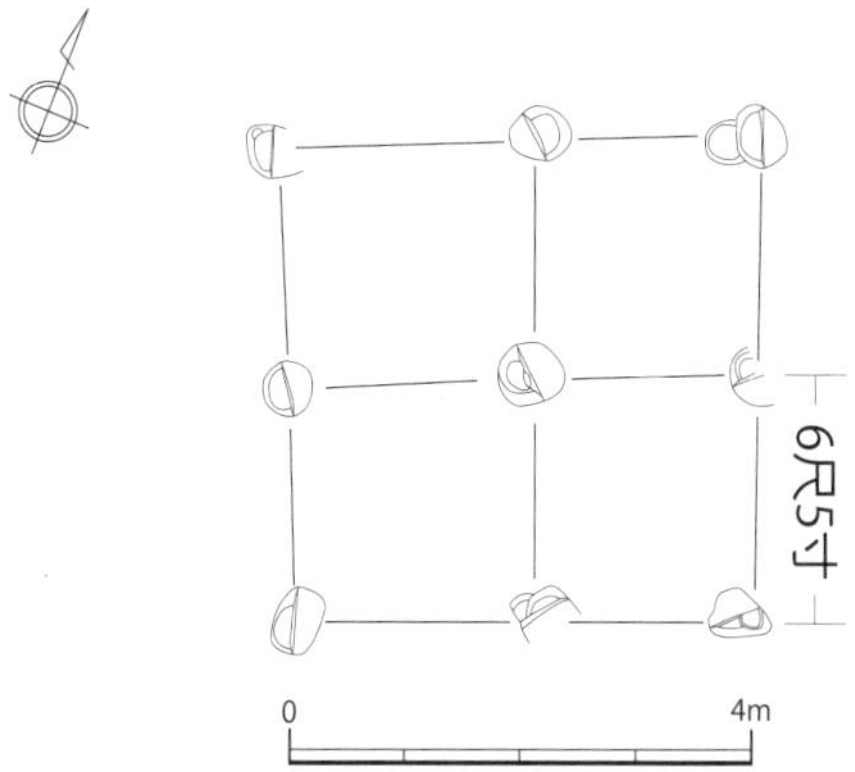

図22　能島城の井楼櫓平面図（一部改変）

石建ちとなっている。掘立柱の場合、櫓であるため深く掘る必要があるが、この建物は河川の下流域の堆積物上に建てられた平地の館内にある。そのため、深く掘ると水が湧き出て途中で崩れる可能性がある。真下は、三時期の人工的に締められた約六〇cmの整地層がある。この上に大きな礎石を据えている。これは、例えていうならば、クレーン車のクレーンを稼働させる際に四本の脚でクレーンを安定させて支えるアウトリガーの機能と同じ構造となる。よってこの建物は井楼櫓と考えられる。井楼櫓とは、敵の動きを見張り弓矢や火縄銃を撃つ攻撃の拠点にもなる施設である。この構造は、九本の柱に田の字型状の横木を組み、櫓を安定させる。田の字型の横木は、上部・真中・下部の三か所を組んでいれば、安定感が高まる。上部は見張り台に板葺きの屋根をのせていたと考えられる。見張り台までの高さは数メートル。これに見張る者の目線を加えた高さから見張ることになる。昇り降りは、固定した梯子《はしご》であろう。高い構造物であるため上からの荷重はかかるが、横からの風は吹き抜け構造であるため影響は少ない。また九本の柱は、角柱よりも横からの強風に対する抵抗が少ない丸太柱と考えられる。

天正元年（一五七三）頃に造られたこの推定井楼櫓は、大友宗麟から義統に家督相続がなされた直後にあたる。いまだ政情が不安定な時期であり、時は戦国時代末期でもある。そもそも、平地の館は大規模な敵の攻撃に対応するように造られてはいないが、館が政庁であるが故に、内乱や当主を狙う少人数の襲撃に備えるため前述した館外郭の土囲廻塀に矢倉を推定している。しかし、庭園内は築山に樹木があり、見通すことができない死角が多く、館の防御上の弱点である。

推定井楼櫓の南側からは庭園の西端から西堀の外側空閑地などを見下ろすことができる。東側からは庭園の東端・築地・館東側の道路などが見通せたであろう。このような点を踏まえると、主として庭園全体とその外側の見張りのため必要であったと考えられる。襲撃の際には櫓上から、火縄銃などで応戦するものと考えられる。つまり、この建物が北から東に九度振っているのは、一番見張る必要がある方向を重要視したためである。

推定「番所」　この建物は推定井楼櫓と方位軸が同じであり、一連の建物である可能性が高い。建物の規模は南北が十一尺（約三・三m）、東西が六尺五寸×二・五間（約四・九二m）の規模である。南辺の西側の礎石は近世の水田化によって削られ、東隅の礎石痕跡しか確認することができない。北辺は、西から六尺五寸で礎石痕跡が六尺五寸×一間、半間、一間の間隔である。南辺は北辺と同様に六尺五寸を基本にしていると考えられる。また、南北は東辺・西辺の両側とも真ん中の五尺五寸（約一・六七ｍ）の位置に礎石痕跡がある。西辺の真ん中から六尺五寸内側の位置にも礎石痕跡がある。これは、建物内部の仕切りと推定され、武器庫と考えられる。この建物の北側には半間程度の縁が付き、入り口は「東控の間」建物と主殿を結ぶ渡廊から半間幅の渡廊が六尺五寸×六・五間（約十二・八ｍ）で取り付くものと推定した。建物の南側には縁が付くものと思われる。建物の東辺・西辺は庭園と建物群を仕切る塀が取り付くので縁はないものと考えられる。

以上のように、館内の建物のほとんどが六尺五寸を単位とした建物であるが、これとは異なる構造である。規模は異なるものの、唯一前述した西口番所と同じ構造になっている。また、推定井楼櫓の南側の縁と推定番所の北側の縁は六尺五寸の半間幅で整合し、渡廊で繋がると考えられる。西側の推定井楼櫓を、見張りを目的とした場合、一連の建物である東側のこの建物は武器庫を伴う番所であると考えられる。そうすると、建物の南側に推定した縁は、侵入者に応戦するため弓矢や火縄銃を使うことができる広さであると推定することができる。この番所は推定井楼櫓と連携して対応する「番衆」がいる場所である。この番所は正面に庭園の南滝を見据える。そして、東側の中島から西側の築山までを見渡せる。庭園の南滝は館の外から水を引き入れており、両側が築山で幅約三ｍの導水路があり、侵入者が入りやすい。ここを見張るのが主な役割であると思われる。

◆大庭に面した遠侍《とおざむらい》

武家の屋敷において、遠侍は主殿から離れたところに設けられ、警固や取次をする武士の詰所である。

大友館の遠侍は、東の築地に想定される小門から、玄関まで約三五m西に位置する（図2　参照）。その間には広く建物などの遺構は認められず、「作法日記」にある「遠侍の大庭」と呼ばれた広い空間である。この空間は発掘によると、もとの地面の上に土を盛って、平均約一〇cmの整地を行い、その上に黒っぽい玉砂利を敷いた状況が検出されている。広い玉砂利敷は、見た目や水はけが良く、雑草も生えにくい。また歩くと音がするので、夜でも不審者の侵入を防ぐ効果がある。

建物本体は（図23　参照）、南北六尺五寸×三間（約五・九一m）、東西六尺五寸×四・五間（約八・八七m）に復元できる。建物の方位軸は主殿と同じである。建物本体の東側には奥行十尺（三・〇三m）、幅六尺五寸×二・五間（約四・九三m）の玄関が付く。この玄関は奥行十尺のうち、三尺五寸（約一・〇六m）の石敷土間に続いて、一尺五寸（約四五・五cm）の階段、五尺（約一・五二m）の式台《しきだい》が想定され、側面の壁はなく、三方が見通せる造りと思われる。

屋根の構造は建物本体の南辺の延長線上に玄関の南辺が続くことから、建物本体の屋根が入母屋《いりもや》では玄関の屋根が取り付かない。したがって、切妻《きりづま》と判断できる。また屋根を葺いた材料は主殿と同様

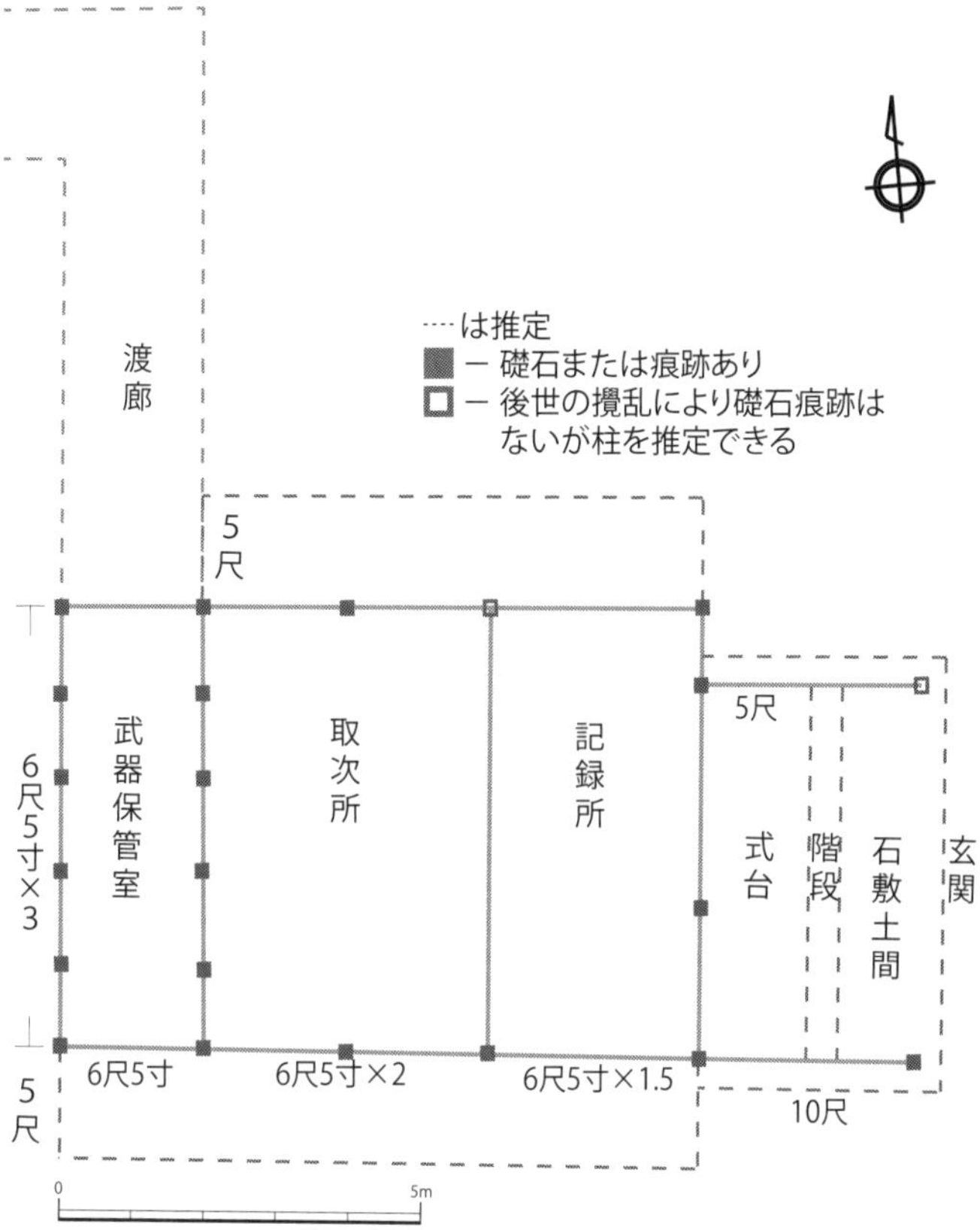

図23　遠侍の平面復元図

に長柿《ながこけら》であろう。

建物本体の南北には縁が推定されるが、広い縁の場合、隅に軒を支える柱が必要であり、その柱を立てる礎石の痕跡がないため、「東控の間」建物（図18 参照）の南縁と同様に幅五尺（一・五二m）の縁とした。西側の縁は、屋根が切妻であることや通路の必要性がないことから、縁は付かないと推定した。

またこの当時、雨樋《あまどい》はなく、雨水は軒から直接地面に落ちる。そのため、軒下の地面に溝を造る、あるいは砂利敷にする。遠侍周辺部は雨落ち溝が確認できないことから、大庭に続く玉砂利敷であったと考えられる。

建物本体の内部は東・中・西の三つの室に分けられる。東の室は東西六尺五寸×一・五間（約二・九六m）である。「作法日記」には正月、対面儀式で給仕にあたる者たちは、大晦日《おおみそか》の夜に着到状（当主の命を受け、馳せ参じたことを示して提出する文書）を記録所の西方《にしかた》の長押《なげし》に五間分程（コの字）を貼り付けるとある。着到状を提出する所は館に入ってまず最初の建物である。このようなことから、この東の室は記録所とした。記録所は、「筆法条々《ひっぽうじょうじょう》」によると大友直轄領の武士たちで構成される「記録所番衆」がおり、三交替で勤めるとある。

中の室は、東西六尺五寸×二間（約三・九四m）の広さで、取次所とした。ここでは、館へ参上した家臣たちの取次、主殿などに向かう前に案内を待つ間の控え、進上物の目録などを授受する場と考えられる。

西の室は、東西六尺五寸×一間であるが、南北三間の外側と取次所との仕切りとも柱を立てる礎石や礎石痕跡は三間を五等分しており、頑丈な土壁構造と考えられる。この室の特徴は、温度と湿度を抑え、火事を最小限にくい止め、室内からの圧力を防ぐことなどが挙げられる。土蔵と同様な造りである。また、床や天井は厚い板が想定される。このような構造にした目的は、槍・弓矢・火縄銃などの武器保管室と思われ、特に火縄銃の火薬の保管に対応するための構造と考えられる。また火縄銃は有事に素早く対応するため、玉と火薬は装塡されていたものと想定される。火縄銃に必要な火種は火鉢を常時、備えていたであろう。室の出入り口は有事の際、すばやく武器を取り出せるよう南側と北側両方にあり引き戸が推定される。

「筆法条々」には「御遠侍番衆」として、二十日ずつ五交替で大友直轄領の武士が勤めるとある。この番衆は式台や縁の端に、この当時正式な座り方であった、安坐《あんざ》（あぐら）をし、刀を持ち、手元に弓矢を備えて警固をする者や、通常時の取次をする者がいたであろう。一グループの人数は不明である。また非番の日には宿直《とのい》も勤めている。

遠侍と主殿は板屋根で壁なしの渡廊《わたろう》（渡り廊下）で繫がっていたと推定される。しかし渡廊の柱を建てる礎石痕跡は検出できない。渡廊は重量が軽い建築物であり、礎石は軽く据えられている。また後世、地表面が削られているため、その痕跡は残らなかったと思われる。渡廊は遠侍の北西隅から北

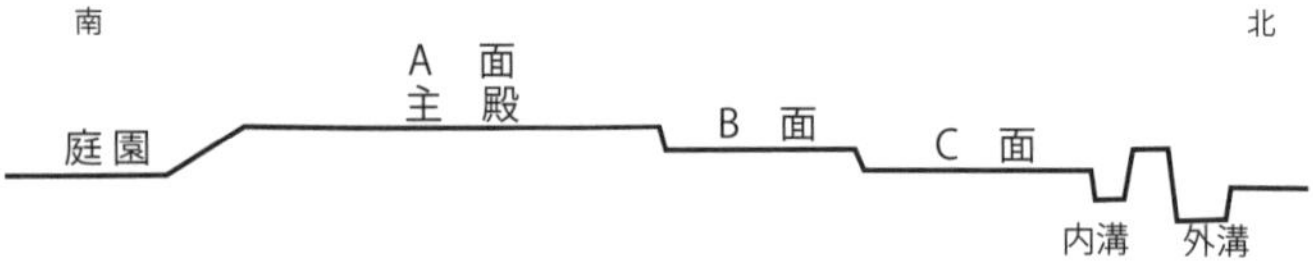

図24　主殿南北の断面模式図

に迂回し、コの字型で主殿の色代に繋がっていたと推定される（図2 参照）。この渡廊は南縁または北縁から直線的に主殿へ繋がることはできない。なぜなら、遠侍の西壁から約八ｍのところに井戸があり、そのすぐ西には南北の大溝がある。また大溝の西になる主殿側とでは、段差があり主殿の方が高く、大溝の西側に沿って塀があったと推定されるからである。なお遠侍の西側の井戸は、遠侍へ上がる前に足を洗う水や防火用水などとして使われたものであろう。

推定「贄殿《にえどの》」・「納殿《おさめどの》」

大量の土器《かわらけ》溜《だ》まりと推定贄殿《にえどの》　主殿北側の発掘成果からは、図24の主殿南北の断面模式図に示したように、主殿のあるA面から北側にかけてB面・C面と段差をつけた平坦面がある。もともと、この一帯は沖積地であり、河水が洪水時に流路から溢れ、河岸に沿って多量の土砂が堆積した紡錘《ぼうすい》形状の微高地（自然堤防）が形成されている。主殿北側に段差が生じているのは、主殿はこの自然堤防の高い箇所を整地したA面に建てられ、北側にかけて下がる自然地形をB面とC面の二段に整地したためである。

B面の平坦地は、周辺の遺構が検出された高さなどから推測すると東西二九ｍ、南北一八mと考えられる（図25　参照）。B面の平坦地では、十五世紀後半の館に関連した掘立柱の建物遺構が検出されている。その上にあると考えられる十六世紀前半の整地土と建物遺構は、近世の水田化によって削り取られ確認できない。このうち東西二九mの西側は約三〇㎝低く段差がある。これも近世の水田化により削られたものと推定される。

また、B面の北側と東側には、図25のように多数の素焼きの皿などを埋めた「土器《かわらけ》溜まり」が集中している。「土器溜まり」は、ゴミ捨て場とは異なり、儀式などに使われた土器を意図的に埋めているものである。その行為には何らかの意味があるはずであるが、理由は不明である。この土器は、豊後国で生産された京都系土器のうち、十六世紀中頃以降に生産された2期と3期に該当する。このような「土器溜まり」が集中している場所は、広島県の吉川元春隠居館や福井県の朝倉氏館跡では、台所やその付属施設などの周辺で確認されている。したがって、B面の平坦地に十六世紀中頃以降、台所とその付属施設があったと推定できる。

同時代の台所などに関係する建物事例としては、吉川元春の隠居館（一五八三～九一頃）で確認されている。広島県北広島町が刊行した発掘報告書によると、縦約一三・六七m×横約七・八二mであり、その付属施設は縦約七・八二m×横約五・八二mの規模である。このように隠居館でもかなり大きな台所を持っていることがわかる。

では、大友館の十六世紀中頃以降に該当する二十一代大友宗麟・二十二代義統前期における台所に

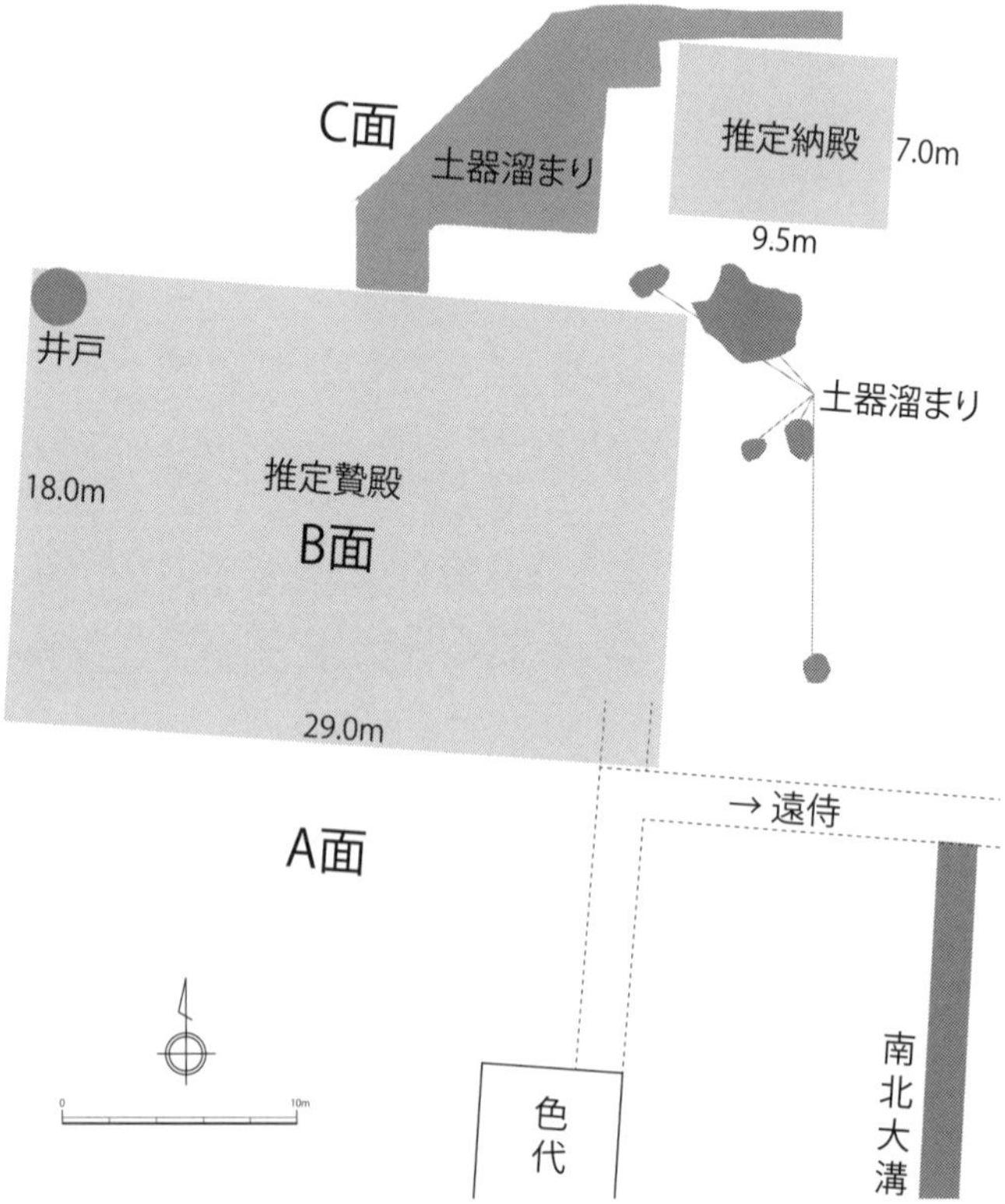

図25　推定「贄殿」・「納殿」概念図

ついて具体的に推定してみよう。「作法日記」には、「小者衆には勤番の時に朝夕（当時は一日二食）に出される当主の御膳の残りを食べさせる。侍衆へも、知行を持たない無足《むそく》の時は御膳の残りを与えることもある。その昔、小原右並・臼杵長景なども贄殿《にえどの》で御膳の残りを与えられた身分であったが、後に国務を取り扱う身になった。贄殿衆が無足の侍を台所でその性質を見極めることが多々ある」とある。このことから贄殿と台所は同意語として使われている。また、辞書にも中世の贄殿は台所のこととある。

贄殿には、竈《かまど》を据えた土間、調理を行う板の間、料理を各種器に盛って膳を整える板の間と食器などを収納する納戸がある膳所《ぜんどころ》といった施設が想定される。また竈は煮炊きを行うため、近くに井戸が必要である。井戸の周りには、食材や食器を洗浄するための洗い場が付属するはずである。付属施設としては、米などの穀物、煮炊きの燃料となる薪や炭、高い室温での保管に適さない味噌・塩などの調味料、生鮮食材や乾物を保管する納殿が考えられる。

贄殿と推定されるB面の平坦地をみると、主殿に近い東側は膳を整える膳所が妥当だろう。大友家の場合、正月の多人数の対面儀式、また大表節では一人につき三の膳まで出し、一度に数百膳を配膳するため、臨時の棚を用いるにしても、膳を整える膳所はかなり広い板の間が必要である。

B面の平坦地の西側には井戸があり、調理に関係した建物が想定される空間である。この建物は、井戸側に竈を据えた土間と、板の間の調理場の配置が考えられる。調理場には魚などを焼く囲炉裏が仕切られていたであろう。膳所と、竈や調理場を設けた建物は、一つの建物では主殿より大きなものとなり、考えられない。また火を使う建物と膳所は切り離されていたと想定される。したがって、贄殿は二棟の建物が主体となっていたと思われる。この二棟は調理した料理を膳所に運ぶために短い渡廊などで繋がっていたと考えられる。調味料や食材を保管する付属施設は、腐敗をできるだけ遅らせるために、贄殿の日陰となる北側に建っていたと推定される。

また、「筆法条々」には贄殿衆のことが次のように記されている。所領がどれぐらいであっても、大友家との由緒がない侍衆へは命じられない。普通は三人、多くても四、五人に命じる。どのようなことがあっても二人で勤番する相番はなく、一人で十日ずつ勤務する。贄殿衆の管理者は「御台番《おだいばん》衆《しゅう》」である。「御台番衆」とは飯番のこととあり、定数は六人である。

本来は配膳に関わる役であったが、「作法日記」では直接台所や配膳とは無関係であり、各儀式や行事で重要な役を務めていることがわかる。

サンドイッチ工法の推定納殿《おさめどの》 この推定納殿は、推定贄殿《にえどの》の膳所《ぜんどころ》北端から遺構の南端まで約六mと隣接しており（図25　参照）、北側土囲廻塀の内溝から約二五m南に位置する。遠侍の玄関からは北西に約四三mの距離にあり、その間に建物などは認められない（図2　参照）。整地された地表面は、推定納殿と北側土囲廻塀の内側までの一帯が贄殿周辺（B面）よりも約三〇cm低くなっている。

発掘調査で確認された遺構は、南北七m、東西九・五mの範囲の中に、深さ三〇cm程掘り込み、砂

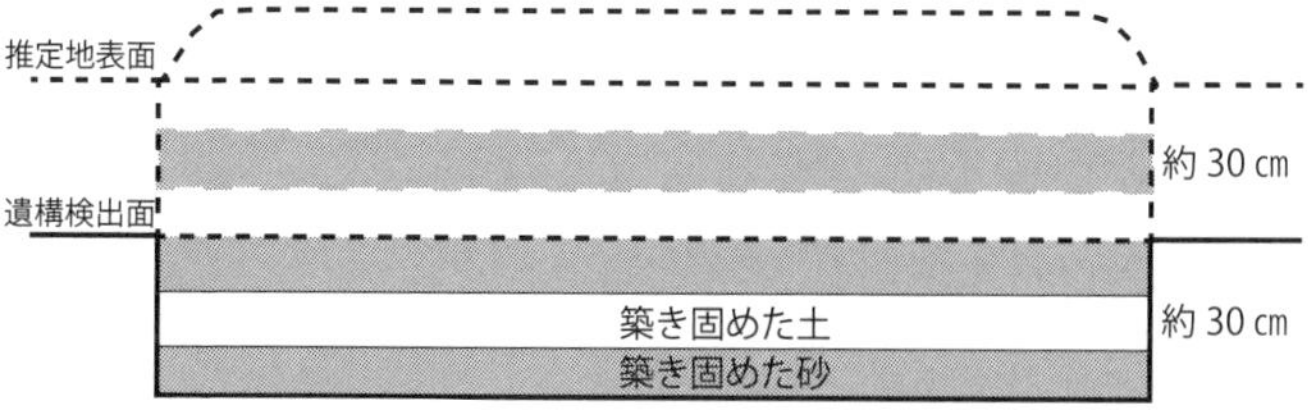

図26　推定納殿直下の掘り込み整地模式図

と土を交互に築き固めている。当時の推定地表面からすると深さ約六〇㎝と考えられる（図26　参照）。このような構造は現代においても、大手建設会社の経験を多く積んだ一級建築士や技術士（難関の国家資格）によると、厚い軟弱地盤に大きな建物を建てる時にサンドイッチ工法と呼ばれる構造にする場合があるという。この工法は地下をプール状に掘り下げ、硬と軟の互層を人工的に造り、地盤強化と排水機能を有するものである。よって、この遺構はサンドイッチ工法と同じであるとのことである。したがってこの上には、床に大きな重量がかかり、湿気を嫌う物を収納する建物の存在が想定される。また遺構の周りには多数の「土器《かわらけ》溜まり」があることから、贄殿と同様に食に関わる建物であろう。一方、建物が造られた時期は遺構の下に京都系土器の2期にあたるものが出土していることから、十六世紀後半にあたる。

「作法日記」の食料に関する記述としては、祝儀で「納殿」から出した雉と酒樽を遣わしたり、能始に吉例として白鳥の汁が出され、この白鳥は「納殿」より出すとある。また大表節では、百樽の酒が用意されているとあり、これも「納殿」に収納されていたものと思われる。また椀飯進上でほかの鳥類や猪などが納められている。これらの異なる品々を一つの納殿に入れたとは考え難い。したがって、納殿は入れる品によって複数存在していたと思われる。

多量の酒樽を収納する建物は、大きな重量が床にかかり、湿気も抑える必要がある。また酒は膳所で整えられるので、隣接する推定納殿の場所は距離的に都合が良い。

以上のことから、サンドイッチ工法のこの遺構は酒樽を入れる納殿が推定され、建物構造は湿気を抑える土蔵造りが考えられる。

建物は遺構の内側に、南北六尺五寸×三間（約五・九一m）、東西六尺五寸×四間（約七・八八m）の規模が想定される。この建物の出入り口は、東側を除く三方に、遺構の周囲を囲む状況で大きな「土器溜《かわらけだ》まり」が複数確認されているため、「土器溜まり」のない東側と思われる。

簾中方《れんちゅうかた》主殿と住居

地籍図に残る特異な地割　方二町の館内の西側は、明治初期の地籍図によると、水田の地割とは異なる、建物が推定される特異な地割が二つ残っており、これは重要な地割といえる。この二つの地割は、館内西半分の中で東西のほぼ真中に位置する。南側の地割は、南外郭西側の内側大溝から約二〇m北に建物の南辺が位置し、地割が主殿の建物と同様に北から東にほぼ四度振るのを踏襲している。この地割は近世以降、畑地であったため遺構の残りが良い。北側の地割は、南側の地割の北辺から約三三m北に位置する。この地割は近世の水田化によって削られているものの、地割の方位は主殿と同じく、北から東におおむね四度振れる。地割の東端から主殿の南広縁までは約四八mで直線に繋がる（図2　参照）。

では、この二つの特異な地割にはどのような建物が推定されるだろうか。「作法日記」から推定すると、当主の寝所などがある私的生活空間の一《いち》の台《たい》と、簾中が公務や私生活を送る簾中方の建物が考えられる。

そうした場合、前述したように、北側の地割は主殿に直結し、外郭から離れ、館内西半分のほぼ真中に位置し、防御に適した場所であることから、一の台に関わる建物があったと推定される。この地割は東西の二つに分かれており、西側が東西約一六m、南北約八m、東側が東西約一〇m、南北約四mの規模であり、西側の地割から東側の地割が突き出したような形となっている。これからすると、西側の地割にはかなり大きな主となる建物が想定できる。南側の地割は、後述する発掘調査成果などから、簾中方の建物と推定した。

史料にみえる簾中方　簾中とは、第一義的には部屋を隔てたり、目隠ししたりする御簾《みす》の中を意味し、貴族や大名などの正室は常に御簾の奥で生活することから、これを敬っていう言葉となった。「作法日記」や「筆法条々」などによると、大友氏当主の正室もまた簾中と呼ばれていた。

「作法日記」には簾中とともに「簾中かた（簾中方）」の語句も散見する。その使用例を挙げると、まず、正月十五日、この日で役目を終える歳男衆が館へ参上し、当主からねぎらいの盃を授けられるが、その後、「御曹司又者簾中かたの盃也」と当主の御曹司と簾中方からも盃が授けられている。この場合の簾中方は御曹司という個人と対になっていることから当主正室そのものを意味する場合もある。一方、「作法日記」の冒頭、正月祝大歳の夜納申次第条には、大表に飾られる正月祝飾りが簾中かたにもあると記されており、建物を指す場合もある。また、『木砕之注文』には、二十代大友義鑑の永正十八年（一五二一）に行われた棟上祝儀式について「御簾中方御主殿」とある。これらからすると、簾中方には、いわば当主正室が公務などを行う重要な主殿と簾中の生活する居住空間があったといえよう。

そして、簾中方には、女房衆などのほかに侍衆が仕えていた。まず、恒常的に配置されていたのが御簾中方御番である。「筆法条々」には「当殿かた、又者御簾中方御番、歴々アリ」とある。御簾中方御番の具体的な任務は不明であるが、おそらく、交替制で簾中方の番にあたっていたものと考えられる。そのほかにも、永禄九年（一五六六）頃と考えられる十一月晦日付で大友氏の宿老が吉岡宗歓に宛てた書状によると、簾中が佐藤左近将監を使者として吉岡宗歓のもとへ派遣しており、簾中の命を受けて活動する侍衆がいたことは間違いない。また、臨時的に侍衆が簾中方に配置されたのが八朔儀式であった。八朔儀式とは、八月朔日に、家臣などが当主に品物を献上し、また、当主から返礼の品が下賜されるという贈答儀礼である。そして、八朔の献上品は当主に対してだけではなく、進上主の夫人から簾中へも届けられた。これに対して簾中方では、簾中方衆奉行が一人か二人任命され、その処理にあたった。簾中方の八朔儀式を取り仕切る奉行と簾中の返礼使者に任命される者は、特段女房衆など女性が務めるとの記述がないことからすれば、基本的に侍衆であったと考えてよいであろう。大名正室の生活空間と聞けば、江戸城の「大奥」をイメージし、当主以外は男子禁制であったと考えがちかもしれないが、実際は出入りできる侍衆がいたのである。

簾中方建物と北側の空間　次に、簾中方と推定される南側の地割とその北側で実際に発掘調査が行われた。地割の北側では、破線①と②の間では、自然堆積土の直上や遺構の埋め土の中に親指大の黒灰色の砂利、破線②と③の間では、整地層の中に拳大の円礫、破線③とそれより北側では上質の黒玉砂利が散見されている（図27　参照）。簾中方と推定される地割の北側は、近世の水田化によって削られているが、いずれの場所にも元々は整地層が存在していたと考えられ、上質の黒玉砂利敷、拳大円礫敷、親指大の砂利敷の三つの空間が推定される（図28　参照）。

親指大の砂利敷の空間は、井戸１を取り込むように広がっており、その南北幅は井戸１から東側は五・五m、西側が四・五mである。

拳大円礫敷の空間は、南北幅が約八mある。この礫敷は、元々あった真東西の大溝を埋め立て、その上に整地を行って礫を敷いている。この空間は、北と南よりも一段低くなっていることから、埋めた大溝の浸透性を活かし、水捌けをよくするための排水の機能と、侵入者が通った際に音が鳴る防犯

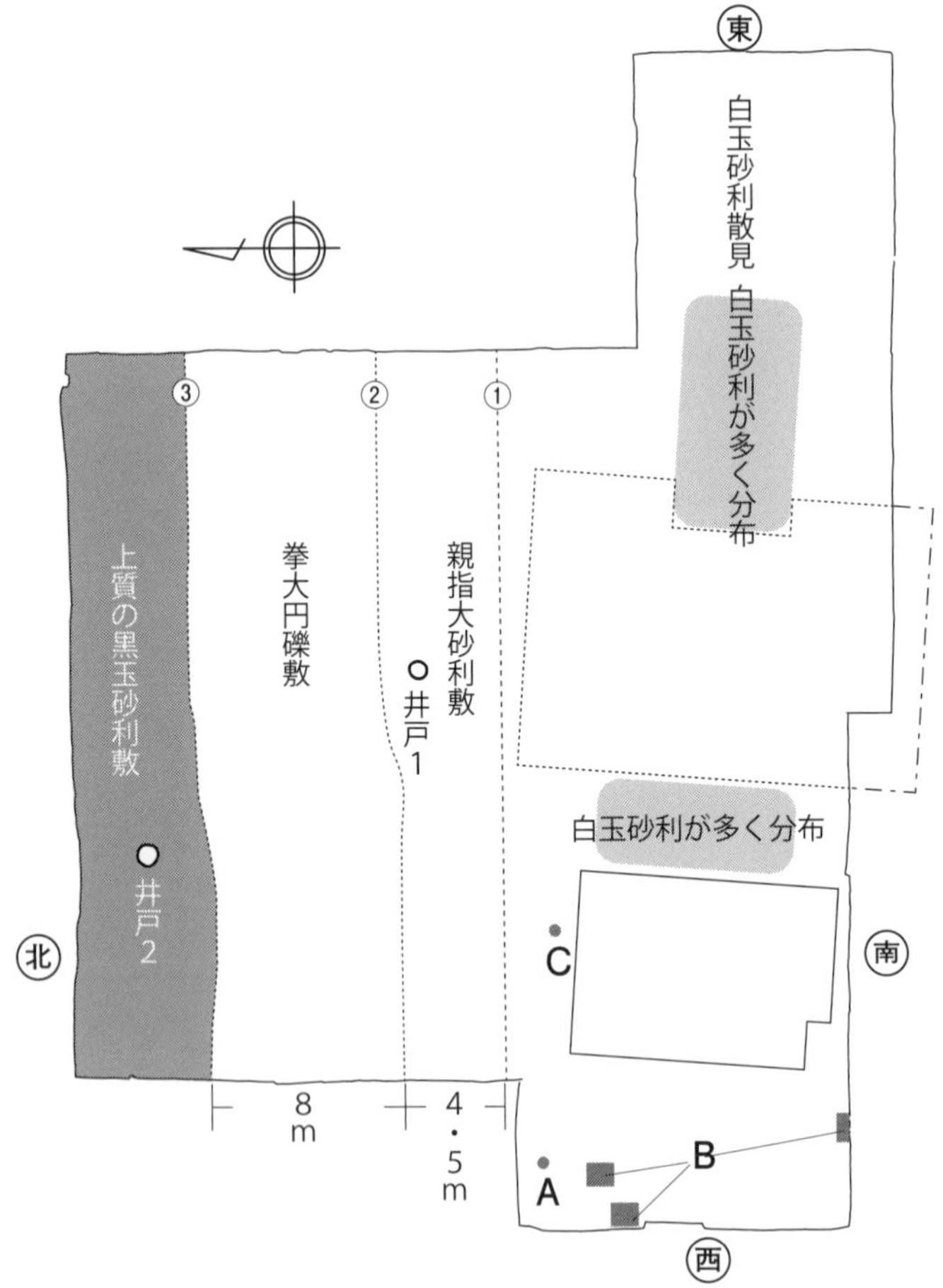

図27　簾中方建物と北側の平面模式図

図28　簾中方建物と北側の断面模式図

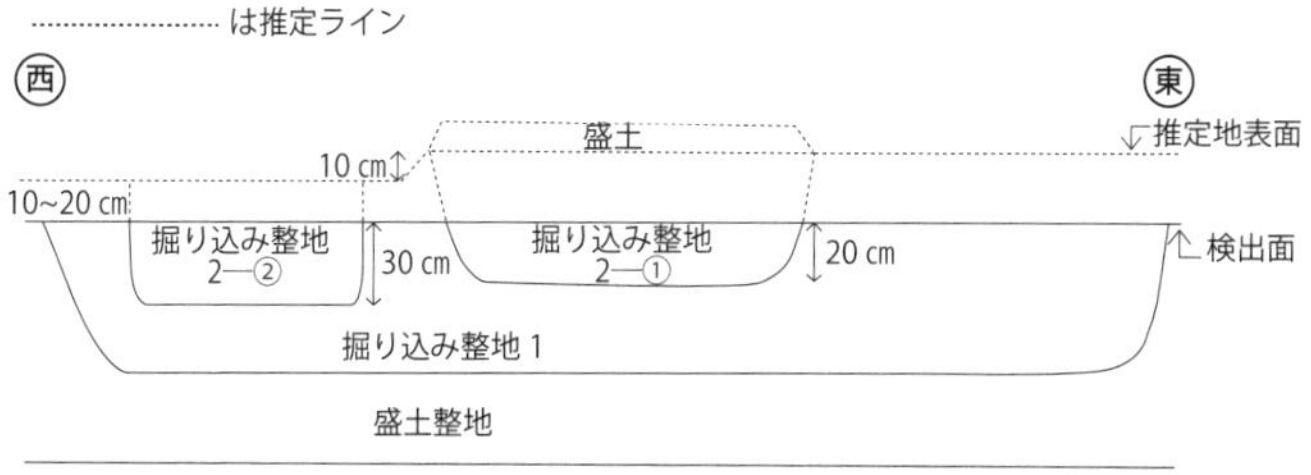

図29　簾中方建物と整地断面模式図

の目的が考えられる。拳大円礫敷は、北側の上質の黒玉砂利敷と南側の簾中の建物群を分ける区画にもなる。拳大円礫敷と上質の黒玉砂利敷の南北の端には、塀等の遮蔽施設の痕跡が残っていないが、庭園の遮蔽施設のような杭の痕跡が残らない竹垣があったと考えられる。

上質の黒玉砂利敷の空間には、遠侍の大庭などに敷かれた黒色や灰色の混じった玉砂利と比べて見た目の美しい黒玉砂利が敷かれている。おそらく、この上質の黒玉砂利敷は、一の台を囲む空間の一部であろう。黒玉砂利敷の中にある井戸2は、一の台と推定される地割から約一八m南、簾中方の建物からは約一五m北の双方から離れた場所に位置しており、「作法日記」に登場する風呂屋と関連する可能性がある。

簾中方の整地の断面　簾中方の建物と推定される南側の地割には、三期の整地が認められる（図29　参照）。最初の整地が行われる前には、轆轤《ろくろ》痕跡を強調した豊後産前期の「土器《かわらけ》」が出土する十五世紀末頃の真南北の大溝と、拳大円礫敷の下部に真東西の大溝が存在することが確認されている。このことから区画された屋敷の存在が想定できるが広さは不明である。この時期の館の方位軸は北から東に四度振る。しかしこの屋敷は、府内の町の最も西側の、古代から踏襲する真南北の道路の軸と同じであり、これを基準とした区画であることから、館の建物とは別物であろう。

三期の整地の内、最初の整地は盛土整地である（図29参照）。この盛土整地がなされた南側は北側に比べ、五〇〜六〇cm程高い。そして、盛土整地に伴い、轆轤痕跡を強調した豊後産後期の「土器」が埋納された図27のAの穴が確認されている。さらに、拳大円礫敷下部に、先述の真東西の大溝を改修した同方位の大溝が認められる。また、この大溝からも、Aと同様の「土器」が出土しており、盛土整地と大溝の時期は十六世紀初頭と考えられる。この盛土整地は、改修された東西大溝を伴う区画された空間となるが、この時期の館の方位軸とは異なるため、前述同様、館の建物とは別物である。

次に、二期目の整地は、図29の掘り込み整地1が行われる。大友館内では、主殿などの重要な建物の直下は単なる地ならしをして土を敷く整地だけでなく、その整地の上から掘り込んで丁寧に築き固めるのが特徴である。また分析によると、掘り込み整地が行われている箇所は、通常の地ならしの整地よりも二倍程整地が固くなっていることが判明している。そして、この掘り込み整地1は主殿などの整地でみられるような、意図的に細かく割った「土器」の破片を整地中に混入させている。後述する掘り込み整地2—①・②も同様の状況であり、丁寧な整地であることがうかがえ、重要な建物があったと思われる。通常の整地には「土器」の破片はみられない。西端には、掘り込み整地1に関連すると思われる豊後産の京都系土器2期のものを含む小規模の土器溜まり図27のBがある。この土器溜まりは、主殿周辺で多く確認されている儀式・儀礼に伴う土器溜まりと類似している。

このようなことから、この掘り込み整地1の時期に存在した建物では、公式行事が行われていたものと思われる。後述する掘り込み整地2—①・②が、二十二代大友義統の簾中方の建物に関わる掘り込み整地とすると、この掘り込み整地1は、二十一代大友宗麟の簾中方の建物に関わる掘り込み整地になる。この図27で示したような景観は、掘り込み整地1と同時期に形成されたと想定される。そうすると、西端の土器溜まりの存在から、後述する掘り込み整地2—①・②の建物と同様に簾中方の建物が想定され、この時期に館が方二町になった可能性が高い。

最後に三期目の整地は、図29に示す通り、二区画の掘り込み整地2—①・②を確認している。掘り込み整地の両端のラインは、北から東におおよそ四度振るラインである。この二つの掘り込み整地は、後述するように、出土した土器から同時期の整地と考えられる。東側の掘り込み整地2—①の検出標高は約四・六mで、検出面からの掘り込み整地2—①の掘り込みの深さは二〇cmである。しかし、上面が畑の耕作で削られており、礎石痕跡はほとんど残っていない。一方、西側の掘り込み整地2—②は掘り込みの深さが三〇cmで、その上面には、根石や深さ一〇cm程の礎石痕跡が明瞭に確認されている。検出標高は掘り込み整地2—①とそれほど変わらない約四・六五mである。遠侍の礎石据え付け穴の深さを参考にすると、穴の深さが二〇～三〇cm程であることから、元々の地表面は現在の検出面よりも一〇～二〇cm程高くなると考えられる。

また、掘り込み整地2―①・②の整地底部の標高については図29のように、掘り込み整地2―①の底が掘り込み整地2―②より一〇cm高い。掘り込み整地がおおむね同じ深さで行われていたとし、遠侍の礎石据え付け穴の深さを参考に掘り込み整地2―①の当時の地表面標高を推定すると、掘り込み整地の差の分、現状の検出標高よりも最低三〇～四〇cmは高くなると考えられる。そして、この上には、築き固めた盛土が想定される。また、掘り込み整地2―①は整地の底に四～五cm程の親指大の砂利を大量に敷いており、入念に整地を行ったことがうかがえる。このように掘り込み整地の底に砂利を敷く工法は、規模は違うものの主殿の掘り込み整地にも施されている。このことから、掘り込み整地2―①の上には、掘り込み整地2―②の建物よりも重要で大きい建物が想定される。

また、掘り込み整地2―②では、整地の中に伏せた形で完形の京都系「土器」を一枚埋め置いている（図27のC）。形状から豊後産の京都系土器3期と思われる。伏せて置いていることから特殊な意味を持つ「土器」だろう。この「土器」は非常に分厚く、通常用いられているものよりも三〇％程重くなっており、こうした土器は館内のほかの場所では出土していない。よって祭祀用に作られた特別なものだろう。後述する建物などの関係から一五七〇年代初頭以降の「土器」と推定される。また、掘り込み整地2―①からも、豊後産の京都系土器3期の破片が出土していることから、この二つの掘り込み整地は同じ時期の整地であると考えられる。

以上のように、三期目の整地の時期には、掘り込み整地が二区画と、東側の白玉砂利敷の区画も含め、おおよそ三区画になることが確認された。これは平面でみると地籍図に記された地割のとおりの状況である。では次に、掘り込み整地2—①・②とその周辺の状況を詳細にみていく。

簾中方主殿　三つの区画の内、白玉砂利が散見された一番東側の区画は、その東端が庭園西堀の西肩から約二〇mに位置する。掘り込み整地2—①の東側は、調査された範囲だけでも東西一八m、南北一四mの範囲で白玉砂利が散見される。その中でも整地から東側は、白玉砂利の密度が濃い範囲が東西約七m、南北約四mの範囲で展開する。前述のように、館内の主要な建物は掘り込み整地の中に建てられる。整地南側の形状からは、整地がさらに南側の未調査区にも延びると考えられる。北側は掘り込み整地2—①・②ともに近世の水田化によって削られているが、北側の遺構の状況からすると、一・五m程は北側に延びそうである（図30　参照）。そうした場合、掘り込み整地2—①上に推定される建物は南北約一七m、東西は真中が凹型になっているため、北側が約一二m、真中が約一〇m、南側が約一一・五mの規模になる。建物の方位は、掘り込み整地の角度と同様と考えられる。この掘り込み整地2—①の形状から、一棟の建物と考えた場合、南北が六尺五寸×八・五間（約一六・七四m）の規模になるが、東側が凹型にへこんでおり、東辺の北側と南側で面がずれるため一棟の建物としては不自然である。よって、北側は東西に妻がある一棟、南側も東西に妻がある一棟、また北側と南側の建物の間には坪庭が想定される。そして、凹型になった東側の前面には白玉砂利が厚く敷かれており、特に密度が濃いため、東側から入ってくる玄関と、北と南の建物を繋ぐ式台が想定される。

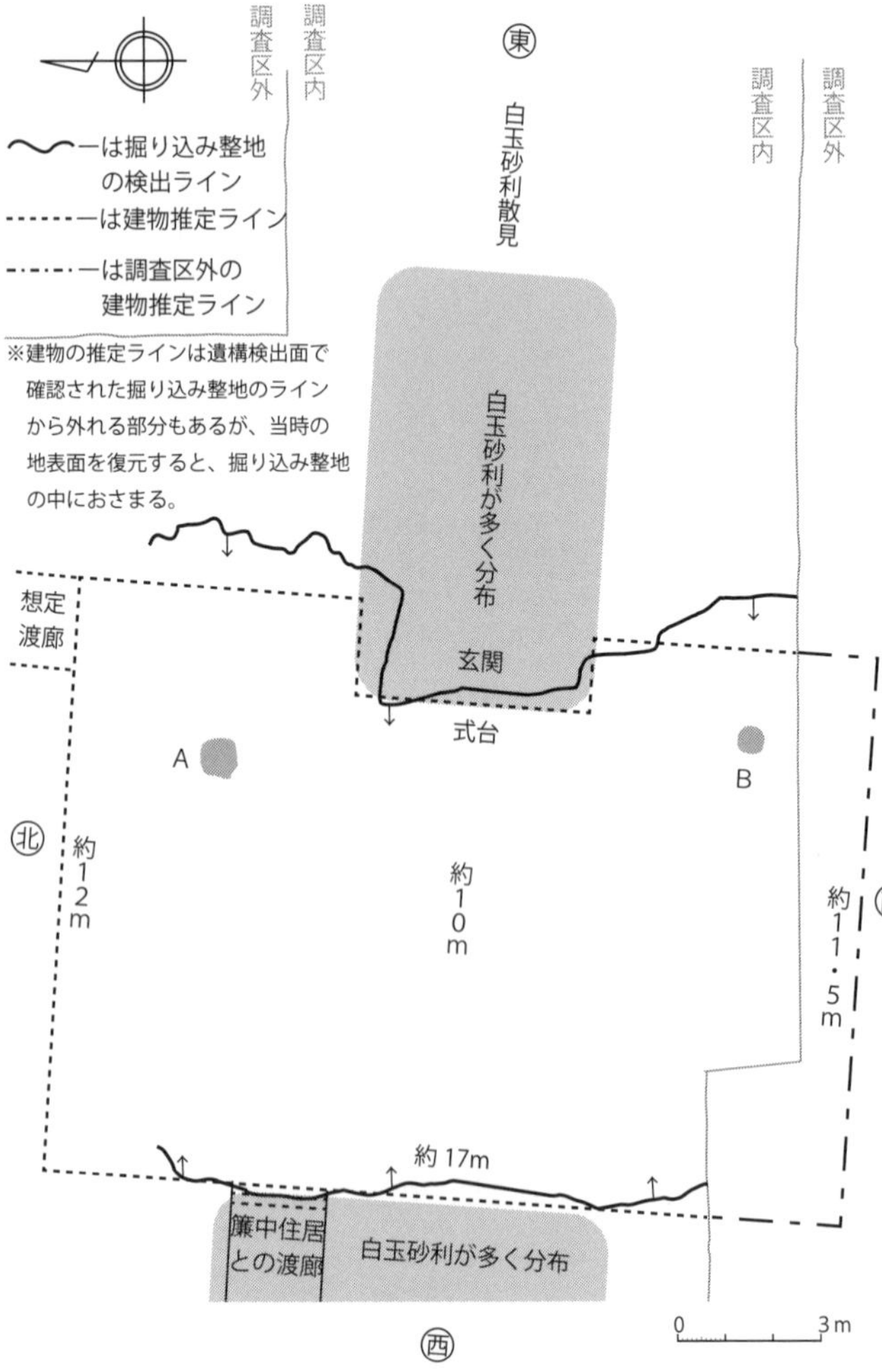

図30　簾中方主殿とその周辺平面図

また、図30のように、AとBの場所に特徴的な遺構が確認されている。Aは検出面での直径七〇cm、深さ三〇cmである。その中に拳大の角礫や親指大の円礫が混じって充塡されている。そして、底には扁平な緑泥片岩を据え置いている。しかし行為の目的は不明である。Bは、検出面での直径五〇cm、深さ二〇cmである。底には完形の京都産「土器」を上向きに据え置いている。その上に親指大の円礫を充塡している。わざわざ京都産の「土器」を用いていることから、何らかの祭祀に伴うものと考えられる。陰陽道では東南から良い気が入るとされていることから、この場所は、座敷の東南の隅にあたる可能性がある。

以上、掘り込み整地2―①とその東側にかけての状況を整理すると、おそらく塀で囲まれた中に白玉砂利が敷かれており、掘り込み整地2―①の状況からも東側から入って最初に見える格式の高い建物が「簾中方御主殿」と推定される。そして、簾中方主殿の北東隅からは、一の台や主殿に繋がる渡廊が北に延びると想定される。

簾中の住居　西側の建物は、寝所もある簾中の私生活の場である住居と推定される。掘り込み整地2―②上には、新旧の建物が確認できる（図31　参照）。建物の方位は、新・旧ともに北から東に四度振れる。

旧の住居は、図31のように南北六尺五寸×四間（約七・八八m）、東西六尺五寸×二間半（約四・九二m）の建物と、この建物の南側に南北六尺五寸×一間（約一・九七m）、東西六尺五寸×二間の建物

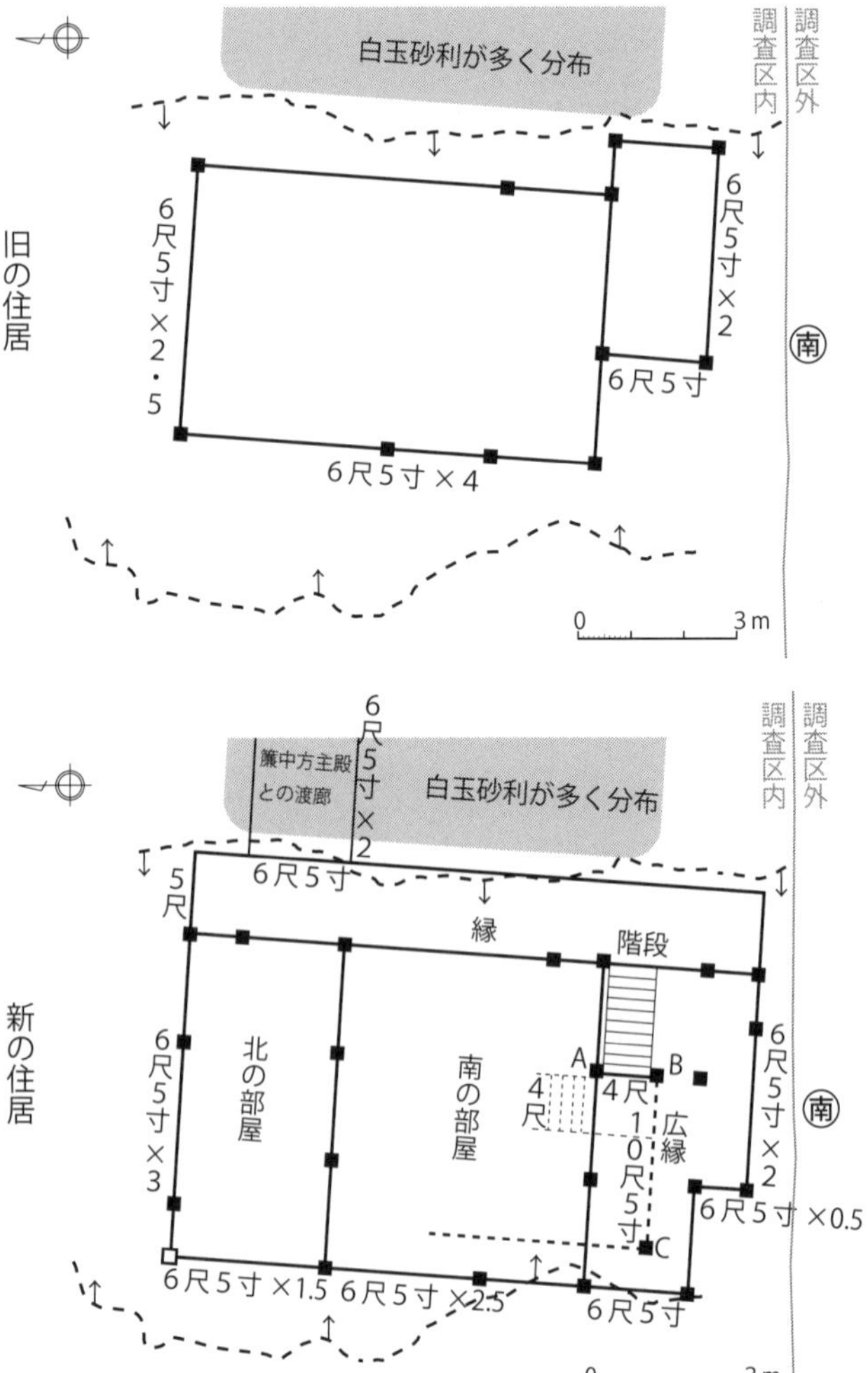

■一礎石痕跡あり

□一後世の撹乱により礎石痕跡はないが柱を推定できる

- - -一掘り込み整地の検出ライン

※床を支える束柱は省略した

図31　簾中の住居平面復元図

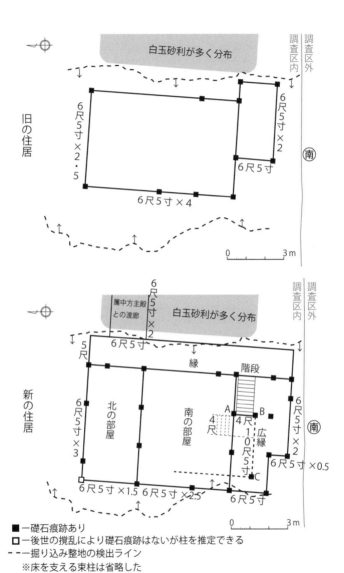

が本体から東側に半間ずれて取り付く。建てられた時期は、先述の掘り込み整地２―②の中にある祭祀で埋められた「土器」からして一五七〇年代前半である。この時期の簾中に関係した動向をみていくと、天正五年（一五七七）に大友義統と簾中の初子であり、嫡子の義乗《よしのり》の誕生が挙げられる。それから遡ると少なくとも天正三年から天正四年の頃には婚姻しているとみられる。恐らく、建物の工事は婚姻が整った段階で着手したものと考えられ、婚姻の一年前とすると天正二年から天正三年くらいに建てたことになり、「土器」の年代観とも合う。よって、この旧の住居は義統の婚姻に伴う簾中の住居であると考えられる。南東側の張り出した建物は、住居本体の建物にくっついて行き来することができる付属の建物と考えられ、前述した簾中方御番衆の控える場所とも考えられる。

この住居と簾中方主殿の間には白玉砂利が多く分布しており、新旧ともに白玉砂利敷の空間であったと考えられる。白玉砂利は、清浄な空間を示すとともに、太陽の光を反射して室内を明るくする効果がある。この住居と簾中方主殿の建物の間は約五ｍしかなく、簾中方主殿の建物によって住居の東側が暗くなるため、住居室内の明り取りの目的として白玉砂利を用いたとも考えられる。旧の住居も簾中方主殿との間に約五ｍの空間があり、後述する新の住居同様に渡廊で繋がっていたであろう。

新の住居は旧の住居を取り壊して新しく建て替えている。図31のように南北が六尺五寸×五間（約九・八五ｍ）、東西が六尺五寸×三間（約五・九一ｍ）、東側に幅五尺（約一・五二ｍ）の縁が付く。また、建物本体の南側には幅六尺五寸の広縁が付き、この広縁から南に、東西が六尺五寸×二間、幅六尺五寸×半間が延びる。しかし、西の一間分がないため落縁とは考えられず、この広がりは広縁と一体となった空間が考えられる。この半間幅に広がる屋根は、建物本体から突き出した庇《ひさし》（下屋《げや》）であろう。そうすると、旧の住居と同じような位置関係にあることから、番衆の控える場所であろう。部屋は南北六尺五寸×二間半、東西が六尺五寸×三間の十五畳（京間）の南の部屋、南北六尺五寸×一間半、東西が六尺五寸×三間の九畳の北の部屋が復元できる。

この住居の広縁の中に、図31A・B・Cの特異な礎石痕跡がある。いずれも一〇〜二〇cm程度の円礫が充塡されており、上からの荷重がかかることが推定される。AとBの間については、荷重がかかる壁が考えられる。AとBのそれぞれの柱の幅を五寸（約一五・二cm）とした時、図31の東の縁からA・B間には、柱の内々に幅三尺五寸（約一・〇六m）程度の階段が付くことが推定される。そうした場合、この建物は二階造りの建物が想定される。Aは南側の敷居の柱列上にあるが、BとCはこの柱列から四尺（約一・二一m）離れ、広縁の中に位置する特異な柱である。礎石痕跡の深さは、Aが一五cm、Bが三〇cm、Cが五〇cmである。特にBとCはAよりも深く掘られ、石の充塡も数が多く強固に造られており、これは二階の屋根の梁までの通し柱《とおしばしら》が考えられる。BとCの柱の間隔は、十尺五寸（約三・一八m）とすると礎石痕跡の中の収まりが良い。想定される二階の東西は、東側に四尺、西側に六尺五寸に分けられ、寝所などが想定されるが、北については、どこまで延びるか不明である。

階段は、六尺五寸を底辺とし、天井までの高さを九尺（約二・七三m）と想定した時に、その角度は約五四度になる。階段については、豊臣秀吉が天正十五年（一五八七）に建てた聚楽第《じゅらくだい》の建物を移築したと伝わる国宝・西本願寺飛雲閣がこの建物の年代に近いため参考にした。この階段は、飛雲閣を参考にするならば、一階の天井裏と二階の床下の間には空間があると思われる。新の住居の一階より上の構造は不明であり空間の高さなどはわからないが、飛雲閣同様に一階から昇る階段に踊り場が付き、短い二段目の階段で二階に上がると想定される。

簾中方主殿との接続は、幅一間で長さ二間の渡廊で繋がっていたと推定される。

この建物が建て替えられた理由としては、新の住居は旧の住居と比べて旧の付属屋、広縁を含む一階の面積が広くなり、二階が増設されて規模が大きくなっていることから嫡子義乗の誕生を契機にして建て替えられた可能性が高い。簾中が産屋《うぶや》に移り、義乗を産み、育つのを見届けて建て替えたのであろう。そうするとこの新の住居は天正五年（一五七七）もしくは六年に建て替えられたものと考えられる。なお、先述の簾中方主殿については、建て替える理由が考えられない。

◆主要参考文献

※左記の『大友館と府内の研究』で引用した参考文献は原則挙げていない。
大友館研究会編『大友館と府内の研究　「大友家年中作法日記」を読む』（東京堂出版、二〇一七年）
倉成正次編『日本料理秘伝集成』第十八巻（同朋舎出版、一九八五年）
二木謙一『中世武家の作法』（日本歴史叢書、吉川弘文館、一九九九年）
二木謙一『中世武家儀礼の研究』（吉川弘文館、一九八五年）
盛本昌広『贈答と宴会の中世』（吉川弘文館、二〇〇八年）
矢田部英正『日本人の坐り方』（集英社新書、集英社、二〇一一年）
河内将芳『祇園会の中世―室町・戦国期を中心に』（思文閣出版、二〇一二年）
今谷　昭『中世奇人列伝』（草思社文庫、草思社、二〇一九年）
小林善帆『「花」の成立と展開』（日本史研究叢刊一八、和泉書院、二〇〇七年）
『史跡能島城跡』（今治市埋蔵文化財発掘調査報告書一〇八、今治市教育委員会、二〇一一年）
『大友氏館跡三』（大分市埋蔵文化財発掘調査報告書第一六一集、大分市教育委員会、二〇一九年）
「国指定史跡大友氏遺跡現地説明会資料」（大分市教育委員会、二〇二一年）
大河直躬他『日本美術全集第一六巻　桂離宮と東照宮 江戸の建築Ⅰ・彫刻』（講談社、一九九一年）
八木直樹『戦国大名大友氏の権力構造』（戎光祥研究叢書二〇、戎光祥出版、二〇二一年）
川上　貢『新訂・日本中世住宅の研究』（中央公論美術出版、二〇〇二年）
川本重雄『寝殿造の空間と儀式』（中央公論美術出版　二〇一二年再版）
鈴木博之編『シリーズ　都市・建築・歴史』第二・三巻（東京大学出版会、二〇〇六年）

◆**協力及び資料提供機関**（順不同）

広島大学
大分市教育委員会文化財課
大分市歴史資料館
大分市美術館
東京国立博物館
愛媛県歴史文化博物館
万寿寺
柞原八幡宮
西宮神社

協力者（順不同・敬称略）

辻本　一英（徳島市・芝原生活文化研究所代表）
東條　正一（建設部門・技術士）
小野　洋之
勝野　永
河野　正行
小松　喜久夫
佐藤　里恵
滝川　一雄
藤原　学
古川　匠
渡辺　友美

あとがき

「はじめに」で述べたように、『大友館と府内の研究　「大友家年中作法日記」を読む』を刊行後、同著で明らかにした内容のより一層の普及を図る目的で企画したのが本書である。

当初、三年程度での刊行を考えていた。しかし、研究会への新メンバーの加入を踏まえた現代語訳の再検討と最新の発掘調査により新たな知見が得られたこと、また、コロナ禍の中、メンバー揃っての原稿調整がなかなか進められなかったことにより、予定より一年遅れの刊行となった。

本書での館建物復元の検討にあたっては、前著の準備段階からお世話になった広島大学名誉教授三浦正幸先生からの懇切丁寧なご指導が本書でも生かされた。改めて、この場を借りて、深甚な謝意を表したい。

今後、本書により、これまで以上に多くの方々に、戦国時代末の大友館を舞台に繰り広げられていた世界に触れていただき、国指定史跡「大友氏館跡」の整備、ひいては、建物復元の一助となれば、望外の幸せである。

最後に、ご協力いただいた関係者・関係機関の方々、ならびに、出版にあたりお世話になった株式会社東京堂出版の名和成人氏に、厚くお礼申し上げる。

令和四年（二〇二二）八月

大友館研究会

代表　佐藤　功

◆執筆者紹介

大友館研究会

佐藤　功　一九五〇年生まれ　元大分市教育委員会教育総務部次長（元文化財課課長）

武富　雅宣　一九五九年生まれ　元大分市歴史資料館館長

長田　弘通　一九六二年生まれ　元大分市美術館副館長兼美術振興課課長

坪根　伸也　一九六三年生まれ　大分市教育委員会教育部審議監兼文化財課課長

姫野　公徳　一九六六年生まれ　大分市立大在西小学校教諭（元大分市教育委員会文化財課指導主事）

五十川　雄也　一九七六年生まれ　大分市教育委員会文化財課参事補

広津留　三紗　一九九四年生まれ　小郡市埋蔵文化財調査センター（元大分市歴史資料館嘱託職員）

山本　尚人　一九九五年生まれ　大分市教育委員会文化財課主事

執筆分担

第一部　大友家年中作法日記――戦国大名家での儀礼・年中行事

長田　弘通　正月祝を大歳の夜に飾る・蔵開／正月朔日　梅干にて茶参る／同　対面儀式次第／同　椀飯振舞・謡始／二日　祝次第と膳組次第・馬乗始・船乗始／同　対面盃次第・緒方荘椀飯調進／三日　赤口・高田荘椀飯調進／六日　鬼の豆・方違／七日　七日正月祝・笠和郷椀飯調進・蘇民将来参る・白馬参る／八日　肩衣袴着用／十一日　吉書・斧立・円寿寺僧参上・

能始・一種一瓶進上・弓始／十二日　山香郷衆・浦部衆対面／十五日　小正月・山香郷椀飯調進・下灘衆参上／十六日　評定始・泉酢進上／二十日　犬追物・南北衆参上／二十七日　実相寺での振舞／二十九日　大表節／正月末　国之衆参上／大友氏家臣団と館に勤める者たち／三月三日　上巳の節句・磯遊／三月十日頃から端午の節句前　狩／五月五日　端午の節句
佐藤　功　正月朔日から出される祝次第／正月朔日から出される膳組次第・松囃子見物／正月朔日　千秋万歳参上次第／十三日　蔣山へ行初・玖珠郡衆参上／十九日　簾中方節／九月九日　重陽の節句／十月　亥の子の祝・笠和郷椀飯調進
武富　雅宣　正月四日　福入参る・風呂始／五日　簾中へ参上／十四日　由原宮より花参る・粥参る／六月九日　獅子舞参る／六月十二日　祇園会の慣し／十五日　祇園会／二十八日　御祓／八月十四日・十五日　由原宮放生会／十五日　名月祝
広津留　三紗　七月七日　七夕／八日　生見の祝／十二・二十六日　大風流／十四・十五日　先祖供養／八月朔日　八朔儀式／八日　秋給／十二月十三日　評定納／二十七日　煤払／二十八日　日常道具新調／年末勘定・年中諸事
※各自が執筆した原稿を右記四名で調整した。

第二部　遺跡からみる戦国末の大友館――その発掘から復元まで

大友館の変遷　佐藤　功・坪根伸也・五十川雄也
築地・土囲廻塀と門　佐藤　功・五十川雄也
大表と呼ばれた主殿
長田弘通　大表と主殿／寝殿から主殿へ／寝殿・主殿と中門廊

執筆者紹介

佐藤　功・五十川雄也　主殿を建てるための掘り込み整地
佐藤　功　大表の平面復元／大表建造と狩野永徳の豊後下向
主殿南側の庭　佐藤　功
主殿と大門を結ぶ白玉砂利敷　佐藤　功・五十川雄也
上使や賓客を迎える建物　佐藤　功・坪根伸也
戦国期最大級の大名庭園　五十川雄也
特異な建物　佐藤　功・山本尚人
大庭に面した遠侍　佐藤　功・五十川雄也・山本尚人
推定「贄殿」・「納殿」　佐藤　功・五十川雄也・山本尚人
簾中方主殿と住居　佐藤　功・五十川雄也・山本尚人

合成写真・イラスト作図　姫野公徳

わ行

ま行

や行

ら行

な行

は行

た行

か行

さ行

第二部　索引

※人名については、中央政権関係者に限った

あ行

ら行

わ行

ま行

や行

は行

な行

た行

さ行

か行

第一部　索引

※人名については、室町将軍、織田信長と大友氏と関係をもった中央政権関係者に限った。

あ行

戦国大名大友家の年中行事と館

2022年９月30日　初版印刷
2022年10月10日　初版発行

編　者　　　大友館研究会
（代表・佐藤　功）
発行者　　　郷田孝之
発行所　　　株式会社 東京堂出版
〒101-0051　東京都千代田区神田神保町1-17
電話　03-3233-3741
http://www.tokyodoshuppan.com/
ＤＴＰ　　　有限会社一企画
印刷・製本　中央精版印刷株式会社

ISBN978-4-490-21071-2 C1021